本书是全国教育科学规划2010年度国家一般课题"20世纪90年代以来中德中等职业教育课程改革比较研究"的成果,项目号:BJA100085。

徐 涵 著

# 中德中等职业教育课程改革比较研究

中国社会科学出版社

**图书在版编目(CIP)数据**

中德中等职业教育课程改革比较研究/徐涵著. —北京：中国社会
科学出版社，2015.12
ISBN 978 - 7 - 5161 - 6924 - 7

Ⅰ.①中…　Ⅱ.①徐…　Ⅲ.①中等专业学校—课程改革—对比
研究—中国、德国　Ⅳ.①G718.3

中国版本图书馆 CIP 数据核字(2015)第 221017 号

| | | |
|---|---|---|
| 出 版 人 | 赵剑英 | |
| 责任编辑 | 陈肖静 | |
| 责任校对 | 刘　娟 | |
| 责任印制 | 戴　宽 | |

| | | |
|---|---|---|
| 出　　　版 | 中国社会科学出版社 | |
| 社　　　址 | 北京鼓楼西大街甲 158 号 | |
| 邮　　　编 | 100720 | |
| 网　　　址 | http://www.csspw.cn | |
| 发 行 部 | 010 - 84083685 | |
| 门 市 部 | 010 - 84029450 | |
| 经　　　销 | 新华书店及其他书店 | |

| | | |
|---|---|---|
| 印刷装订 | 三河市君旺印务有限公司 | |
| 版　　　次 | 2015 年 12 月第 1 版 | |
| 印　　　次 | 2015 年 12 月第 1 次印刷 | |

| | | |
|---|---|---|
| 开　　　本 | 710×1000　1/16 | |
| 印　　　张 | 23.25 | |
| 插　　　页 | 2 | |
| 字　　　数 | 358 千字 | |
| 定　　　价 | 86.00 元 | |

凡购买中国社会科学出版社图书，如有质量问题请与本社营销中心联系调换
电话：010 - 84083683

# 目　　录

# 前　　言

　　课程是实现人才培养目标的桥梁与载体，有关人才培养的任何改革只有落实到课程层面才能真实发生。因此，课程在很大程度上决定着人才培养的质量与水平。

　　改革开放以来，随着职业教育的恢复与发展，职业教育课程改革一直是我国职业教育理论研究者和实践工作者关注的焦点问题。改革开放初期，以学习引进国外先进职业教育经验为主，如：德国双元制以分科为基础的综合课程模式、加拿大的能力本位课程模式等，这些国外先进的职业教育课程模式为我国职业教育的课程改革提供了可资借鉴的经验。20 世纪 90 年代开始，我国中等职业教育的课程改革开始在借鉴国外经验的基础上，尝试建构具有中国特色的职业教育课程模式，如："宽基础，活模块"课程模式、项目课程模式等，并在实践中进行了探索。与此同时，德国职业教育全新的课程模式"学习领域课程"被介绍到我国，并在部分地区和学校开始了本土化的改造。

　　在德国职业教育课程问题也一直是历次职业教育改革的核心问题。20 世纪 70 年代德国为了提高技术工人的职业适应能力和在劳动力市场的灵活性，课程改革以拓宽专业覆盖面，加强面向职业领域的专业理论与专业技能的训练为核心，推行职业基础教育。20 世纪 80 年代，随着人们对高等教育需求的增加，职业教育的课程改革出现了"注重双重素质"的特点，在培养学生职业能力的同时，注重加强学生的文化和理论素养，为学生继续接受高等教育提供条件与可能；特别是自 20 世纪 90 年代以来，为了培养适应科技发展需要，具有建构或参与建构工作世界能力的高素质技术工人，德国启动了新一轮的职业教育课程改革，用跨学科的"学习领域"课程取代了沿用多年的以分科课程为基础的综合课程，目前这种学习领域课程已经成为德国职业学校新的课程范式。

课程问题也一直是笔者多年来的重点研究领域。笔者对课程的研究起步于20世纪90年代初，当时刚刚踏入职业教育研究领域，就职于中德职业教育项目合作单位辽宁职业技术教育研究所，主要参与和负责"借鉴德国双元制经验，促进辽宁省职业教育改革"的试点试验工作，以此为依托开始了对中德两国职业教育的课程与教学问题的研究。1998年至2003年在德国攻读博士期间，笔者对职业教育课程领域中一个根本问题：职业教育课程中的科学导向与工作导向的张力关系开展了深入研究，分析了科学导向与工作导向的职业教育课程的基本特征，并从这些基本特征出发，运用实证研究的方法对中德两国职业教育课程中的科学导向与工作导向问题进行了深入剖析。此后职业教育的课程与教学问题一直是笔者的重点研究领域，围绕职业教育课程模式、课程开发、课程的价值取向等基本问题展开了较为深入的研究，并提出了系列关于课程改革的基本观点。

源于课程对人才培养的重要性以及个人的研究兴趣，2010年笔者以"20世纪90年代以来中德中等职业教育课程比较研究"为题，申请了全国教育科学规划国家一般课题，并获准立项，课题立项后，组建了由职业教育理论研究者和职业教育实践者组成的课题组，开展了为期近5年的研究工作，一是对中德两国中等职业教育课程政策进行了研究，分析了不同历史时期中德两国中等职业教育课程政策的基本特征；二是对中德两国中等职业教育课程改革的典型模式进行分析，归纳了不同典型模式的基本特征及其在实践中的具体应用状况；三是对中德两国中等职业教育课程改革实践进行了比较分析，对课程改革中存在的问题进行了剖析，并对中德两国职业教育课程改革进行了评价；四是在此基础上，提出了进一步推动我国中等职业教育课程改革的基本策略。

本研究的主要结论有：

1. 中德两国在不同的历史时期，出台的中等职业教育课程政策是与中德两国社会大背景紧密联系在一起。中德两国的中等职业教育课程政策在课程目标、课程模式、课程内容和课程实施方式等方面既有共同之处，也体现出明显的不同特征。

从课程目标看，中国在职业教育课程改革的系列政策上均明确提出：把立德树人放在首位，并落实到具体的课程体系中；其次，强调培养学生的综合职业能力，在课程政策的引导上支持由知识的传授转向能力的培养，尤其强调实践能力、创新能力、就业能力和创业能力的培养。德国在职业教育课程改革目标上，一方面强调全面的职业行动能力的培养，促进学生职业行动能力在各个维度上的共同发展；另一方面，强调培养学生的建构或参与建构工作世界的能力。

从课程模式看，中国在职业教育课程政策上，倡导由学科本位转向能力本位，但并没有限定实施哪一种具体的课程模式，因此在实践中呈现出体现能力本位特征的多种课程模式。德国在职业教育课程政策上，建议以学习领域课程取代传统的以分科为基础的综合课程，职业学校只是在学习领域课程模式的应用层面探索不同的具体实施方案。

从课程内容看，中国在职业教育课程政策上，倡导由学科知识转向与职业、工作相关的知识，强调与职业标准相衔接。在这一政策引导下，职业学校在进行课程改革的过程中，开始重视职业分析工作，将职业分析作为课程开发的核心环节，并以职业分析结果作为课程设置和课程内容选择的基本依据，尽管目前在这一过程中仍然存在一些问题，但从总体发展趋势看：职业标准已经成为选择课程内容的基本依据。德国在职业教育课程内容上，充分体现了工作世界的客观要求，这是由学习领域课程本身的基本特征所决定的。学习领域是从各个职业的行动领域发展而来，来源于行动领域，它指向与工作过程和经营过程相关的职业任务。因此，学习领域的具体学习内容是基于对行动领域的分析而设计的学习情境。

从课程实施方式看，中国在职业教育课程政策上明确提出，推行工学结合、实施理实一体化教学，强调做中学、做中教。在这一政策的指导下，职业学校在课程的实施方式上进行了大量的探索，积极尝试项目教学等理实一体化的教学方式。德国自 1996 年以来，在历次德国各州文教部长联席会议"关于编制职业学校框架教学计划指南"中始终将行动导向教学作为学习领域课程的教学原则。行动导向教学强调遵循行动系统结构，可以有效地促进相应知识的获得、系统导向的相互联系的思考与行动，以及复杂和典型任务的解决。

2. 中德两国在中等职业教育课程改革实施过程中的关键环节上，既存在共性特征，也呈现出各自的独特的特点。

从课程改革的主体看，中国职业教育课程改革实践，主要是以职业学校为主体进行的课程改革。国家对课程改革只提出了原则性的要求、建设性指导和愿景性描绘，缺乏系统性的顶层设计，致使中国职业教育课程改革缺乏可遵循的基本范式。职业学校在国家原则性的要求下，进行自主改革与探索，由于职业学校的能力水平有限，很难对课程改革进行科学有效的整体设计，致使课程改革推进缓慢，课改效果不尽如人意。德国职业教育课程改革体现出多元主体，各司其职的特点。国家对课程改革进行顶层设计，各州文教部长联席会议"关于编制职业学校框架教学计划指南"明确提出在职业学校实施学习领域课程方案，并对学习领域课程的内涵、开发及设计进行了详细的阐释与说明，为各州开发学习领域框架教学计划提供了可操作性的指南，各州在此基础上为职业学校开发学习领域框架教学计划，职业学校在框架教学计划的基础上开发学习领域的具体实施方案。这种课程改革方式国家是课程改革的总设计师，学校和教师是具体课程资源的开发者和建设者，既调动了学校与教师的积极性，同时又保证了职业学校的教学质量，使职业学校的课程与教学具有基本的可以遵循的规范。

从课程改革的方式看，中国职业教育课程改革主要是依托各级各类项目进行推进，主要有：一是依托国家示范校建设项目推进课程改革；二是依托省级示范校建设项目推进区域内的职业教育课程改革；三是以世界银行和亚洲开发银行在中国职业教育贷款项目为依托进行的课程改革。以项目为依托推进课程改革纵然取得了一定的成效，但也暴露出"重立项，轻建设"等诸多问题。德国职业教育课程改革的方式是在国家对课程改革进行顶层设计后，采取试点试验、经验总结、全面推广的方式推进课程改革。

从课程开发与课程设计看，中国的职业学校都要根据国家的专业教学标准（或专业教学指导方案），考虑本区域社会经济发展对技术技能型人才

的素质要求以及学校的师资及教学条件制定本校人才培养方案、开发课程
标准和课程资源。因此课程开发已经成为中国职业学校教师承担的重要工
作，行业企业开始参与职业学校的课程开发，但程度仍然有限。在德国
"双元制"职业教育是由企业和学校合作，共同完成技术工人培养的一种教
育制度，以企业为主体的"双元制"职业教育制度本身决定了行业企业在
职业教育课程开发中的主体作用，主要体现在：一是企业一元培训的课程
开发充分体现了行业企业的利益，从国家层面的培训规章的制定到企业层
面的培训计划的开发均体现了行业企业的需求；二是从职业学校一元的框
架教学计划中的学习领域看，均来自职业行动领域，反映了工作世界中的
真实的职业行动。因此，可以说德国"双元制"职业教育的课程开发体现
了行业企业的主导原则。

从教学方式与方法看，随着课程改革的深入，中国职业学校的传统教
学方式方法发生了变化，主要体现在：一是在政策层面推行工学结合、理
实一体，倡导任务驱动、项目教学等以学生为主体的教学方式与方法；二
是在实践层面，通过开展的各级各类的职业教育理念方法的培训，转变了
广大职业学校教师的思想，树立了能力本位的职业教育观念，以学生为主
体的教学方式方法已经被广大教师普遍认同。但在实践过程中，传统的讲
授式教学法仍占据主体地位，以学生为主体的教学方式方法在实践中的运
用并不广泛。分析其原因主要有两方面：一是尽管教师认同了以学生为主
体的教学方式，但如何在自己的课程教学中加以应用却遇到教学设计上的
困难；二是中国的大班型教学组织形式在很大程度上制约了以学生为主体
的教学方法的实施。在德国，行动导向教学是职业学校的教学法原则。德
国教师不仅普遍认同行动导向教学的理念，而且在实践中"教学谈话法"
"项目教学法"和"实验教学法"等以学生为主体的教学方法已经成为教师
们使用最为普遍的方法。分析其原因，一是行动导向教学在德国推行已久，
20 世纪 80 年代德国就开始倡导行动导向教学，经过近 30 年的推行与发展，
行动导向教学已经在实践中广泛应用；二是德国职业学校的小班化教学，
在教学组织形式上为行动导向教学的实施提供了条件。

从企业参与人才培养看，目前多数中国职业学校都由教育部门举办，

与行业企业没有天然的联系，校企合作缺乏体制机制上的保障。企业参与人才培养的方式以接纳学生实习为主，其他的参与方式（如：参与学校的课程开发，参与学校的实训基地建设，派兼职教师到学校上课等）并不普遍。企业在接纳学生实习的过程中，许多企业将学生作为熟练劳动力使用或者把学生实习视为负担，仅允许学生做一些简单的体力劳动。在德国，"双元制"职业教育制度决定企业是职业教育人才培养的核心主体，参与人才培养的全过程，主要体现在：从课程开发看，企业一元的培训计划由企业完成；从课程实施看，学生整个学习时间的三分之二在企业完成，企业为学生配备专职的培训师傅负责学生在企业的培训工作，为学生其提供具有不同特征的学习地点进行培训，如：培训车间、技术中心、工作岗位等。当然，"双元制"职业教育中也一直存在着学校与企业在人才培养上的协调与合作问题。

从课程改革中教师遇到的主要问题看，尽管中德两国职业教育制度存在明显的差异，但作为课程改革的实施主体教师在课程改革中遇到的主要问题却存在着高度的一致性。研究表明：中德两国教师在课程改革中遇到的主要问题排在前两位的均是"学生的学习基础较差"和"工作压力加大"，这表明：一方面基于能力培养的课程模式及行动导向的学习方式既需要学生具有积极的学习态度和学习兴趣，同时需要学生善于思考与探索，大胆尝试。但是，在中国基本上是不能升入普通高中的学生进入职业学校学习，在德国虽然有部分文理中学的毕业生（大约15%）选择接受"双元制"职业教育，但多数选择"双元制"职业教育的学生来自主体学校和实科学校的毕业生，因此，职业学校的多数学生的学习基础相对薄弱，在学习态度、学习动机以及学习的探索精神上都存在明显的不足，因此学生的学习基础较差成为中德两国教师在课程改革中遇到的首要问题。另一方面课程改革需要教师付出巨大的努力，需要教师花费大量的时间进行课程开发与课程设计，选择或开发教学材料，因此，教师们感觉工作压力大。"缺少教师培训"在中国教师课改遇到的问题中排在第三位，在德国排在第四位，这说明：课程改革需要为教师提供相关的培训，如对新的课程模式的理解、新的职业教育理念的确立以及新课程实施的教学设计，等等，但中德两国教师认为目前提供的培训措施还不能满足课程改革的需要，还缺乏支持课程改革实施的相关培训。另外，"学校缺少教学设备"在中国教师课改遇到的问题中排在第四位，这说明：基于职业能力培养的课程的实施需要较高的教学条件，尽管近年来中国政府投入了大量资金改善职业学校的办学条件，但仍不能满足课程改革的需要。在德国教师课改遇到的问题中排在第三位的是"学校组织和管理不配套"，这说明：学习领域的课程实施需要对学校的组织与管理进行相应调整，对学校的资源进行规划，但在学校的具体运行中，仍存在学校组织与管理不配套的问题。

　　本研究的学术价值在于较为系统地分析了中德两国中等职业教育课程政策的基本特征，并运用案例分析、问卷调查等研究方法对中德两国职业教育课程改革实践进行了较为系统的比较研究，分析了中德两国职业教育课程改革过程中存在的问题及其成因，为进一步推动我国中等职业教育课程改革提供经验与指导。

徐　涵

2015 年 8 月 26 日于沈阳

# 绪　　论

## 一　问题的提出

在职业教育的发展过程中，政府、企业、家长和学生越来越关注职业教育的质量，而职业教育的课程能否满足经济发展的需要和受教育者职业生涯发展的需要则成为问题的关键所在，因为课程是实现培养目标、保证教育质量的核心，也正因为如此，职业教育的课程改革始终是各国发展职业教育过程中重点关注和研究的问题。

职业教育课程改革的主要驱动力一方面源于产业结构及其调整、优化、升级以及生产技术水平的提升；另一方面源于个体的职业生涯发展的需要。因此具有可持续发展活力的职业教育应该是能够较好地满足经济界和学生个体的职业发展的需要，而如何实现二者的协调统一，一直是职业教育课程改革的难点。

改革开放以来，随着职业教育的恢复与发展，职业教育课程改革一直是我国职业教育理论研究者和实践工作者关注的焦点问题。改革开放初期，以学习国外先进职业教育经验为主，其中影响比较大的是在中德两国政府合作框架下推行的借鉴德国职业教育经验的"双元制"典型试验，其核心内容是加强校企合作，推行基于能力培养的综合课程体系。尽管典型试验所需要的教学实施条件较高，难以在更大的范围内推广，但是典型试验取得的经验在我国产生了深刻的影响，为我国职业教育的课程改革奠定了良好的基础。20世纪90年代开始，我国中等职业教育的课程改革开始在借鉴国外经验的基础上，尝试建构具有中国特色的职业教育课程模式，其中影响较大的是"宽基础、活模块"课程模式，该模式在某种程度上解决了课程结构的问题，但课程内容的建构却没有突破学科体系的限制。自新世纪以来，以经济发达地区（如上海、江苏及浙江）为引领，开始了新一轮的职业教育课程改革，提出了项目课程等理论框架，并在实践中进行探索。与此同时，德国职业教育全新的课程模式"学习领域课程"被介绍到我国，并在部分地区和学校开始了本土化的探索与改造。

在德国，职业教育课程问题一直是历次职业教育改革的核心问题。20世纪70年代，德国为了提高技术工人的职业适应能力和在劳动力市场的灵活性，课程改革以拓宽专业覆盖面，加强面向职业领域的专业理论与专业技能的训练为核心，推行职业基础教育。20世纪80年代，随着人们对高等教育需求的增加，职业教育的课程改革出现了"注重双重素质"的特点；特别是20世纪90年代以来，随着科技的发展，技术更新加快，企业的管理方式和工作组织形式的变革对生产一线的技术人员提出了更高的素质要求，而传统的以分科为基础的职业教育的课程体系越来越不能满足工作世界的需求，在此背景下德国启动了新一轮的职业教育课程改革，用跨学科的"学习领域"课程方案替代了沿用多年的以分科课程为基础的综合课程模式，以典型的职业工作任务、按照工作过程逻辑及学生能力的发展规律建构职业教育的课程模式。目前这种学习领域课程方案已经成为德国职业教育课程的新范式。

通过对中德中等职业教育课程改革的比较研究，总结两国中等职业教育课程改革的经验与教训，探索职业教育课程改革的基本规律，对于我国新一轮职业教育课程改革具有重要的理论价值和实践意义。具体体现在：

1. 通过对中德两国中等职业教育课程改革的理论与实践研究，探索职业教育课程改革的基本规律，为进一步丰富与完善职业教育的课程理论作出贡献。

2. 通过对中德两国中等职业教育课程改革实践的反思，总结课程改革的成功经验与教训，有助于在职业教育课程目标、课程设置、课程实施、课程评价等方面为我国新一轮职业教育课程改革提供方法论上的指导。

## 二　核心概念的界定

厘清概念是进行任何研究的前提和基础，只有对相关的概念有个透彻、清晰的理解和掌握，才能明确研究的范围，也才能使研究向更深层次地开展。正如有研究者所言：当我们的生活太接近一个概念时，我们有可能会忽视这个概念的丰富性和复杂性，解释能使我们以一种新的方式去理解这个概念。① 因而，本研究将对中等职业教育、课程和课程改革等基本概念在本研究中的内涵做个简要的界定，以明确本研究的研究范围和方向。

（一）职业教育

为了厘清和界定中等职业教育，首先要对职业教育这个概念做些必要的说明。关于职业教育的概念各个国家也存在细微的差别，有些国家叫做"职业教育"，有些国家叫做"职业技术教育"，而有些则叫做"技术与职业教育"。在我国的不同历史时期也有不同的表述，先后经历了实业教育、职业教育和职业技术教育等变化，1996年颁布实施的《中华人民共和国职业教育法》最终确定为"职业教育"，故而本研究采用职业教育这一概念。

职业教育是社会劳动分工的结果，是为适应和促进社会经济发展与繁荣，在普通基础教育之上，培养能够从事一定职业的专门人才的教育。

职业教育本质上是一个与职场所需之知识与技能的获得密切相关的概念，依据中华人民共和国职业教育法，我国目前的"职业教育"与联合国教科文组织的"技术和职业教育与培训"的内涵与外延总体上是一致的，包括国际语意下的职业教育、技术教育和职业培训，是指适应个体发展以及经济和社会发展要求，在一定的文化水平基础上，培养人们获得一定职业资格，以及继续深造、职业发展所需要的知识和技能的综合职业素质教育。

---

① 罗尧成：《我国研究生教育课程体系研究》，博士学位论文，华东师范大学2005年，第10页。

（二）中等职业教育

由于中德两国实施中等职业教育的基础存在一定的差异，因此，有必要对中德两国中等职业教育的内涵分别作出界定。

在我国，中等职业教育是职业教育的一部分，包括普通中等专业学校、技工学校、职业高中教育及各种短期职业培训等。它为社会输出初、中级技术人员及技术工人。本书语意下的我国中等职业教育是指在义务教育的基础上实施的高中阶段的职业学校教育。

在德国，中等职业教育是指在中等教育第一阶段（相当于我国的初中）结束后，在中等教育第二阶段（相当于我国的高中阶段）实施的职业教育，包括"双元制"职业教育和全日制职业学校教育。由于"双元制"是德国职业教育的主体，因此本研究的德国中等职业教育特指"双元制"职业教育。

（三）职业教育课程

课程是学校教育任务达成、教育目标实现的基本载体和主要手段，在任何层次与类别的学校教育中都处于核心地位，对教育活动的效果具有决定性的作用和意义。然而，关于课程这个重要而又普通的名词，学术界却存在着一些差别，我国学者施良方总结了六种具有代表性的关于课程的定义：课程即教学科目；课程即有计划的教学活动；课程即预期的学习结果；课程即学习经验；课程即社会文化的再生产；课程即社会改造。[①] 这些定义都具有一定的合理性，都从不同的侧面对课程的含义进行了说明。正如有研究者所总结的那样：课程是学校按照一定的教育目的所构建的各种教育、教学活动系统。[②]

因此，本研究认为中等职业教育的课程是指中等职业教育的实施机构或学校为完成培养初、中级技术和管理人才的任务，按照一定的教育规律而组织和实施的一系列教育、教学活动的总和，具有如下特点：课程是有目的和指向性的，不是自然和随意的；课程是根据一定教育规律而组织起

---

① 施良方：《课程理论——课程的基础、原理与问题》，教育科学出版社 1996 年版，第 3—7 页。

② 陈侠：《课程研究引论、教育学文集、课程与教材》（上册），人民教育出版社 1998 年版，第 14 页。

来的，而不是随机拼凑的；课程包括传统意义上课堂教学活动，也包括其他一些有教育意义的活动；多门课程只有在系统、有序的组合基础上才具有现实的教育意义，才能实现预期的教育目的。

（四）课程改革

关于课程改革目前并没有统一的定义，根据对研究文献的梳理，对课程改革的界定主要有两种基本观点：

1. 课程改革是学习方式和教学方式的转变

持这种观点的学者认为课程改革主要是教与学的方式的变革，强调改变课程过于注重知识传授的倾向，注重形成积极主动的学习态度，使获得知识与技能的过程成为学会学习和形成正确价值观的过程。课程改革就是传统学习方式的"被动性、依赖性、统一性、虚拟性、认同性"向现代学习方式的"主动性、独立性、独特性、体验性与问题性"转变的过程。这种界定将课程改革的范围限定在了课程的实施领域，尤其是教学方法与学习方法的改革。

2. 课程改革是一种综合性的课程变革

持这种观点的学者认为课程改革是涉及课程理念、课程结构、课程内容、课程实施、课程评价等方方面面的一种综合性更强的课程变革。《简明国际教育百科全书·课程》中将课程改革界定为涉及学校体制变化和课程的全面修正，它的基础是价值观念的重大变化和方向调整，而且常常在政治制度方面展开。《教育大辞典》中认为课程改革是按某种观点对课程和教材进行改造，是课程变革的一种形式，包括课程观念的变革和课程开发体制的变革，是一项有目的、有计划的行动，以一定理论为基础。可见，持这种观点的学者认为课程改革是一种综合性更强、程度更深的课程变革。

本课题研究中的课程改革不仅仅是指教学方式与学习方式的变革，而是指涉及课程各个方面的综合性更强的课程变革。

## 三　研究文献综述

（一）关于中国职业教育课程改革的研究综述

中职课程改革一直是我国职业教育理论与实践工作者关注的焦点之一。

自改革开放以来,我国中职课程改革方面的研究资料颇丰,通过对各时期的研究文献的梳理,我们发现:我国学者对中职课程改革的研究主要经历了以下三个阶段:

1. 中职课程改革研究的起步阶段:20 世纪 80 年代中期至 90 年代中期

改革开放以来,我国职业教育逐步得以恢复与发展,但依旧采用知识本位的学科课程模式,缺乏职业教育特色,与经济体制改革下对技术、技能型人才的素质要求相去甚远。为了使职业教育培养的学生与经济社会发展对技术、技能型人才的素质要求相适应,职业教育工作者们开始反思职教课程,并在借鉴国外经验的基础上对我国中等职业教育的课程进行了改革与探索。这一时期的研究内容主要围绕课程结构和课程内容的改革进行,在理论层面上对这些问题进行了讨论。

2. 中职课程改革研究的发展阶段:20 世纪 90 年代末期至 2004 年

20 世纪 90 年代中期以来,我国职业教育工作者在学习国外课程模式的基础上,对我国职教课程进行了本土化的探索与试验,并于 90 年代末期开始,陆续提出了具有中国特色的课程模式,如 1999 年蒋乃平先生提出的"宽基础、活模块"课程模式;2004 年由徐国庆提出的"实践导向的课程模式"。这一时期的研究内容转向了对课程模式改革的探讨,认为职教课程应摆脱传统的学科课程模式,探索以职业活动为本质的课程模式。同时,部分学者开始就某一专业的课程体系进行探索,使我国职教课程改革研究开始转向微观领域。

3. 中职课程改革研究的兴盛阶段:2005 年至今

2005 年,国务院颁发了《关于大力发展职业教育的决定》,指出要"进一步深化职业教育课程与教学改革,不断更新教学内容,大力推进精品课程与教材的建设"。2008 年,教育部颁发了《关于进一步深化中等职业教育教学改革的若干意见》,指出要"进一步深化职业教育课程改革,调整课程结构,合理确定各类课程的学时比例,积极推进多种模式的课程改革,并重新定位公共基础课程,努力形成就业导向的课程体系"。与此同时,长三角地区开始推行项目课程改革,在北京和广东等地也开始推行从德国引进的学习领域课程模式。此时,新一轮的职教课程改革在全国范围内拉开帷幕。这一时期的研究范围进一步拓宽，文化基础课程改革开始引起学者们的关注。另外，课程改革的目标定位与价值取向问题也受到了学者们的关注；研究方法更加丰富，案例研究增多，同时出现了一些实证性的研究，如运用问卷与访谈调查来分析课程改革的现状，等等。

根据对现有研究文献的梳理，我国中等职业教育课程改革的研究主要集中在以下几个领域：

1. 职业教育课程模式的研究

课程模式是我国现有教育文献中使用频率最高的概念之一，许多人将它作为课程研究的切入点。学者对职业教育课程模式的探讨主要集中在以下几个方面：

一是对国外典型的职业教育课程模式的研究，这一领域的研究侧重在对"双元制"以分科为基础的综合课程模式和学习领域课程模式、加拿大的能力本位课程模式（CBE）和国际劳工组织的模块化课程模式（MES）的介绍与评价上，也有学者将这些模式统称为"能力本位"的课程模式。① 现有的研究更多的是对这些模式本身的介绍，而对每种模式的实现条件、局限性以及如何更好地本土化等方面的研究不足。

二是在借鉴国外职业教育课程模式经验的基础上进行的课程改革实验研究，如教育部职业技术教育中心研究所、辽宁职业技术教育研究所、上海职业技术教育研究所开展的"双元制"试点试验；中国职业技术教育学会培训交流部推行的英国的 BTEC 课程模式试验；我国部分中高职院校开展的工作过程系统化课程模式（学习领域课程模式）的试验，等等。这些研究为我国职业教育课程改革注入了活力，在课程改革的理念和课程改革的具体方案等方面对我国的课改实践产生了深刻影响，但现有的研究缺乏对这些课程模式的实施条件分析与研究，对课程改革的实践效果研究不足。

三是对我国传统职业教育课程模式"三段式"的审视与反思。许多学

---

① 这种提法有待商榷，实际上"双元制"、CBE 和 MES 并不属于同一层面的概念，"双元制"是一种以法律为依据的教育制度；CBE 是以能力为基础作为教育指导思想的教育模式；而 MES 是一种具体的课程方案。

者认为"三段式"课程模式是以学科为中心的一种课程模式,虽然有利于教师的教学和学生系统理论的学习,但由于普通文化课、专业基础课和专业课之间缺乏联系,而且每个学科都强调学科自身的系统性与完整性,过分注重学科知识的系统传授,忽视综合职业能力的培养,不能满足经济界对高素质的技术技能型人才的需求,有必要对传统的课程模式进行改革。

四是在分析传统职业教育课程模式弊端的基础上,借鉴国际先进经验,探索具有中国特色的职业教育课程模式,如蒋乃平1999年提出的"宽基础,活模块"课程模式;徐国庆2004年建构的实践导向的职业教育课程模式,等等。在这一领域虽然有大量的研究文献,但仍缺乏从历史发展的视角对职业教育课程改革的社会背景、理论基础、基本特征等方面进行深入系统的分析。

2. 职业教育课程开发的研究

我国职业教育的课程开发经历了学科系统化课程开发、基于岗位的工作任务分析课程开发和基于整体的工作任务分析课程开发的发展历程。

有学者认为:学科系统化的课程开发是我国职业教育领域长期一直沿用的课程开发模式。这种课程开发模式是从相对应的普通高中或者大学中选择"对应"的学科,课程内容的选择也是将普通高中或大学中的学科内容简单的移植过来。因此,开发的课程内容与职业要求之间一般存在很大的差距,学生的职业能力得不到培养,从根本上难以满足企业和劳动市场的要求。

基于岗位的工作任务分析课程开发是能力本位课程所采用的课程开发方法。徐涵认为:基于岗位的工作任务分析课程开发,是以职业分析和岗位工作任务分析为基础的,该课程开发模式一般都是集中课程开发专家、教学专家和企业中的专家来共同探讨某一岗位所需要的技能、知识和态度,从而为职业教育课程的开发提供依据。该课程开发方法,使我国职教课程开发工作的有效性和相关性得到明显的提高,但却忽视了职业与专业劳动的整体性。[①]

---

① 徐涵:《关于我国职业教育课程改革的思考》,《职业技术教育》(教科版) 2005 年第 31 期。

基于整体的工作任务分析课程开发是德国的学习领域课程所采用的课程开发方法，随着学习领域课程被介绍到我国，基于整体的工作任务分析方法也被引入我国。赵志群认为，基于整体的工作任务分析课程开发是以职业的整体分析为基础，强调职业的整体性和内在联系性，该课程开发模式一般是通过专家技术工人访谈会的形式来共同提取代表一个职业的典型工作任务，通过分析完成典型工作任务的工作过程确定职业教育的教学内容。①

3. 职业教育课程要素改革的研究

（1）关于课程目标

随着我国市场经济体制的建立以及科学技术的迅猛发展，社会劳动形式也逐渐向心智技能劳动和复合型工种的劳动转变，这决定了经济建设和社会发展对人才要求的多样化，对劳动者的素质提出了更高的要求。徐国庆认为职业教育课程目标需兼顾多方面要求，但毫无疑问应当把职业能力作为其核心目标。从适应经济社会对多样化、高素质劳动者需求的角度出发。② 范向阳，王军伟，王小侠，张松斌提出：中职课程目标除了培养学生的综合职业能力外，还要着眼于提高学生的全面素质，使其具有文化素质、公民素养、专业技术与技能、创新精神、实践能力和创业能力；注重以就业为导向，帮助学生形成健康的就业观念、劳动态度和良好的职业道德。③蒋乃平，张述勇认为从培养适应面向 21 世纪的劳动者的角度，提出：中职课程目标需要关注学生跨专业能力或通用能力的培养。④

（2）关于课程结构

受学科课程模式的影响，中等职业教育的课程结构一直未能走出"三

---

① 赵志群：《职业教育学习领域课程及课程开发》，《徐州建筑职业技术学院学报》2010年第 2 期。

② 徐国庆：《职业能力现实化视野中的我国职教课程改革基本命题》，《职教论坛》2010 年第 12 期。

③ 范向阳：《关于职教课程改革建设的思考》，《中国职业技术教育》1999 年第 5 期；王军伟：《面向 21 世纪的中等职业教育课程改革》，《职业技术教育》（教科版）2001 年第 10 期；王小侠：《以需求为导向：职教课程改革的基点》，《职业技术教育》（教科版）2005 年第 32 期；张松斌：《对我国中等职业教育课程改革的反思》，《教育探索》2008 年第 12 期。

④ 蒋乃平：《深化职教课程改革应处理好九大关系》，《职教论坛》2000 年第 9 期；张述勇：《通用能力与实训课程——中等职业教育课程改革的思考》，《中国职业技术教育》2000 年第 10 期。

段式"的影子。为了实现 21 世纪中职课程多样化、高素质技能型劳动者的培养目标，课程结构改革至关重要。张述勇认为建立起以弹性和综合性为特征、多种课程形态相结合的课程体系是中职课程结构改革的关键所在，中职课程结构改革应朝着多样化的、具有弹性的方向进行。① 从目前中职课程结构相对固定，无法快速灵活地应对劳动力市场需求变化这一角度，徐佳和刘伟民提出：中职课程结构要实现"四调整"，即调整课程比例，增加实践课时的比重；调整课程顺序，以实践课程作为学习起点；调整课程的刚性结构，增加课程灵活性；调整课程的组织方式，重视隐性课程对学生能力和素质的培养。② 此外，还有学者从中等职业教育是终生教育的重要组成部分这一角度，提出建立中等职业教育与基础教育、职业培训、高等职业教育相衔接的课程结构模型。③

（3）关于课程内容

关于课程内容改革，学者们主要围绕课程内容改革应遵循的原则、课程内容的特性与选取三个方面进行探讨。现行的中职课程内容受传统的知识本位课程模式影响，课程内容繁、难、多，即知识偏多、原理偏难，有悖于中职教育的培养目标，增加了学生的学习难度。基于这些问题，冯云霞，张松斌提出中等职业学校的课程内容本着"必需、够用"的原则，打破学科间的界限，按照专业的需求和知识间的内在联系，适当进行调整；以岗位和职业对知识和技能的要求为依据，灵活确立课程内容的广度、深度及技术训练的程度。④ 王小侠，徐佳和刘伟民，石光耀从职业教育适应社会对复合型人才的需求和毕业生转岗要求的角度，提出中职的课程内容应体现先进性、前瞻性等特性，即课程内容要体现新知识、新技术和新工艺，确保学生所学的知识符合新时期发展的要求；中职课程要强调综合化、个

---

① 张述勇：《通用能力与实训课程——中等职业教育课程改革的思考》，《中国职业技术教育》2000 年第 10 期。

② 徐佳、刘伟民：《中等职业教育课程改革：矛盾与对策》，《职业技术教育》2007 年第 16 期。

③ 教育部专项研究课题组：《适应教学模式改革的中等职业教育课程研究》，《中国职业技术教育》2008 年第 12 期。

④ 冯云霞：《中等职业学校深化课程改革的思考》，《职业技术教育》（教学版）2006 年第 8 期；张松斌：《对我国中等职业教育课程改革的反思》，《教育探索》2008 年第 12 期。

性化和实用化；体现职业性和现实性，加强课程内容与现实社会和学生生活之间的内在联系，实现课程内容与职业标准的融合。[①] 另外，关于课程内容的选取，石伟平和徐国庆认为中职教育要紧紧以职业能力形成的需要来选择课程内容，围绕职业活动来组织课程内容，将实用的内容纳入课程，用更加实用的话语进行阐述。[②]

（4）关于课程评价

在我国职教课程改革大力推进的过程中，有效的课程评价能够促进职教课程改革沿着正确的方向前进。目前，国内学者对课程评价的探索并不多见。张松斌在批判传统的职教课程评价注重结果性的基础上提出我国中职课程评价的改革需要关注四点：一要突出评价的教育功能；二要重视学习过程的评价；三要注重改革评价的方式；四要注重行业认证的考核。[③] 姜汉荣认为中职课程评价应当从评价的载体、组织形式和评价的时机三方面进行优化，对学生专业项目产品的评价标准应该与企业生产产品的检验标准相统一。[④]

4. 职业教育课程改革问题的研究

有关中职课程改革中存在的问题，徐涵提出我国职教课程改革主要存在改革方向摇摆不定、改革内容不明确、课程开发方法不科学、缺乏合理的运行机制和课程改革经费投入不足等五个方面的问题。[⑤] 张松斌认为我国中职课程改革缺乏统一的样式，各地、各学校进行课程改革的自由度较大，在课程改革推进的过程中理实一体化的教学徒有虚名，课程评价也缺乏科学性和可量化。[⑥] 顾建军从课程结构方面指出目前中职课程在结构上存在以

---

① 王小侠：《以需求为导向：职教课程改革的基点》，《职业技术教育》（教科版）2005年第32期；徐佳、刘伟民：《中等职业教育课程改革：矛盾与对策》，《职业技术教育》2007年第16期；石光耀：《江苏省淮安市"十二五"中等职业教育课程改革的思考》，《中国职业技术教育》2011年第14期。

② 石伟平、徐国庆：《以就业为导向的中等职业教育教学改革理论探索》，《中国职业技术教育》2007年第8期。

③ 张松斌：《对我国中等职业教育课程改革的反思》，《教育探索》2008年第12期。

④ 姜汉荣：《中等职业教育专业课程体系重构的探索——以江苏省通州中等专业学校机电专业为例》，《职业技术教育》2012年第8期。

⑤ 徐涵：《关于我国职业教育课程改革的思考》，《职业技术教育》（教科版）2005年第31期。

⑥ 张松斌：《对我国中等职业教育课程改革的反思》，《教育探索》2008年第12期。

学科为中心，缺乏必要的整合和相应的灵活性等问题。除了专业课程之外，目前，中职文化课程改革也处于尴尬的境地。① 徐国庆指出"文化课程改革的思路呈现多样化的格局，归纳起来主要有五种，分别是强化文化课程、削减文化课课时比例、与专业课程整合、为专业课程服务、平台＋选择，但是尚未形成能被普遍接受的改革思路。另外，人们对文化课程的定位含糊不清，致使文化课程改革止步不前"。②

5. 课程改革策略的研究

为了解决课程改革中存在的问题，顺利推进中职课程改革，国内学者对课程改革策略提出了自己的观点。徐涵提出了四点建议：一是从理论上解决职业教育的价值取向，准确定位职业教育课程改革目标，从职业教育的本质出发，指出职教课程改革应以形成学生的职业能力为课程目标；二是课程内容应以技术知识和工作过程知识为主，按职业活动的内在逻辑顺序进行序列化；三是对目前职教课程开发的基本方法，特别是职业工作任务分析法进行深入、系统的比较研究，加强对教师进行职教课程开发技术与方法的培训；四是加大投入，建立合理的职教课程改革的运行机制、专项基金、学术参与机制和管理监督机制。③ 顾建军也认为中职课程改革必须要明晰课改的价值取向和目标定位，指出在中职课程改革的价值取向上要建立多元、发展和融通的价值观，课程改革的目标取向应以培养和提高学生的职业素养，促进学生富有个性的发展为基本目标；同时，课程结构必须要加强宏观、中观和微观方面的研究；注重新型课程管理政策和运行机制的建构。④ 从课程改革的保障条件出发，石光耀认为课程改革的组织与推进需要加强政策支持与制度保障：一需要强化组织保障，成立和发挥各级课程改革专家指导委员会和领导小组的作用，加强课程改革工作团队建设；二需要强化经费保障，增加课程改革专项经费；三需要强化师资和科研保障；四需要强化制度保障，建立课程改革工作定期交流、分析、检查和评比等制度，建立教学质量评价和职业资格

---

① 顾建军：《关于中等职业教育课程改革的若干思考》，《教育与职业》2005年第35期。
② 徐国庆：《论职业教育中的普通文化课程改革》，《职教论坛》2012年第3期。
③ 徐涵：《关于我国职业教育课程改革的思考》，《职业技术教育》（教科版）2005年第31期。
④ 顾建军：《关于中等职业教育课程改革的若干思考》，《教育与职业》2005年第35期。

标准嵌入制度，积极实施"双证融通"、对外交流与合作制度。[1] 关于普通文化课程，徐国庆提出普通文化课程改革需要明晰文化课程的定位，改革思路应该多元化，中职文化课程改革应坚持实用取向，独立设置相对完善的文化课程体系，课程的具体设置应依据职教办学策略、专业类别和地区职业教育发展水平而定。[2]

通过对研究文献的梳理，可以得出：20 世纪 80 年代以来，我国逐步加深了对中等职业教育课程改革的研究，并取得了一些有重要影响的研究成果，但在研究的深度以及广度上仍存在一定的局限性，主要体现在：

一是研究内容缺乏系统性。目前，我国学者对中职课程改革的研究主要侧重于课程目标、课程结构以及课程内容方面，对于课程开发、设置与评价等其他方面的探讨较少。事实上，课程改革是一个复杂的、持续性的过程，课程改革实施的效果如何，有没有达到预期的目标需要通过评价才能作出判断。通过课程评价可以了解到课程改革的发展方向，发现课程改革中存在的不足之处，为课程改革提供诊断与导向作用。因此，应加强对课程评价改革等方面的研究，探讨评价主体、内容与指标，促进课程改革朝着正确的方向和预期的目标前进。

二是实践性研究偏少。目前，我国学者对中职课程改革的研究多数停留在理论研究层面，缺乏对各校、各专业的实际情况的调查研究。这种基于文献的思辨性探讨如果不与课程改革的实践相结合，也是难以指导课程改革实践，对推进和实施课程改革的作用有限。因此，在中职课程改革的研究方面，要完善研究方法，灵活地运用调查法、案例分析、比较法等基本研究方法，在理论研究的基础上要注意实践性研究，在宏观领域探讨的同时，也要加强微观方面的探讨。

三是文化基础课程改革研究较少。我国学者对中职课程改革的研究多集中在专业课程方面，对文化基础课程改革的探讨偏少。由于中职学校学生生源的质量以及文化基础课程的教学缺乏职教特色，一直未摆脱普教的印记，

① 石光耀：《江苏省淮安市"十二五"中等职业教育课程改革的思考》，《中国职业技术教育》2011 年第 14 期。

② 徐国庆：《论职业教育中的普通文化课程改革》，《职教论坛》2012 年第 3 期。

与专业课程相比，中职文化基础课程所面临的问题更加复杂，然而在现有的研究文献中，很少有学者对文化基础课程的改革进行分析和讨论。目前，中职文化基础课程的定位模糊，改革思路众说纷纭。实际上，文化基础课程作为中职课程体系的重要组成部分，对提高个体未来的生活质量具有积极意义。鉴于此，应集中更多的人力与物力资源，加强对中职文化基础课程改革的研究。

（二）关于德国中等职业教育课程改革研究的综述

1. 我国学者对德国中等职业教育课程改革的研究

根据对相关研究文献的梳理，我国学者对德国中等职业教育课程改革的研究主要集中在对德国新一轮以工作过程为导向的职业教育课程改革的探索上，具体体现在工作过程导向的职业教育理论、学习领域课程、行动导向教学等方面。

（1）关于工作过程导向的职业教育理论研究

由商务印书馆出版的《工作过程为导向的职业教育理论与实证研究》（徐涵，2013）对工作过程导向的职业教育理论，从其产生的历史背景、理论基础、课程开发、课程结构、课程内容、课程实施及评价进行了较为全面系统的研究，为读者系统地呈现了工作过程导向的职业教育理论。作者认为：工作过程导向的职业教育理论在设计上解决了职业教育中长期以来存在的理论与实践二元分离的状态，通过典型职业工作任务实现了理论与实践的整合。工作过程导向的职业教育强调从培养学生的适应能力转向培养学生参与建构工作世界的能力，着眼于学生创新能力的培养；职业科学导向典型职业工作任务分析是工作过程导向的职业教育的课程开发方法，它使研究隐含在实际的职业工作中的知识——工作过程知识成为可能；工作过程导向的职业教育不仅以工作过程知识为主要教学内容，而且知识的建构方式发生了根本的改变，按照职业的成长规律（从新手到专家）重组教学内容；行动导向教学成为工作过程导向的职业教育的主要教学方式，关注学生的成长过程。

（2）关于学习领域课程研究

首先，我国学者对学习领域课程方案的实施背景、特征及课程方案进行了大量研究。由清华大学出版社出版的《当代德国职业教育主流教学思想研究》（姜大源和吴全全，2007）一书中对学习领域课程方案进行了较为系统的研究，阐释了学习领域课程方案诞生的时代背景、主要内容、开发实践及理论探索，认为学习领域课程指的是工作过程系统化课程，是由工作过程导出的行动领域再经教学整合形成学习领域，并通过具体的学习情境来实施，具有整体性、合作性和个性化的特点。姜大源认为"学习领域"是一种主题学习单元，包括能力描述的学习目标、任务陈述的学习内容和相应的学习时间三部分组成，其主要特征是行动导向、建构理论与校本开发。① 徐涵从学习领域的课程目标、课程内容和实施方式三个方面阐释了学习领域课程的基本特征，认为学习领域课程以典型工作任务为核心组织、建构课程内容，强调工作过程知识的重要性；要求按照行动导向的教学方式组织实施教学，其目的是培养学生建构或参与建构工作世界的能力。② 还有吴全全从课程内容定向、选择和实施三个方面归纳"学习领域"课程所表达的全新教育思想，认为，基于能力本位理念的"学习领域"课程的内容定向，确定了课程内容重组的导航框架；基于工作过程结构的"学习领域"课程的内容选择，确定了课程内容重组的编制方法；基于行动导向教学的"学习领域"课程内容传授，确定了课程内容重组的实施方式。③ 此外，还有王建初和颜明忠从理论的角度对"学习领域"课程改革进行了诠释，认为改革背后的理论基础涉及劳动组织、技术与职业教育三者关系理论、行动导向教学理念以及基于工作过程分析的课程开发方式等。④

　　其次，我国学者对学习领域课程的开发方法进行了研究。由高等教育出版社出版的《学习领域课程开发手册》（欧盟 Asia-Link 项目"关于课程开发的课程设计"课题组，2007）全面系统地介绍了开发工作过程系统化课程的方法，其核心内容是实践专家座谈会和典型工作任务分析，强调基

　　① 姜大源：《"学习领域"课程：概念、特征与问题——关于德国职业学校课程重大改革的思考》，《外国教育研究》2003 年第 1 期。
　　② 徐涵：《德国学习领域课程方案的基本特征》，《教育发展研究》2008 年第 1 期。
　　③ 吴全全：《学习领域：职教课程内容重组的新尝试——德国职业教育课程改革的启示》，《职教论坛》2004 年第 18 期。
　　④ 王建初、颜明忠：《德国职业教育学习领域课程改革的理论诠释》，《外国教育研究》2009 年第 7 期。

于整体的工作分析，更加关注工作过程的整体性和完成工作任务所需的创造性。也有赵志群认为学习领域课程开发，应在明确综合职业能力培养目标的基础上，通过基于工作过程职业资格研究，特别是实践专家研讨会，提炼出某一职业（专业）的典型工作任务，从而确定学习领域课程，设计学习情境，并采用行动导向的教学方案。①

第三，我国学者对学习领域课程方案在德国的实施现状及效果的研究。学习领域课程方案在德国的实施状况如何，在实施过程中遇到了哪些问题，是否达到了预期目标？有学者利用在德国的访学机会，运用问卷调查的方法，对学习领域课程方案在实施过程中存在的问题及取得的成效进行了实证研究，认为学习领域课程所倡导的目标——培养学生的综合职业能力只是部分地得以实现，这可以归因于在学习领域课程方案具体的实施过程中还缺乏可操作性的教学设计标准。②

2. 行动导向教学研究

赵志群指出行动导向教学的基本内涵是通过行动产品引导教学过程，学生通过主动与全面的学习达到脑力劳动和体力劳动的统一。这里的行动不是日常生活中的活动或劳动而是为达到学习目标进行的有意识的行动，有两个基本特点：一是学生可以从多种可能的行动方式中选择自己的方式；二是学生在行动前能对行动的可能结果作出预测，通过计划有意识有目标地去影响行动结果。③刘邦祥和吴全全研究了行动导向学习的渊源、理论基础、主要内容及基本概念等，他们认为行动导向理论以人为本，强调人在实现既定目标过程中进行反思的重要性，注重学习过程中交流形式的分析，其核心是优化学习过程。④魏新民认为，德国职业教育能力本位的核心观点是以能力培养为目标，设计教学过程与方法。能力培

---

① 赵志群：《职业教育工学结合一体化课程开发指南》，清华大学出版社 2009 年版，第 48—82 页；赵志群：《职业教育学习领域课程及其开发》，《徐州建筑职业技术学院学报》2010 年第 2 期。

② 徐涵：《学习领域课程方案在德国的实施效果——基于最新职业能力测试结果的分析》，《中国职业技术教育》（理论）2010 年第 6 期。

③ 赵志群：《关于行动导向教学》，《职教论坛》2008 年第 10 期。

④ 刘邦祥、吴全全：《德国职业教育行动导向的教学组织研究》，《中国职业技术教育》2007 年第 5 期。

养需要把能力分解到具体的可操作的层面上，运用行动导向教学法，通过由简单到复杂的教学活动来实现这一目标；在教学过程中，教师要关注学生在学习、活动中的表现并加以引导，如果每个学生的学习、活动中都有出色的表现，自然就达到了教学的最佳效果；采用行动导向教学，需要学生积极配合，因此建立良好的师生关系是保证教学效果的重要因素。[①]

3. 德国学者对德国中等职业教育课程改革的研究

根据对有关文献的梳理，德国学者对中等职业教育课程改革的研究主要集中在工作过程导向的职业教育理论、学习领域课程方案的理论阐释及其在实践中的应用、行动导向教学等方面。

关于工作过程导向的职业教育研究。一是关于设计导向教育思想研究。1988 年由英国学者科波特（Corbett）、丹麦学者拉斯姆森（Rasmussen）和德国学者劳耐尔（Rauner）共同发表的《对技术和社会工作的设计：以人为中心的计算机集成制造》[②] 的研究报告认为社会和技术发展是技术可能性与社会现实性相互作用的结果，职业教育要培养具有参与设计工作和技术的能力，即“设计导向”的职业教育思想。1990 年设计导向的职业教育思想成为联邦政府职业教育的指导思想，并逐步形成“工作过程系统化”和“职业科学”理论。二是“工作过程”概念与内涵的研究：德国学者潘格劳斯（Pangalos）和科鲁兹（Knutzen）定义了“工作过程”，认为工作过程是在企业里为完成一件工作任务并获得工作成果而进行的一个完整的工作进程，其核心要素是“劳动者、工作对象、工作工具、工作方法和工作产品”，这些要素在特定的工作环境下，在整个工作过程中相互作用，达到事先制定的工作目标。[③] 三是关于工作过程知识研究。德国学者费舍尔（Fische）对工作过程知识进行了大量研究，认为“工作过程知识是劳动者

---

① 魏新民：《对德国能力本位职业教育教学观点的解读》，《中国职业技术教育》2009 年第 34 期。

② Corbett, J. M. ; Rasmussen, L. B. ; Rauner, F. *Crossing the Border. The Social and Engineering Design of Computer Integrated Manufacturing Systems*. London-Berlin etc. ; Sringer Verlag, 1988.

③ Pangalos, J. ; Knutzen, S. "Möglichkeiten und Grenzen der Orientierung am Arbeitsprozess für die berufliche Bildung." In; Pahl, J.-P. /Rauner, F. （Hrsg.）: *Berufliches Arbeitsprozesswissen*. 2000, S. 110.

在企业的行动体系中获得的关于工作对象与工作流程的知识（包括理论知识），这种知识是劳动者在职业活动中直接需要的"。①

关于学习领域课程方案研究。根据德国各州文教部长联席会议（2011）的观点，学习领域课程是通过具体化的行动能力和时间参考值来描述的主题学习单元。学习领域是从各个职业的行动领域发展而来，它指向与工作过程和经营过程相关的职业任务。② 学习领域课程的实施是以行动领域、学习领域和学习情境为基础的。德国学者巴德（Bader）以豪斯（Roth）的观点"教育就是通过发展专业能力、社会能力和个性能力来促进行动能力的发展"为基础，进一步发展了对能力的理解，定义了职业行动能力的概念，并将其界定为"专业能力、个人能力和社会能力"三个维度。2011 年德国各州文教部长联席会议"关于编制职业学校框架教学计划指南"中明确提出：行动能力可以被理解为个人在职业、社会和私人情景中能够合理周全地，并且是对个人和社会负责地处事意愿与能力。行动能力是在专业能力、个人能力和社会能力这三个维度中展开的。巴德和晒菲尔（Bader/Schäfer）对行动领域和学习领域之间的相互联系以及通过开发学习情境实施学习领域课程进行了具体的说明。③ 北莱茵—威斯特法伦和萨克森—安哈特州由试点协会 SELUBA 以德国学者巴德（Bader）的研究为基础，对学习领域课程方案在学年教学计划的宏观层面、学校的课程计划和组织的中观层面以及多样化的具体的教学准备工作的微观层面上进行了探索，制定了学习领域课程的学校年度教学计划的开发步骤。斯劳讷（Sloane）从校本课程开发的视角出发，阐释学习领域的实施工作，认为学习领域课程的具体化与结构化过程应与学校教师集体工作相符合。姆斯特–外波斯（Muster-Wäbs）和施耐德（Schneider）共同出版的《从学

① Fische，M. *Grund Probleme didactisehen Handelns und die arbeitsorientierte Wend ein der Berufsbildung.* （httP：//www. bwpat. de/ausgabe4/fiseher _ bpat4. Pdf）.

② KMK. Veroeffentlichung der Kultusministerkonferenz vom 23. 09. 2011：*Handreichung fuer die Erarbeitung von Rahmenlehrplaenen der Kultusministerkonferenz fuer den berufsbezogenen Unterricht in der Berufsschule und ihre Abstimmung mit Ausbildungsordnungen des Bundes fuer anerkannte Ausbildungsberufe*，2011.

③ Bader, R.；Schaefer, B. "Lernfelder gestalten. Vom komplexen Handlungsfeld zur didaktisch strukturierten Lernsituation" *Die berufsbildende Schule*，Heft 50，1998，S. 228 – 234.

习领域到学习情境》① 中介绍了设计学校学习情境的基本原则及其行动理论的计划、实施和评估。

关于行动导向教学研究。原东德学者哈克（Hacker）和福尔佩特（W. Volpert）等人对现代行动导向教学理论研究作出了重要的贡献，如哈克（Hacker）提出了行动体系的五个环节：确定方向、选择取向、设计、决策和控制。而福尔佩特（W. Volpert）不但对行动进行了较为系统的定义，而且还建立了多种基本的行动模式。希尔顿（A. Schelten）从以下 5 个方面对行动导向教学的其他特征进行了归纳：照顾学生的兴趣和经验，通过迁移应用建立理论与实践的直接联系，强调合作与交流；教师是学习过程的组织者和专业对话伙伴；教学内容多为结构复杂的综合性问题与职业实践或日常生活有关具有工作过程系统性的特征，可促进综合性的学习；多种教学方式方法交替使用；组织形式多以小组形式进行，学生有尝试新行为方式的空间②。杨克和迈耶（Jank & Meyer, 1991③）认为学校教育中行动导向教学是全面的，是学生主动地学习活动，其核心是完成一个可以使用或可以进一步加工或学习的行动结果，行动导向教学要求学生参与到教学设计、实施和评价中。

根据对相关研究文献的梳理，可以看出：我国学者还缺乏对德国职业教育课程改革的总体把握，对学习领域课程模式的研究基本处于理论介绍阶段，缺乏对该课程模式的系统深入的研究与分析。德国学者虽然对学习领域课程方案有大量的研究，但主要集中在学习领域的内涵、构成、理论解释及课程标准，而关于该模式实施效果等方面的研究成果较少。

## 四　研究思路与方法

首先，运用文献法和历史分析法，从历史发展的视角对 20 世纪 70 年代以来中德两国中等职业教育课程改革的动因、理论基础、政策导向、改革

---

① Muster-Wäbs, H.; Schneider, K.: *Vom Lernfeld zur Lernsituation: Strukturierunghilfe zur Analsye, Planung und Evaluation von Unterricht*. Troisdorf: Bildungsverlag Eins, 1999.

② 赵志群：《关于行动导向教学》，《职教论坛》2008 年第 10 期。

③ Jank, W.; Meyer, H. *Didaktische Modelle*. Frankfurt am Mein: Cornelsen Scriptor, Neute Lektion: Handlungsorientierte Unterricht, 1991, S. 337 – 374.

的典型模式及其成效进行分析与研究。

其次，运用问卷法对中德两国中等职业教育课程改革的现状进行了调查研究，分析了中德两国中等职业教育课程改革中的课程开发、课程内容、课程实施、课改效果以及课改过程中存在的主要问题及原因。

再次，运用比较研究法，从课程政策与课程实施两个维度，对中德两国中等职业教育课程改革的政策和实施状况进行比较分析，并在此基础上探索职业教育课程改革的基本规律。

最后，在上述研究的基础上，运用访谈法、文献法等研究方法，在借鉴经验的基础上，提出进一步推进我国中等职业教育课程改革的基本思路与建议。

# 第一章　我国中等职业教育课程改革概述

## 第一节　我国中等职业教育课程改革的历史沿革

1978 年，党的十一届三中全会的召开成为职业教育改革与发展的重大战略转折点。根植于深刻背景中的职业教育，其课程改革发展轨迹实际上就是职业教育谋求发展与改革的历史真实写照。从历史的粗线条上来观察，我国中等职业教育课程改革大致经历了尝试性改革、吸收性改革和全面性改革三个阶段。

### 一　尝试性改革（1978—1990）

1978 年改革开放至 20 世纪 80 年代末，可以视为我国中等职业教育课程尝试性改革时期，这一时期的主要特点是在引进国外模式的基础上，改良学科本位课程模式。

我国中等职业教育是在一个被"文化大革命"破坏的支离破碎和完全停滞基础上逐步恢复和发展起来的。改革开放初期，中等职业教育处于艰难的恢复期。1979 年 8 月，教育部发出《关于中等专业学校工科专业二年制教学计划安排的几点意见》的通知，首次制定了中等职业教育专业教学计划，终结了"十年动乱"以来中等职业教育课程混乱无序的状态，对整个中等职业教育课程改革产生了积极影响。1980 年 10 月，国务院批转教育部、国家劳动总局《关于中等教育结构改革的报告》，重申应当实行普通教育与职业技术教育并举，提出中等教育结构要进行调整，部分普通高中要改办为职业中学与农业中学，倡导各行业广泛举办职业技术学校，有条件的大中城市试办职业技术教育中心，积极发展和办好技工学校，努力办好中专，要求大幅提高高中阶段的职业教育比重。这些重要举措是这一时期职教改革发展的先声，是中国职教发展史上的重大事件。

由于特定的历史背景，在改革开放初期，中等职业学校多数由普通中学转制而来，受普教模式的影响根深蒂固，此时的中等职业教育有着明显的普教痕迹，课程模式所采用的是学科本位课程，其特点就是在学科知识体系中进行教学简化，组成新的课程，但这种课程仍是按学科分类来划分，知识的组合按照知识的逻辑顺序来排列，以理论知识为主体，课堂教学是主要的学习形式，课程实施的根本目的不是培养学生的技能而是传递知识。这种课程模式与市场经济对技术技能人才的素质要求有较大的差距。要满足经济社会发展的需要，就必须改变这种模式。为此，1985 年，中共中央作出了《关于教育体制改革的决定》，提出中职教育要着重技能训练，并要求训练的范围要适应长期广泛就业、技术革新和继续进修的需要。"要着重职业技能的训练"为当时职业学校办学确立了方向——要以技能训练为基础，培养学生的实际动手能力，为正在恢复中的中等职业技术教育的课程定位提供了一定的依据，也促使中等职业教育的课程从以知识为中心向以社会需求为中心过渡。1986 年的第一次全国职教工作会议的召开，促进了整个社会对发展职业教育的认识，从而更进一步推动了职业教育的发展。中等职业教育研究逐步开展，并拉开了大规模引进国外先进职业教育课程模式的序幕。

20 世纪 80 年代初期，我国教育界和经济界首先对具有国际影响力的德国"双元制"产生了浓厚的兴趣，并开始引进德国职业教育经验，进行改革传统职教模式的探索和典型试验。在最初学习德国经验的过程中，基本上采取的是"拿来主义"原则。从 1983 年开始，中国与德国在技术合作的框架内建立了 30 余个冠以"双元制"模式之名的企业培训中心或职业学校，这些职业教育机构进行的基本上是"原型"模式的改革试验。在该类改革模式中，德方提供实验经费、教学设备、教学文件、并派遣专家；中方则按照德国的培训条例、教学计划和课程方案开展教学活动，其教学组织形式及教学方法也基本上采用引进的德国模式。例如南京的建筑培训中心、十堰的二汽技工学校、上海的电子工业学校、北京的精密机械培训中心均属这一类型，可称为"原型"的典型试验。尽管它与德国"双元制"模式的真正原型仍有区别（最突出的一点在于德国的实训教学完全由企业承担。而这在我国无法实现，我们的企业培训只能起到一个"相宜工厂"的作用，实训的基本立足点仍在学校内），但在课程模式、教学内容、教学方式与方法等方面基本上采用了德国模式。该典型试验尽管对促进我国职业教育课程领域的改革产生了深远的影响，但要在中国推广"双元制"教学与课程方面的经验也有较大困难，主要体现在：一是师资队伍难以适应，教师习惯传授式的理论教学，缺乏运用灵活多样的教学方法组织教学的经验，难以接受打破学科体系的课程模式；教师职业实践经验较少，实践能力欠缺；二是强化实践能力培养必须加强实践教学，在普遍缺乏企业支持情况下，解决教学设备设施投入问题成为一个巨大的挑战，包括建立可行的产教结合和资源共享的模式；三是教学辅助材料和媒体缺乏是阻碍采用新教学模式的另一障碍。[①] 尽管如此，德国"双元制"职业教育的核心精神，如注重学生职业能力的培养、关注企业的需求，等等，对我国职业教育课程领域的改革产生了深刻的影响。这一时期，许多职业学校在学习德国等发达国家职教经验的基础上，对传统的学科本位课程模式进行改良：一是调整理论教学与实践教学的课时比例，增加实践教学时间，强化学生实践技能训练；二是降低理论教学难度，删减部分理论教学内容。通过这些改良措施，职业教育课程有所改变，但学科本位的课程模式在本质上并未发生变化，课程改革只是在原有的学科框架下对课程内容的增删。

## 二　吸收性改革（1990—2000）

20 世纪 90 年代初至 20 世纪末，我国中等职业教育课程改革是在借鉴国外经验的基础上，探索中国特色的课程模式。

1991 年，第二次全国职业技术教育工作会议及国务院《关于大力发展

---

① 徐涵：《我国职业教育课程改革发展历程与典型模式评价》，《中国职业技术教育》2008 年第 33 期。

职业技术教育的决定》，将课程和教学改革列为职业教育改革的重要内容之一，强调："教学内容与教学方法要进行改革，实践性环节要得到突出。""在加强德育与智育的同时，还要重视美育、体育与卫生教育，使教育质量全面提高。"1993年，中共中央、国务院颁发的《中国教育改革与发展纲要》提出了对包括职业教育在内的各级各类教育改革与发展的目标、战略、方针及相应的政策措施。同时，1996年，《职业教育法》的颁布和第三次全国职业教育工作会议的召开和重要文件的发布，为职业教育改革与发展提供了法律保障和政策支持，使得我国职业教育有了更广阔的发展空间，但也面临着新的挑战。

市场经济要求职业教育根据区域经济发展的需要调整专业、课程结构和教学内容。这一时期，国人开始把目光投向更加广泛的国际社会，并且把发达国家各具特色的先进的职业教育模式陆续引入国内，并进行本土化探索，其中最具代表性的有：20世纪90年代，由教育部中心职业技术教育研究所、上海职业技术教育研究所和辽宁职业技术教育研究所在全国范围内的部分职业学校开展的机械类、电类、农业类及工商管理类专业，借鉴德国"双元制"经验的典型试验；20世纪90年代，各职业学校开展的CBE课程模式的典型试验；以及20世纪90年代末中国职业技术教育学会培训部推行的英国BTEC课程模式的试验，等等。这些实践探索主要关注如何使国外经验的核心精神，如：校企合作、能力本位在中国的土壤上生长，注重根据中国的国情对原型经验进行本土化的改造。在这些实践探索中，国外先进经验的核心理念，如能力本位、模块化课程、综合性课程等对我国本土化课程模式的构建产生了深刻的影响。

这一时期，我国职业学校在学习国外职业教育课程模式基础上，已经初步形成了能力本位的职业教育课程观，课程与职业岗位需求的相关度也在不断提高，课程改革取得一定成效。但由于国外课程模式都是根据他们国家的具体国情设计和发展起来的，其中难免会存在一定的"水土不服"，为此，我国的职业教育理论界和实践界在借鉴发达国家职业教育课程模式经验的基础上，结合我国社会经济和区域经济发展的特点，开始探索中国特色课程模式，其中比较有代表性的是"平台式"课程模式和"宽基础，活模块"课程模式。"平台式"课程模式是学科本位课程模式的一种新型改良，是按专业大类，拓宽专业口径的一种课程模式。这种课程模式多构建为公共基础课、专业基础课和专业课"三级平台"，按授课时间的先后顺序纵向排列课程。"宽基础，活模块"课程模式是在借鉴发达国家职业教育课程模式经验的基础上，继承学科课程长处，以能力为本位，在课程开发中，采用了面向职业群集的方式；在课程内容上，采用模块化的组合方式，形成了具有中国特色的新型课程模式，具有一定的职业针对性、实用性与灵活性。

## 三　全面性改革（2000 年至今）

新世纪以来我国中等职业教育课程改革进入以经济发达地区、国家示范校为引领的全面改革时期。

21 世纪是我国实现现代化、经济社会全面发展的重要时期。在工业化、信息化、城镇化、国际化的背景下，国家大力推进经济发展模式转变、新农村城镇化建设和新型工业化的进程，促进产业转型升级、行业技术创新，加快现代制造业和现代服务业发展，而这一目标的实现不仅需要大量的创新型人才，而且需要数以亿计的高素质劳动者和技术技能型人才。因此，新世纪以来，我国政府高度重视职业教育，把职业教育作为人力资源开发的重要手段，在这一大背景下职业教育课程改革成为推动职业教育发展的核心任务之一。

纵观 21 世纪以来，我国职业教育课程改革实践，主要有三种推进课程改革的方式：一是以地方教育行政部门为主推进区域内的职业教育课程改革。21 世纪以来，上海市、江苏省、浙江省、湖南省、四川省、河南省等省市的教育行政部门在国家政策的引导下，结合本区域职业教育发展的具体情况，出台了推动本地区职业教育课程改革方案，极大地推动了区域内的职业教育课程改革。如上海市提出要构建以能力为本位、以职业实践为主线、以项目课程为主体的模块化的专业课程体系；浙江省则提出要优化选择性课程体系，主要表现为模块化的课程体系，由核心课程模块（公共必修课程和专业必修课程）和自选课程模块（限定选修课程和自由选修课程）组成；四川省则提出要构建以就业为导向、以能力为本位，突出职业综合能力培养的专业课程体系，等等。二是以职业学校为主体推进的课程改革。2011 年，国家启动了中等职业学校的示范校建设项目，重点支持1000 所中等职业教育改革发展示范学校的建设，其中课程改革是示范校建设项目的核心内容。各职业学校以示范校建设为契机，积极进行课程改革的探索，建立基于职业能力培养的课程体系。如：北京铁路电气化学校构建工作过程导向项目课程体系，实现"双证融合"，主要表现为分析"岗、证"需求，构建课程体系框架，分析岗位典型职业活动，设计专业核心课程。山东省轻工工程学校则借鉴国际焊接证书标准，修改完善该校焊接教学指导方案和课程标准，创新教学模式和培训模式，等等。三是以世界银行和亚洲开发银行在我国职业教育贷款项目为依托进行的课程改革。21 世纪以来，我国利用世界银行、亚洲开发银行贷款或技术援助发展职业教育的项目逐渐增多，主要有：广东省、辽宁省、山东省、云南省、新疆维吾尔自治区等省（自治区）利用世界银行贷款发展职业教育的项目，以及湖南省、陕西省、山西省利用亚洲开发银行贷款及技术支持发展职业教育的项目。无论是世界银行还是亚洲开发银行支持建设的重点除了改善职业学校办学条件，主要是支持项目学校在校企合作、基于能力的职业教育课程与培训方法等领域的改革，旨在帮助项目学校加强与行业、企业的联系，开发基于能力本位的课程方案，使学校的课程更加符合企业需求和学生职业生涯发展的需要，从而提高职业教育质量和学校服务区域经济的能力。

尽管各地推进职业教育课程改革的方式有所不同，但课程改革的方向及重点是一致的，那就是建立基于职业能力培养的课程体系，提高职业教育人才培养质量。无论哪种形式的改革，从各地区及职业学校选取的课程改革模式看，主要是学习领域课程和项目课程，或者是对这两种课程模式的改造，前者是源于德国的职业教育课程模式，后者是在借鉴能力本位教育经验的基础上，我国学者提出的本土化的课程模式，两种课程模式均致力于突破传统的学科课程，建立基于职业能力培养的课程体系。

学习领域是 20 世纪 90 年代德国职教界为扭转传统的"双元制"的"一元"——职业学校教育与"另一元"——企业的职业培训相脱离，偏离职业实践和滞后科技发展，根据新时期行业、企业对技术工人提出的新要求所开发的跨学科的综合课程方案。1996 年德国各州文教部长联席会建议以"学习领域"取代在职业学校中实施多年的以分科为基础的综合课程，其目的是使"双元制"的一元——职业学校的教学与"双元制"的另一元——企业的职业培训更好地协调合作，培养满足企业需要的高素质技术工人。随后，在德国各州开展了广泛的"学习领域"典型实验，并在几年试点试验的基础上于 2003 年在德国全面推开，成为德国"双元制"中的职业学校一元的新的课程模式。

学习领域课程于 21 世纪初被介绍到我国，并对我国新世纪以来职业教育的课程改革产生了深远影响，已经成为我国职业教育课程改革的主要模式。分析其主要原因：一是德国职业教育在我国具有很强的影响力，20 世纪 80 年代，我国就开始学习借鉴德国职业教育经验；二是学习领域课程被介绍到我国后，其所倡导的理念迅速被我国职业教育界所认同，为解决职业学校教育脱离职场实际提供了可资借鉴的一种课程模式；三是我国的职业教育课程专家以德国派居多（有的曾在德国工作过，有的曾留学德国），在职业教育领域具有较强的影响力，他们的主张不仅被教育行政部门采纳，而且也被职业学校所接受。

学习领域课程是由若干个学习领域组成的跨学科的课程计划，每一个学习领域对应一个典型工作任务，而一个学习领域就是一门课程，完成一个学习领域的学习就掌握了一个典型工作任务，通过若干个相互关联的所有的学习领域的学习，学生可以获得某一职业的从业能力和资格。学习领域课程是以典型工作任务为核心来组织、建构课程内容；强调工作过程知识的重要性；要求按照行动导向的教学方式组织实施教学，其目的是培养学生建构或参与建构工作世界的能力。21 世纪以来，在国家课改政策的引导下，在课程专家的指导下，许多职业学校，特别是国家示范校积极探索学习领域课程模式，推进职业教育课程改革。

项目课程是我国学者徐国庆于 21 世纪初期，针对职业教育课程存在的理论与实践分离、课程内容学问化等一系列问题，在项目教学的基础上，借鉴国际先进职业教育理念而提出的基于工作任务的课程模式，是目前我国职业教育典型的课程模式之一。

项目课程是在项目教学的基础上发展而来，最早对项目教学进行系统研究的是美国的进步主义教育家威廉·赫德·克伯屈，是在杜威的问题教学法的基础上发展起来的。发端于19世纪末20世纪初美国的进步主义运动，以传统教育为批判对象，倡导儿童个性的自由发展，深受杜威影响的美国教育家克伯屈针对当时学校教育脱离生活、脱离实际的种种弊端，创造了一种新的教学方法——项目教学。它强调两个要点：一是把项目教学限定在问题解决领域，即指学生自己计划，运用他们已有的知识和经验，通过自己的实际操作，在实际情景中解决实际问题；二是以学生的自愿活动为前提。项目教学法于20世纪20年代引入我国，对我国当时的中小学教育产生了深刻的影响，项目教学主张将书本知识与实际生活结合起来，强调实际有用知识的学习，冲击了当时学校教育那种死读书、读死书的脱离实际生活的教学模式；重视儿童在教学活动中的地位和儿童的兴趣爱好，强调儿童通过活动来学习，促使当时我国教育者们对学生的兴趣爱好的重视、把教学重心由教师转向儿童。尽管项目教学法产生于基础教育，但它所倡导的教育要与生活实际相联系，基于解决问题的学习和在活动中学习的主张也同样适用于其他类型的教育，因此，项目教学不仅在普通教育，而且在职业教育、高等教育和成人教育中得到广泛应用。

项目课程是将项目教学由方法层面上升到课程层面，要求整个课程以项目化的方式呈现，也就是说项目课程是由一系列的项目所构成，要求能够覆盖整个课程标准。项目课程中的"项目"指的是有结构的项目，即具有相对独立性的客观存在的工作任务模块。因此，项目课程是指以工作任务为中心选择、组织课程内容，并以完成工作任务为主要学习方式的课程模式，其目的在于加强课程内容与工作之间的相关性，整合理论与实践，提高学生职业能力培养的效率。[1] 近年来，该模式在上海、江苏、浙江等经济发达地区得以广泛推广与运用，对我国职业教育课程改革起到了重要的推动作用。

---

① 徐国庆：《基于工作任务的职业教育项目课程研究》，《职业技术教育》2005年第22期。

纵观我国改革开放以来，我们不难发现，中等职业教育课程改革的步伐从未停歇，从最初的学科模式改良，到拿来主义、本土化探索以及新一轮全面课改，不同的历史背景赋予中等职业教育课程不同的历史任务。现阶段，我国正处于深化改革的进程中，加强中等职业教育课程改革已成为经济界和教育界的共同要求，中等职业教育课程应在总结前期课程改革经验的基础上，进一步深化与完善，最终形成具有中国特色、体现职业教育本质特征的课程模式。

## 第二节　我国中等职业教育课程改革的社会背景

### 一　经济发展的驱动

（一）经济转型对职业教育课程改革的驱动

改革开放以来，随着经济全球化进程的加速，我国面临着经济结构调整、产业优化升级和科技进步速度加快的市场环境。国家在建设国际制造业基地、推进新型工业化、大力发展服务产业的过程，对技术技能人才的数量和质量都提出了更高的、更迫切的要求。知识综合、技术更新、职业更替速度的加快，给劳动力带来了巨大的竞争压力。他们不仅需要有一次就业和针对某一岗位就业的本领，还要有能适应岗位群的就业能力，甚至有创造就业岗位的意识和能力，这种形势一方面要求劳动者进行终生学习，另一方面则是对职业教育课程提出了更高的要求。

职业教育以培养技术技能型人才为目标，而课程是这一目标实现的载体与桥梁。当前职业教育课程存在的一些问题，已经使人才的培养规格与社会需求之间产生了一定的距离。职业教育能否造就符合社会发展需求的人才，在很大程度上取决于课程。由此可见，课程改革是经济转型提出的客观要求。

（二）知识经济对职业教育课程改革的驱动

经济的发展是课程改革的动因之一。从技术进步和生产力发展的角度看，人类社会经历了劳力经济、资源经济和知识经济三个阶段。知识经济是指建立在知识的生产、分配和使用上的经济。自 20 世纪 60 年代以来，社会的进步已经从对能源、资源和资本的依赖逐渐转移到对知识的依赖。知识已经成为或正在代替能源、资源和资本成为社会进步新的杠杆、经济发展的直接资源。在知识经济时代，知识对劳动价值的贡献率大大超过其他的生产要素，劳动者的素质日益成为决定一个国家的发展潜力和综合国力的关键因素。职业教育肩负着一个国家技术技能人才培养的重要任务，知识经济的发展客观上要求职业教育对其课程进行深度改革，从而全面提高培养对象在职业认知、实践能力、综合素质等方面的水平，充分发挥出人力资源对经济发展的支撑作用。因此，课程改革是知识经济发展对职业教育的必然要求。

（三）综合国力竞争日趋激烈对职业教育课程改革的驱动

冷战结束后，国与国之间，民族与民族之间长期潜在的矛盾、冲突日益凸显，国际竞争日趋激烈。但竞争的主要形式体现在综合国力方面，而不是通过军事竞赛铲除对方或在意识领域征服对方。综合国力竞争取胜的关键因素是经济和科技。经济竞争的背后是科技竞争，谁掌握了科技进步的制高点，谁就可以在以科技为基础的综合国力的竞争中处于领先的地位。从这一意义上来说，综合国力的竞争也就是人才的竞争，教育的竞争。谁掌握了面向 21 世纪的教育，谁就能在国际竞争中处于战略主动地位。因此，肩负培养一国技术技能人才重任的职业教育，必须对其课程进行不断改革，优化人才培养质量，才能适应国家产业技术升级和结构更新调整的需要。因此，课程改革是综合国力竞争对职业教育的必然要求。

## 二　社会发展的驱动

（一）信息社会对课程改革的驱动

改革开放以来，信息技术快速融入和改变社会生产方式，社会从工业社会转变到后工业社会，从以机器为主要生产资本的社会转变到以科学技术为主要资本的知识经济社会，从以流水线制约的有高度纪律性的社会转变到以信息的生产和处理所牵引的以灵活生产为特征的信息社会。这种变化要求职业教育的课程目标发生改变，即其培养的人才必须具有理解、收集和运用各类信息的能力，如此才能适应未来职业世界快速变化的需要；

另一方面还必须形成快速和灵活更新调整的机制，将新的信息不断融入课程内容中，保证人才培养的适应性。因此，信息社会对职业教育课程改革提出了要求。

（二）文化多元化对课程改革的驱动

改革开放以来，我国市场经济快速发展，极大地改变了我国的经济结构和经济形态。国外各类先进生产技术引入我国的同时，其长期以来形成的各种文化也涌入我国，冲击着中国的传统文化，我国社会中的文化多元化状态逐渐形成。传统中国文化提倡的是儒家思想，轻视技术教育和商业教育，注重理论探究，职业教育的课程也受此影响，偏向于学科系统化理论思维，重理论，轻技能；而国外工业文明带来的文化主旨则是尊重技术，提倡学校围绕行业和企业需要办学，对应职业标准调整课程内容，等等。

这种巨大的文化差异对我国职业教育课程的发展提出了严峻的挑战。虽然新中国成立后，一直提倡行业办教育，成立了若干行业部委办的职业学校，但20世纪90年代随着国家部委的调整与撤并，这些学校逐渐蜕化和剥离，职业教育依托行业的基础也几乎丧失殆尽。学校不得不自行摸索，开放办学，重建与行业企业的联系，对课程进行改进。因此，文化多元化是推动我国职业教育课程改革的重要驱动力。

（三）公民社会对课程改革的驱动

社会发展到一种市场经济阶段、一种全球化时代和一种法制时代，公民的权利和自主意识越来越自觉，因此以灌输为主的教育也必须转变成为引导教育，在学生自主探索和思考的基础上引导他们接受主流的社会观、历史观、政治意识形态和科学知识。换言之，由于社会结构性的变化，以村落社会和单位社会为特征的熟人社会正逐渐变成以所有人权利平等为特征的公民社会，我们的公共生活空间越来越大。在这种情况下，我们需要的人才不只是对传统的认同，而是在遵守基本社会公德基础上人的有个性的自由而全面的发展。我们最需要的人才不再是在流水线上按部就班、一丝不苟地完成自己工序的工人，而是能够根据情况灵活解决问题和创新的人。这就要求职业教育课程注重人的专业综合素质的培养，而不是只会操作、不懂原理的人，这对职业教育课程改革提出了更高的要求。

### 三　人类发展的驱动

随着经济社会的快速发展，人口的快速膨胀，生态环境恶化，自然资源枯竭，逐渐对人类的生存与发展产生越来越大的威胁。在任何一个国家，快速的科技发展、生产力扩张，都有可能造成传统伦理与人文精神的式微，甚至导致社会发展秩序失调，价值观念偏颇等不良现象。人类逐渐意识到，必须摆脱依赖消耗资源、不顾环境承载力发展经济的粗放模式，向建设生态节约型、环境友好型的可持续发展的社会转变。因此，职业教育培养的人才，应当不仅仅会某类岗位知识和技能，能够消耗资源创造社会财富，更重要的是在能够节约资源的前提下，更有效率地创造社会财富。这就要求职业教育的课程改变传统只培养人的岗位技能的倾向，更加注重人的人文素质、创新意识、节能环保意识，促进所培养的人自觉保护环境，运用自身的知识和技能创新生产方式，提高生产效率，最大限度地减少资源的消耗。因此，人类的可持续发展对职业教育课程改革提出了新要求。

### 四　国际职业教育经验的驱动

二战后，世界各国高度重视职业教育，一些国家通过改革和发展职业教育培养了一大批技术技能人才，对快速恢复国力起到了重要作用。在世界各国发展职业教育的过程中，产生了一些富有代表性的职业教育课程模式，如德国的学习领域课程、世界劳工组织的职业培训的技能模块 MES 课程、北美的能力本位 CBE 课程模式等。改革开放以后，我国逐渐引入这些课程模式，对我国的职业教育课程进行改进。可以说，这些课程模式对推进我国职业教育课程改革影响巨大。

国际上盛行的职业教育课程模式对我国职业教育课程改革的驱动力主要体现在：一是改变了以知识顺序排列和教师经验决定的课程开发思想，转向依照职业岗位标准，基于典型工作任务开发的课程开发模式；二是由学校为主、教师为主、企业被动接受的课程建设模式转向建立专业指导委员会指导课程设置、企业主动参与的课程建设模式；三是改变了按学科式章节授课、教学做脱节的课程实施的弊病，转向基于项目导向的课程教学模式；四是改变了结果评价，以考试成绩定论的评价模式，转向基于过程评价和结果评价的综合化课程评价模式。

由此可见，职业教育课程改革是受到国际职业教育改革深化发展的驱动，追求自身完善的必然产物。

### 五　职业学校生存和发展的内部驱动

职业教育是整个教育体系中重要的组成部分，担负着培养技术技能人才和高素质劳动者的重要任务，是国民经济和社会发展的重要基础，也是实现经济社会快速健康发展的根本保证。改革开放以来，我国逐渐建立起具有中国特色的职业教育体系，中等和高等职业教育获得长足发展，并与本科教育衔接，国家通过各种项目，包括示范校建设等，对职业教育进行扶持，职业教育规模大幅增长，在教育体系中的地位日渐凸显。但从总体看来，职业教育总体的资金投入不足、硬件条件更新慢、职业教育教学内容僵化、教学方法不灵活、评价方式单一等问题长期普遍存在。因此，加快改革、促进发展是职业学校的历史使命。然而，无论是职业学校办学思路的改革，还是办学体制、教学管理、教学方法等方面的改革，都与课程改革密切相关，且往往以课程改革为基点，课程改革直接影响着各项改革的实际效果。所以，推进职教课程改革，是职业学校生存和发展的关键。

## 第三节　我国中等职业教育课程改革的理论基础

改革开放以来我国中等职业教育课程改革步伐不断加大，在课程目标、课程内容、课程实施与课程评价等方面都进行了有益的尝试，实践性、多元性正逐步融入职业教育课程，这些改革的变化与理论思潮的影响有着巨大的联系，不同的理论思潮会影响和作用于职业教育的实践活动，并在一定程度上促进职业教育课程的完善与成熟。

### 一　职业教育课程改革的教育学基础

从教育学的观点来看，职业教育课程改革要求课程内容的选择以及所选内容的序化都要符合职业教育的特色。职业教育根本特色就是课程内容与工作实际要求相对接。而这恰恰符合了教育学中的教育要与劳动相结合的原则。马克思认为生产劳动同智育和体育相结合，不仅是提高社会生产的一种方法，而且是造就全面发展的人的唯一的方法。恩格斯在《反杜林论》中进一步指出："在社会主义社会中，劳动将和教育相结合，从而保证多方面的技术训练和科学教育的实践基础。"列宁在《民粹主义空想计划的典型》中更进一步指出："没有年轻一代的教育与生产劳动的结合，未来社会的理想是不能想象的；无论是脱离生产劳动的教学和教育，或是没有同时进行教学和教育的生产劳动，都不能达到现代技术水平和科学知识现状所要求的高度。"

职业学校是培养技术技能型人才的重要机构，职业学校通过培养人的职业知识、职业技能使科学变为技术，将其转换为直接生产力和现实生产力。相对于零散的、小规模的学徒制职业教育，职业学校的出现满足了大工业生产对于高素质劳动力的大量需求，适应了经济的发展，但同时也使职业教育与生产实际相脱离。职业学校继承了原有学徒制的教育功能，人性化、因材施教等教学原则都得到了延续，教师也都得到了专业化的发展，但职业学校教育并没有很好的继承原有学徒制的优点——教育与生产一体化，职业学校走向了一个为教育而教育的误区，忽视服务对象的需求。因此，随着社会经济的不断发展，必然要求职业教育和生产再次结合，职业教育课程必然要与工作世界相对接，加强课程内容的实践性与课程实施中企业的参与性，而教育与生产劳动相结合为这种基于工学结合的课程改革提供了教育学基础。

## 二　职业教育课程改革的心理学基础

心理学以个体的心理现象和心理发展规律为研究对象，职业教育课程的主要功能之一就是促进学生个体的发展，其根本目的就是提高人的素质、培养人的能力服务于社会。因此，在课程改革过程中需要以心理学作为其理论基础。

20世纪80年代，西方兴起了建构主义心理学。建构主义是心理学发展史中从行为主义发展到认知主义后的进一步发展，被视为"教育心理学的一场革命"。建构主义心理学的创始人为瑞士著名心理学家皮亚杰（J. Piaget），后来在维果茨基（Vygotsky）、奥苏贝尔（Ausubel）、布鲁纳（Bruner）等人的推动下，形成了较为完整的体系。建构主义理论认为，知识不是确定的、绝对的、被动接受的。相反，知识是人主动建构的，是人与外界相互作用的过程中从人的心灵内部建立起来的。而传统的课程教学任务是将知识复制、输入学生头脑，学生任务就是将课本知识"拿过来、装进去、存起来、提出来"。其次，知识的情境性是建构主义揭示知识本质的一个新视角。情境性是指学生在教师所创设的具体的问题情境中去建构意义，获得知识。而传统的课程强调是"外部输入—内部生成"模式，这种模式仅关注知识体系，而忽略了知识获得的过程，严重影响了学生在知识获得的过程创新、合作和应用能力发展。

　　建构主义认为职业教育的课程目标是要使学生积极主动地进行知识建构，强调学生学习的主动建构性、社会性和情境性。学生在建构知识的过程中，需要通过与他人以及周围环境的交流互动来丰富自己的认识，从而构建起自己独有的知识体系。这就要求职业教育教学以学生为主体。此外，建构主义认为学生在进入课堂之前已经积累了丰富的经验，对各种现象形成了一套自己的看法。教师在传授知识之前应该考虑到学生原有的经验，以此为起点引导学生建构新知识。因而，在建构主义理论中教师不是知识的提供者，而是指导者和协助者，帮助学生建立起自己的认知体系。同时，建构主义认为评价应该立足于学生在学习过程中的成长变化，注重对学习态度、创新能力、实践能力等方面的综合考查而不仅仅是学习成绩，评价方式要多元化，而不仅限于传统的纸笔考试。所以，这必然要求职业教育课程应加强内容与学生现实生活的联系，在实际工作条件、环境、工具设备的规定内选择真实性的任务，反映现实世界中的真实情境，将职业教育课程内容与生产实际工作相联系，这是职业教育课程改革时必须参考的。

### 三　职业教育课程改革的哲学基础

　　生存主义理论始于欧洲，20 世纪 80 年代在我国思想文化界流行起来，当今在各种人文社会科学的论著中不乏体现生存论哲学的观点和主张。与传统认识论哲学相比，生存论注重人的存在，注重现实人生，强调生存的个体性和内在性。对于教育而言，生存论关心现实人的生存境遇，并试图从不同的角度重建人的生存和发展。

当今社会，人们的物质生活条件日益改善，人的生存不再因物质匮乏而受到严重挑战，活着这个生存最低限度的问题基本解决。生存不再是社会下层人民的专属用语，一些社会优越的阶层也对生存产生了迷惑。例如当代人类的生存方式正处于急剧变化和转型之中，新的情况、新的问题层出不穷，人们对生存的理解已突破实存意义和超验形态，更多地隐含了一种对自身潜能的挖掘和自身发展的需要。因此，生存已成为人类热议的话题与不断实践的课题。职业教育作为人类的一种活动，当下已经被定义为有效解决民生的重要手段，历届政府都高度重视职业教育，并希望通过职业教育真正落实科学发展观，建设人力资源强国，加强民生社会建设，实现经济与社会协调发展的中国梦。由此可见，与其他教育相比，职业教育发展的程度直接影响人的生存质量。它不仅培养与现代文明社会发展相适应的技术技能人才，并通过这类人才创造物质财富，推动社会物质文明的进步；同时也使受教育者成为一个文明的人、一个和谐的人，一个享受精神价值的人，一个全面发展的人。

最能彰显职业教育生存价值的是学生的就业和创业能力，而学生的就业和创业能力则是必需融入社会生活和促进社会发展，这就要求职业教育学生的学习与未来发展之间保持良性互动和动态平衡，将认识论知识观的课程与教学思路转换为生存论知识观的课程与教学思路，确立职业学校学生在课程与教学中的主体地位。而这也必然要求职业教育课程打破传统认识论注重理论知识的弊端，以发展职校学生的某些职业属性为切入点，形成特定的职业技能和就业能力，在此基础上初步形成对于职业和人生的有益的能力和人格，从而为他们赢得和创造更好的未来发展空间奠定必要的基础。

# 第二章　我国中等职业教育课程政策

## 第一节　改革开放至 20 世纪 80 年代末
## 中等职业教育课程政策

我国中等职业教育基础薄弱，"文化大革命"以前，国家主席刘少奇曾提倡两种教育制度、两种劳动制度，推动了当时教育结构的改革；"文化大革命"时期，教育改革成果遭到破坏，1967 年 7 月 18 日，《人民日报》发表了题为《打倒修正主义教育路线的总后台》的文章，全面否定新中国成立 17 年的教育工作，认为刘少奇提出的"半工半读"是资产阶级职业学校，两种教育制度是资本主义国家双轨制教育的翻版，[①] 致使半工半读学校和职业中学全部停办。

中等职业学校停办以后，对技术技能型人才的培养也随之停止。与此同时，普通中学发展迅速，但是除了升学之外的普通中学毕业生缺乏必要的专业知识和职业技能，无法满足各行各业对劳动后备力量的素质要求，企业难以招到合格的生产一线的劳动者。这既影响了企业职工整体素质的提高，又影响了劳动生产率的提高，不利于国家四化建设和经济发展。

1970 年 6 月，国务院进行了机构调整，成立了国务院科教组，开始恢复国家对教育事业的领导。同年，周恩来重申又红又专，开始整顿教育工作，推动了中等专业学校和技工学校的恢复。1975 年，第四届全国人民代

---

[①]　李蔺田：《中国职业技术教育史》，高等教育出版社 1994 年版，第 334—335 页。

表大会任命邓小平为第一副总理，将国务院科教组改为教育部，继续整顿教育工作，尤其是在粉碎"四人帮"以后，我国中等职业教育开始得以恢复和发展。改革开放初期，为了实现党和国家的工作重心向经济建设转移，改变我国中等教育结构单一化的局面，加快恢复与发展中等职业教育，从国家层面上制定了有关发展中等职业教育的政策，并从政策角度对职业教育课程提出了一些要求，主要体现在：

## 一  课程目标：由重视学习科学文化知识转向强调训练职业技能

改革开放初期，职业教育贯彻"教育为无产阶级政治服务"的方针，1979 年教育部在《全日制中等专业学校工作条例》中指出"职业教育的基本任务在于培养社会主义革命和社会主义建设所需要的有社会主义觉悟、有文化的各种专业人才，为提高整个中华民族的科学文化水平，实现新时期的总任务而奋斗"。这表明，改革开放初期，职业教育的主要目的在于提高整个民族的科学文化水平，反映在课程上，也就是科学文化知识在职业教育课程中占据着主体地位，在课程目标方面表现出了重视学生学习科学文化知识，突出了科学知识对于提升中华民族的文化素养、适应社会主义"四化"建设的重要意义。

虽然，改革开放初期的职业教育得到了恢复和发展，但是重视学习科学文化知识的职业教育无法适应社会主义现代化建设的需要。实质上，社会主义现代化建设迫切需要掌握一定技术和技能的劳动者。为了适应社会主义现代化建设的需要，1985 年《中共中央关于教育体制改革的决定》指出"中等职业教育要着重职业技能的训练，以适应长期广泛就业，进行技术革新和继续进修的需要"，这将职业教育的课程目标定位到了职业技能的训练上。

职业技能是指人们从事某种职业或生产劳动所需要的技术知识和能力。在社会主义现代化建设中，培养适应经济社会发展和科技进步所需要的技术技能人才是中等职业教育的目标，而这种人才需要将先进的科学技术和设备转化为现实的社会生产力以适应企业工作岗位的需要。这种情况下，职业教育课程目标将重心转向了职业技能的训练。着重职业技能的训练，一方面能够满足经济社会发展、科技进步和企业生产方式转变对劳动者素质所提出的要求；另一方面能够满足学生就业及今后职业发展的需求；同时，为正在恢复中的中等职业教育的课程定位提供了依据，将中等职业教育与普通高中的课程目标区分开来，使中等职业教育的课程价值取向由知识本位向技能本位转变。

### 二　课程结构：文化课开始转向为专业课服务

改革开放初期，教育部在关于《全日制中等专业学校工作条例》中，对文化课程的设置提出了要求，指出"学生要在具有相当高中文化水平的基础上学习专业知识"。在三年的学习过程中，前两年以学习普通高中的主要课程为主，后一年再学习专业知识。这与当时中等职业学校以提高中华民族的科学文化水平，要求学生以学文化为主的目标是一致的。可见，文化课程在整个课程体系中占据主体地位。

20 世纪 80 年代中期，针对当时职业教育的普教模式，课程改革领域提出了文化课为专业课服务的思想。① 1986 年，国家教委《关于制定职业高级中学（三年制）教学计划的意见》和《关于制定和修订全日制普通中等专业学校（四年制）教学计划的意见（试行）》中，分别指出"职业高级中学着重职业技能的训练，文化基础教育适当配合"和"普通课要适当配合专业基础课和专业课的需要"。这两份文件对中等职业教育文化课程进行了重新定位，即文化课是学习专业课和提高文化素养的基础。文化课程开始转向为专业课程服务。同时，上述的两份文件还指出"三年制职业高级中学的政治课、文化课与专业课、实习的课时比例，工科为 4：6、文科为 5：5；四年制普通中等专业学校普通课、基础课和专业课的课时比例为 45：35：20"。可见，中等职业教育课程改革领域，在政策上已经提出文化课为专业课服务的理念，但在课程实践中，文化课仍占据主体地位。

### 三　课程内容：科学文化为主，遵循"少而精"的原则

1979 年，教育部颁布了《全日制中等专业学校工作条例》，指出"中等

---

① 徐涵：《关于我国职业教育课程改革的思考》，《职业技术教育》2005 年第 31 期。

专业学校的课程内容要反映现代科学技术水平，学生以学习科学文化为主"。同年，在教育部颁布的《关于中等专业学校工科专业二年制教学计划安排的几点意见》中指出"中等专业学校的课程内容要从实际出发，认真进行精选，深度和广度要适当，避免内容偏多、偏深"。1981 年教育部颁布的《关于制定中等专业学校普通课及技术基础课教学大纲的几项原则》，指出"课程内容应从全国多数中等专业学校的实际出发进行精选，遵循'少而精'的原则，做到要求合理、分量适当，符合我国社会主义现代化建设的实际，不要片面地求多、求新、求深"。

（一）课程内容反映现代科学技术水平，以学习科学文化为主

科学技术是第一生产力，科技进步带动了社会生产力的发展，推动了人类社会的进步和发展。职业教育作为社会发展的产物，培养适应经济社会发展的技术技能人才，课程是实现这一培养目标的基础，因此，职业教育课程要满足一定历史时期社会生产、经济、文化、科技等方面的需求。

改革开放初期，我国建设社会主义四个现代化的关键在于科学技术，职业教育的主要任务是培养适应社会主义四化建设需要的中初级技术技能人才，提高整个中华民族的科学文化水平。科学文化包含科学的价值观、制度、行为和成果四个方面，其中，科学的精神、理念、理想和价值观属于科学文化的形而上层面，而技术的、实证的、数学或逻辑的东西属于科学文化的形而下层面，科学的制度、行为和成果渗透着科学的精神、理念、理想和价值观，科学文化是形而上和形而下两个层面的有机统一。[①] 职业教育的课程内容要紧随现代科学技术水平的发展而发展，用最先进的科学技术知识充实课程内容，体现出职业教育课程内容前沿性、应用性、科学性等特征。这样做的目的是使学生了解专业范围内最新的科学技术成就和发展趋向，以适应我国四个现代化建设的要求。

（二）从实际出发选择课程内容，遵循"少而精"的原则，做到难度适中、分量适当

中等专业学校属于职业教育的范畴，培养生产、建设、管理、服务一

---

① 孟建伟：《论科学文化》，《中国科学基金》2009 年第 2 期。

线工作的技术技能人才，侧重于学生实践技能和实际工作能力的培养。改革开放初期，我国职业教育课程仍旧是以学科为中心的课程模式，课程内容难、繁、偏、旧，课程实践性不足，与中等职业教育的培养目标不相符合，不能满足经济社会和科学技术发展对劳动者素质提出的新要求。从发展的角度出发，中等职业学校的课程内容需要从中等职业教育的培养目标以及经济社会发展和科技进步对人才规格的需求这个实际出发，精选内容。

改革开放初期，中等专业学校没有统一的教材，一些课程采用的是普通专科院校的教材，课程内容的深度和广度都超越了中等职业学校学生的接受范围。课程内容选择的"少而精"原则是指中等职业学校课程内容的选择要依据学生的认知水平，在课程内容的广度和深度上要缩小范围、降低难度，但是在质量上要精益求精，重点在于课程内容的实践性、应用性，而不在于知识的系统性和完整性。

## 四　课程实施：加强基础理论教学，提高实践教学

### （一）加强基础理论和基本知识的教学

1979 年，教育部在《全日制中等专业学校工作条例》中指出"中等专业学校的教学要切实加强基础理论和基本知识的教学，克服轻视理论、轻视书本知识的错误观点"。同年，教育部在《关于中等专业学校工科专业二年制教学计划安排的几点意见》中，再次提出"中等专业学校的教学必须注意加强基础理论教学"。两份文件分别用了"切实加强"和"必须注意加强"来表达基础理论和基本知识在中等职业学校教学中的地位，两者都表现出了国家对中等职业学校基础理论教学的重视。两份文件的出台前后仅相差两个月，这可以反映出国家对中等职业学校加强基础理论教学的态度。

基础理论和基本知识的教学受到如此重视，一是因为社会主义四个现代化建设对教育提出了新的任务，即适应四化建设的需要，提高整个中华民族的科学文化水平；二是因为中等职业教育的毕业生主要在基层单位从事业务技术工作，对基础理论知识有一定的要求；三是职业教育一直未从普通教育的影子中走出来，课程仍以学科中心课程为主，极其重视知识的系统性和科学性。

对基础理论和基本知识教学的重视主要体现在理论教学与实践教学的课时比例上。文件中规定，中等专业学校平均每学年的理论教学时间可达七至八个月；而实践教学只有一个半月至两个半月。

（二）提高实践性教学环节

实践性教学与理论教学相对，是一种安排在实训基地或校办工厂，通过实际操作而进行的一种教学活动形式。随着科学技术的进步，社会对劳动者的从业素质和职业技能提出了更高的要求，传统课程模式下培养出来的学生已不适应企业的需求，在面对职业教育恢复与发展的新形势下，改革传统的教学模式势在必行。1981 年，教育部在《关于制定中等专业学校普通课及技术基础课教学大纲的几项原则》中，首次提出"要适当提高实践环节在总学时中的比重"。1986 年，国家教委[①]在《关于制定和修订全日制普通中等专业学校（四年制）教学计划的意见（试行）》和《关于制定职业高级中学（三年制）教学计划的意见》中，提出"要加强实践性教学环节"。

第一，实践性教学的目的。实践性教学的主要目的在于对学生进行基本技能的训练，培养学生的职业技能。实践性教学是实现中等职业教育培养目标的途径之一，通过实践活动，学生能够加深对专业知识，尤其是理论知识的理解，并在此基础上进一步强化训练，增强学生的职业技能，为将来的就业打下基础。同时，在实践教学中，学生可以体验到工作氛围，养成良好的职业素养和团队精神。

第二，实践性教学的作用。实践性教学能够使理论与实际相结合，使教育与生产劳动相联系，将学生掌握的知识转化为实践能力，有利于学生获取知识、开发智力和发展能力。

第三，加强实践性教学的措施。首先，要保证实践教学的时间。1986年的两份文件规定了实践性教学的课时数，其中，四年制普通中等专业学

---

① 国家教委指现在的教育部，是 1985 年至 1998 年间对教育部的另一种称谓。新中国成立以后，设立教育部为我国管理教育的最高行政机构；1985 年 6 月 18 日，六届人大常委会第十一次会议决定撤销教育部，设立国家教委作为最高管理教育的行政机构；1998 年 3 月 10 日，九届人大一次会议重新将国家教委更名为教育部。实质上，教育部和国家教委是我国管理教育的最高行政机构的两种不同称谓，均指现在的教育部。

校理科专业的实践教学为 30—50 周，文科专业不少于 20 周；三年制职业高级中学工科专业为 25—40 周，文科专业为 15—25 周。与之前相比，实践教学所占课时比重略有提高；其次，创造条件，让学生较多地接触生产和社会实际，如利用假期组织学生参加勤工俭学和社会实践活动。

上述文件可以反映出国家已意识到实践性教学对中等职业教育的重要性，并在课程实施中开始将重心转向实践教学。

## 第二节　20 世纪 90 年代中等职业教育课程政策

20 世纪 90 年代是我国实现社会主义现代化建设的关键时期，随着我国工业化的推进、经济增长方式的转变和高新技术的兴起，技术密集型产业已经成为社会的主导产业，经济领域中的科学技术水平逐步提高。随之而来的是行业企业对劳动者的素质提出了新的要求，对掌握专业知识和技能的劳动者的需求不断攀升。虽然，这一阶段我国中等职业教育的规模有了较大的发展，在经济社会发展中起到了重要作用，据统计，中等职业教育招生人数从 1990 年的 246.63 万人增加到了 1999 年的 473.27 万人[①]，但是以学科课程为主体的中等职业教育与对技术技能人才的培养、经济结构调整和产业升级的迫切要求不相适应，劳动者的素质无法满足高新技术发展的需求。为了主动适应经济建设和社会发展的需求，主动适应科技进步、高新技术产业对劳动者的素质要求，国家在政策上对中等职业教育课程提出了新的要求。

### 一　课程目标：重视培养学生的职业能力

为了培养适应 21 世纪社会主义现代化建设要求的高素质技术技能人才，20 世纪 90 年代中期开始，在国家政策上对职业教育的培养目标提出了新的要求。1996 年，《职业教育法》第四条明确规定"实施职业教育必须贯彻国家教育方针，对受教育者进行思想政治教育和职业道德教育，传授职业知

---

① 申家龙：《20 世纪 90 年代以来我国中等职业教育发展实证研究》，《河南职业技术师范学院学报》（职业教育版）2006 年第 5 期。

识，培养职业技能，全面提高受教育者的素质"。1998 年，国家教委在《面向 21 世纪深化职业教育教学改革的原则意见》中提出"职业教育要培养适应 21 世纪我国社会主义现代化建设要求的具有综合职业能力和全面素质的，直接在生产、服务、技术和管理第一线工作的应用型人才"。课程是实现培养目标的载体，这意味着对职业教育课程目标提出了更高要求，要求职业教育课程应以培养综合职业能力和全面素质为目标。在国家政策上，将培养学生的职业能力摆在了更加突出的位置，职业教育课程目标的价值取向逐渐由知识本位向能力本位转变，提出了能力本位的政策导向。

21 世纪是科技和人才的世纪，也是技术和人才竞争的世纪，随着高新技术产业的兴起，经济领域中科学技术的含量日益提升，对劳动者的素质要求越来越高。其一，要求劳动者具有较强的职业能力。所谓职业能力是科学的工作和学习方法的基础，从其组成元素上看，包括相关的知识、技能、行为态度和职业经验等成分；按照所涉及的内容范围，职业能力分为专业能力、方法能力和社会能力三部分。[1] 其中，专业能力是运用所学专业知识和技能解决实际问题，完成职业工作任务的能力，是职业能力最基本的体现，也是从事某一职业必不可少的；方法能力是具有不断获取新信息，能随着科技的发展，不断学习、更新知识和技术的能力；社会能力是一个人在工作、学习和社会生活中应具有的交往和协调能力、竞争与合作能力、团队精神、责任感和抗挫折等能力。[2] 随着科学技术的快速发展，生产方式的转变，知识更新速度加快，社会能力和方法能力在职业生涯发展中占据着越来越重要的作用。其二，要求劳动者具有较全面的素质。与其他教育形式一样，职业教育也是受教育者实现自我价值的有效途径，在形成受教育者个性、促进人的全面发展等方面具有重要的功能。[3] 全面素质是指受教育者德、智、体、美的全面发展以及适应能力、创造能力和职业素养的形成。如今经济和综合国力的竞争，实质上是科学技术和民族素质的竞争。

---

[1]　赵志群：《对职业学校技能型紧缺人才培养培训指导方案的解读》，《中国职业技术教育》2004 年第 4 期。

[2]　徐涵：《论职业教育的本质属性》，《职业技术教育》（理论版）2007 年第 1 期。

[3]　赵志群：《对职业学校技能型人才培养培训指导方案的解读》，《中国职业技术教育》2004 年第 4 期。

而我国劳动者的素质与科技发展、四化建设的要求不相适应。其实，科学技术的主体是人，人才问题才是四个现代化建设的关键，人的素质与科学技术的水平和质量成正比关系，总之，人素质的高低决定了四化建设的成败。因此，全面素质的发展是实现我国社会主义现代化建设对技术技能人才提出的必然要求。

## 二　课程结构：文化课为专业课服务

继 20 世纪 80 年代中期，在国家政策上提出文化课为专业课服务的理念之后，1991 年劳动部《关于开展技工学校评估工作的通知》中，首次明确提出"职业学校的教学工作要坚持文化课、技术理论课为专业课服务"的原则。课时比例由原来的文化课和专业课、实习的比例，工科类 4∶6，文科类 5∶5，调整为工农医类 3∶3∶4，文科类 4∶3∶3，技能较强的专业或工种为 2.5∶2.5∶5。由此可见，与 20 世纪 80 年代中期相比，文化课的比重有所下调，这表明，文化课在职业教育课程中的地位有所下降。实质上，文化课是职校生学习专业课和提高自身素养的基础；专业课则是掌握专业知识与技能的课程。由于职业教育具有职业定向性，因此，职业学校的课程应以专业课为主体。然而，一直以来，职业学校的课程深受普通教育的影响，注重学科知识的系统性和完整性，并强调学生对文化知识的学习，导致学生与工作世界相互脱离，实践能力薄弱，与经济社会发展对劳动者的素质要求相去甚远。20 世纪 90 年代初期，随着科学技术现代化步伐的加快，工艺技术逐渐更新，致使经济建设和社会发展对具有一定专业性和技术性的劳动者的需求越来越大。因此，职业学校要以专业教育为主，以专业课为核心，根据专业需要学习必要的文化基础知识。

## 三　课程设置：适应岗位工作对人才培养规格的要求

20 世纪 90 年代初期，随着我国经济体制由计划经济向市场经济转型，社会主义现代化建设的进一步深入，产业结构逐步由劳动密集型向技术密集型转变，新的技术、工艺和设备逐渐被引进，致使经济社会对人才规格提出了更高的要求。面对这一趋势，国家对中等职业教育的课程设置提出了新的政策要求。

1991 年，国家教委《关于制定职业高级中学（三年制）教学计划的意见》的通知中提出"职业高级中学的课程设置，必须保证合乎本专业、工种培养目标的要求"。为了满足经济社会发展对掌握专业技术和技能的应用型人才的需求，职业高级中学的课程设置需要适应市场需求，以社会对职业世界中岗位人才培养规格的要求作为课程设置的依据。

1993 年劳动部《关于深化技工学校教育改革的决定》提出"技工学校的课程设置要以《国家职业技能标准》或《工人技术等级标准》为基本依据，理论课课程设置要适应操作技能培训的需要"。换言之，中等职业教育课程应与职业世界中的工作岗位对接，课程设置要符合岗位职业技能或技术等级的标准，使职校生在上岗前就达到相关工作岗位的技术等级，具有一定的岗位胜任力。也就是说，中等职业教育的课程设置要适应就业和技术革新的需要，与企业岗位的工作任务紧密联系，理论课程的设置以实践需要为主，体现出职业教育课程设置的职业性、实践性和应用性的特征，并在政策上开始将课程设置与从业人员的职业资格相联系。

这一时期的政策是对 80 年代中期《中共中央关于教育体制改革的决定》的继承与发展，职业教育课程设置应适应市场需求，与产业结构、就业结构和技术结构相协调。此时，以服务为宗旨、以就业为导向的职业教育理念开始孕育。

## 四　课程内容：引进先进的知识和技能，增强实用性

20 世纪 90 年代，我国中等职业教育课程依旧是学科本位的单科分段式课程为主。这种以理论知识为重心的学科课程强调知识的系统性和完整性，往往对课程实践性的规范化要求不够，这与中等职业教育培养具有专业技术和技能的劳动者的目标相违背。因此，1991 年国务院《关于大力发展职业技术教育的决定》提出"应增强职业教育课程内容的适应性、实用性和灵活性"。

20 世纪 90 年代，我国正处于落实"科教兴国"战略的关键时期。在这一时期，随着科学技术的发展，企业的生产方式已由大批量的单一规格品

种向小批量多规格品种的生产转变，而技术工人对这一发展趋势的适应尤为重要。换言之，企业生产方式的转变对技术工人的职业技能提出了更高的要求。为了使技术工人能够适应企业新的生产方式，职业教育要改变传统的过分强调学科体系、脱离时代和社会发展的课程模式，重新重视课程的实践性，课程内容要紧密结合专业培养目标，反映经济建设和社会发展对知识和技能的要求，引进生产、服务和技术领域的先进知识和技能，以适应就业和技术革新对劳动者素质的新要求。

## 五　课程实施：突出实践教学，加强技能训练

为了实现中等职业教育培养的目标，保证教学质量以及提高技术技能人才的素质。20世纪90年代初期，我国在政策上提出了要强化中等职业教育的实践性教学，加强技能训练。1990年国家教委《关于制定职业高级中学（三年制）教学计划的意见》和1991年国务院《关于大力发展职业技术教育的决定》中提出"中等职业教育要贯彻理论与实践相结合的原则，突出实践性教学环节，加强职业技能训练"。

理论与实践相结合是正确处理理论与实践关系的重要方式，这有助于推动职业教育课程改革的进程，主要有两层含义：一是理论知识与实践知识相结合，理论知识的选取以实践需要为依据；二是理论教学与实践教学相结合，理论学习与实习、实训的有机结合是培养学生职业技能的关键所在。理论与实践相结合是职业教育课程改革的基点，也只有将二者有机结合才能培养出既有理论素养又有专业技术和技能的劳动者，保证课程改革的实效性。

20世纪90年代初期，职业技能训练薄弱是中等职业教育普遍存在的问题之一。职业技能训练主要由实践性教学实现，因此，突出实践性教学环节，加强职业技能训练是提升职校生技能水平的关键。这一时期，突出实践性教学环节主要体现在加大实践性教学的课时比例，1990年原国家教委在《关于制定职业高级中学（三年制）教学计划的意见》中将理论教学总学时数由原来的工科类2400—2850学时、文科类2850—3150学时，调整为工农医类1800—2100学时，文科类2100—2400学时，技能较强的专业或工

种为 1500—1800 学时。理论教学时数的下调意味着实践教学时数的上升。这一时期中等职业教育的实践教学得到了加强。

## 第三节　2000 年以来中等职业教育课程政策

21 世纪以来，随着经济全球化和信息技术的迅猛发展，人类社会进入了信息文明和知识经济的时代。一方面，以高新技术和人类知识为主要形态、并以高新技术产业为支撑的知识经济推动了社会产业结构的调整，促进了经济社会对人才提出了多样化的要求；另一方面，信息技术在企业得到了较为普遍的推广，使得企业的生产和操作过程逐渐进入了自动化控制的状态，促进了企业由传统的生产方式向精益生产方式转变，并逐步对员工的素质提出了更高的要求，要求企业员工不仅具有从业能力，而且需要一定的关键能力。为了适应社会发展对劳动者的素质要求，新时期，国家对职业教育课程的发展进一步提出了新的政策引导。

### 一　指导方针：由"以服务为宗旨，就业为导向"，转向"服务发展，促进就业"

"以服务为宗旨，就业为导向"，这里的"服务"主要是指服务经济发展，服务企业需求，"就业为导向"指的是职业学校培养目标的确定和教学内容的选择主要根据企业的需要来确定。因此"以服务为宗旨，就业为导向"的课程改革方针过度强调了职业教育为经济服务的功能，忽视了为人的发展服务。"服务发展，促进就业"这里的"服务发展"是指职业教育一方面要服务经济发展，同时还要服务人的可持续发展；"促进就业"是指职业教育的课程改革为了更好地促进学生就业，但并不以就业为唯一的目标。

21 世纪初，随着我国高等教育大众化的进程，青年的失业问题成为社会关注的焦点，如何能够培养出满足经济界需求的各级各类人才成为当时急需解决的问题。在这样的背景下，2005 年《国务院关于大力发展职业教育的决定》中明确提出："坚持'以服务为宗旨、以就业为导向'的职业教育办学方针"，"促进职业教育教学与生产实践、技术推广、社会服务紧密结合，积极开展订单培养"，"推动职业学校更好地面向社会、面向市场办学"。在这一方针的指导下，各级各类职业学校开始进行就业导向的职业教育课程改革，根据企业需求、工作岗位需求确定课程目标、选择教学内容，在很大程度上解决了职业学校课程内容脱离企业实际需求的问题，但同时也产生了一定的负面影响，部分学校在就业导向思想的指导下，出现了片面强调企业需求，忽视学生需求的问题，使得职业教育的工具性特征凸显，促进人的全面发展的教育性特征不足。针对职业教育实践中出现的偏差，即过分强调职业教育的经济性，忽视职业教育的教育性，国家开始在政策上进行调整。2014 年《国务院关于加快发展现代职业教育的决定》中明确提出"坚持以立德树人为根本，以服务发展为宗旨，以促进就业为导向"，"深化产教融合、校企合作，培养数以亿计的高素质劳动者和技术技能人才"，并且明确指出，这里的服务发展指的是"服务经济社会发展和人的全面发展"，也就是说职业教育的人才培养不仅要考虑经济社会发展的需要，同时要考虑人的全面发展的需要。这表明职业教育课程改革的方针已由"以服务为宗旨，就业为导向"，转向"服务发展，促进就业"。也就是说职业教育的课程改革已经从只关注"服务经济发展、企业需求"转向了在"服务经济发展、企业需求"的同时"服务于人的发展"。

## 二 课程目标：逐渐重视培养学生的综合素质

课程目标是教育目的的体现，是培养目标的具体表现形式，主要反映教育与社会的关系。21 世纪，经济全球化和社会信息化的快速发展带来了社会生活与生产方式的巨大变化，致使社会劳动形式逐渐向复合型工种的劳动发展，这使得经济社会对人才提出了多样化的要求，既需要高尖端人才，也需要具有综合职业能力的高素质劳动者。而适应经济社会发展的需求，为经济社会培养高素质的劳动者是职业教育的使命，职业教育课程目标正是这种关系的反映，也是实现职业教育使命的落脚点。由此，21 世纪国家在政策上对职业教育课程目标作出了进一步的引导。

2000 年《教育部关于制定中等职业学校教学计划的原则意见》指出"中等职业教育的课程目标要以培养学生的创新精神和实践能力为重点，使学生掌握必需的文化基础知识、专业知识和熟练的职业技能，具有适应职业变化的能力"。这是对 20 世纪 90 年代课程政策的进一步延伸。其中，创新精神是指能够综合运用已有知识和技能，提出新方法、新观念，进行发明创造或革新的能力，是一个现代人应该具备的素质。实践能力是由生活经验和实践活动磨炼习得的，个体在生活和工作中解决实际问题所显现的综合性能力，是影响个体生活和事业成功的重要因素。① 这一课程目标的目的在于使学生适应职业世界中的岗位需求，而且要具有一定的创新能力，课程目标以"社会本位"为主要价值取向，同时也体现出对学生个体潜能的关注。

2008 年《教育部关于进一步深化中等职业教育教学改革的若干意见》指出"中等职业教育的课程要以全面培养学生的综合素质和职业能力，提高其就业创业能力为目标"。这一政策将学生的综合素质放在了更加突出的位置，随着"以人为本"理念的提出，国家也开始倡导职业教育要关注学生自身的素质，重视学生的个性化发展。这表明，职业教育课程开始兼顾"人本位"的价值取向，课程的个体价值正逐渐受到关注。

2014 年《国务院关于加快发展现代职业教育的决定》指出"职业教育要全面实施素质教育，将职业道德和人文素养教育贯穿培养全过程"。素质教育是一种以提高学生的基本素质为根本目标的教育，主要包括道德素质、职业技能素质、人文素质和智力素质等。中国铁路总公司劳卫部副部长张重天在中国职教学会轨道交通专业委员会召开的关于《学习全国职业教育工作会议精神研讨会》上指出"随着我国高铁的迅速发展，铁路企业对员工的安全要求远远高于对技术的要求"。可见，企业越来越重视员工的综合素质。然而，当前的职业教育更多地关注学生职业能力的培养，将学生的内在品质放在了次要位置，忽视了学生职业道德和人文素养的教育，这显然与职业教育服务学生全面发展的宗旨相违背，大大减少了让学生拥有出彩人生的机会。全面实施素质教育的政策要求我们在职业教育改革发展的过程中要将职业道德和人文素养教育融合到职业学校人才培养的全过程，

---

① 吴志华等：《实践能力含义及辨析》，《上海教育科研》2006 年第 9 期。

要将培养学生的职业道德和人文素养教育摆在教学工作的重要位置。

### 三　课程设置：兼顾学生需要和社会需求

2000 年和 2009 年教育部《关于制定中等职业学校教学计划的原则意见》指出"中等职业教育应根据学生提高全面素质和综合职业能力以及继续学习的实际需要设置课程；文化课程设置应与培养目标相适应，注重学生能力的培养，加强与学生生活、专业和社会实践的紧密联系；专业课程应按照相应的职业岗位（群）的知识、能力要求设置"。

首先，职业教育课程设置应体现学生的需求，课程设置要以满足学生素质和能力的提高，以及可持续发展的需要为基本依据。众所周知，职业教育是一种专门化的教育，长期以来将关注的重点落在了个体职业能力的培养上面，忽视了个体全面素质的发展。事实上，培养个体的素质是教育的基本任务，无论多么专门化的教育如果忽视对个体素质的培养，将不利于个体人格的完善，也不利于个体其他能力的发展。在新时期，一方面随着经济全球化的快速发展，国家的综合国力与劳动者的素质之间越来越呈现出正相关；另一方面随着我国社会经济水平的提高、科技进步和生产方式的转变，进一步要求劳动者具有团队合作精神、创造能力和沟通能力等关键能力。因此，在新时期的国家政策中将完善个体人格，提高个体全面素质和综合职业能力作为课程设置的基本依据提了出来。这表明了人本位的价值取向和个体价值在职业教育课程中开始得以体现，课程的指导思想在强调能力本位的同时开始兼顾人本位。这也是经济社会和教育发展对中等职业学校的课程提出的客观要求。

其次，文化课程的设置要加强与学生生活、专业和社会的联系。这一政策内容主要表明职业学校的文化课程内容要突出三个基本特征：一是生活性。职业教育要摆脱传统的以书本为中心，脱离生活实际的状况，课程内容应来源于生活、贴近于生活，将生活中实用的内容纳入职业教育课程，突出职业教育课程在学生生活中的应用价值。二是职业性。从某种程度上来讲，职业学校文化课程的开设是为进一步学习专业知识奠定基础，因此，文化课程内容需要围绕职业活动来组织，并服务于专业课程学习的需要。

三是社会性。职业教育需要与经济社会的发展相适应，课程设置需与经济社会发展对人才培养规格的要求相符合，满足社会发展的需求。

再次，专业课程要按照相应职业岗位或岗位群的需求进行设置。换言之，职业学校专业课程的设置要以工作任务为中心，课程内容的选取以岗位工作对知识和能力的需求为主要依据。也就是说职业学校要重视课程内容的职业性和实践性，课程内容要密切联系经济社会的发展，满足企业工作岗位对劳动者的素质要求。

## 四　课程内容：与职业（资格）标准相衔接

随着就业准入制度和职业资格证书制度的逐步完善，国家在职业学校推行"双证书"制度，并在政策上对职业学校的课程内容提出了新的要求，具体表现为：2000 年《教育部关于全面推进素质教育、深化中等职业教育教学改革的意见》指出"中等职业教育的课程内容应与职业资格标准相适应，以提高学生的职业能力"。2004 年《教育部等七部门关于进一步加强职业教育工作的若干意见》指出"加强专业教育相关课程内容与职业标准的相互沟通与衔接"。2009 年《教育部关于制定中等职业学校教学计划的原则意见》指出"课程内容要紧密联系生产劳动实际和社会实践，突出应用性和实践性，并注意与相关职业资格考核要求相结合"。2010 年《国家中长期教育改革和发展规划纲要（2010—2020 年）》指出"推进职业学校专业课程内容和职业标准相衔接"。2014 年《国务院关于加快发展现代职业教育的决定》和教育部等六部门关于印发《现代职业教育体系建设规划（2014—2020 年）的通知》指出"为了适应经济发展、产业升级和技术进步需要，职业学校的课程要建立国家职业标准与专业教学标准联动开发机制，推进专业课程内容与职业标准相衔接"。这些政策对课程内容的新要求有一个共通性，即职业学校的课程内容应与职业（资格）标准相适应或相衔接。2014 年的政策文件中更是首次提出建立国家职业标准与专业教学标准联动开发机制。职业标准属于工作标准。国家职业标准是在职业分类的基础上，根据职业（工种）的活动内容，对从业人员工作能力水平的规范性要求。它是从业人员从事职业活动，接受职业教育培训和职业技能鉴定以及用人单位录用、使用人员的基本依据。国家职业标准由人力资源和社会保障部组织制定并统一颁布。而专业教学标准是一个专业人才培养的总体设计，是指导和管理职业学校教学工作的主要依据，是保证教育教学质量和人才培养规格的纲领性教学文件。它具体规定了专业培养目标、职业领域、人才培养规格、职业能力要求、课程结构、课程标准、教学安排和教学条件等内容。专业教学标准由国家教育部组织制定（一般委托给行业职业教育指导委员会）并统一颁布。实现两者的联动开发有助于课程内容的选取与职业标准相衔接。

在英国，职业教育课程是资格证书框架下的单元或模块课程，以国家职业标准（NOS）为依据，开发学习单元，这也是从职业标准转换为课程的过程。国家职业标准（NOS）主要描述与规定的是个体在工作中应达到的操作标准和达成标准所必需的知识与理解力；学习单元是资格与学分框架（Qualification and Credit Framework，QCF）的核心要素，主要由单元名称、级别、学分值、学习结果与评估标准构成，侧重于对学习结果进行描述，并且通过描述达成学习结果的知识、技能要求，来呈现用于评估的可观察和可测量的标准。从国家职业标准到学习单元的开发路径是：先根据职业，开发能力标准和相应的资格证书，然后根据职业资格证书的模块设置课程，选择与确定课程内容，并进一步开发各模块的教学内容标准，建立起模块化的课程体系，实现了从职业标准到教育与培训中可用的模块内容（课程内容）的转化。可见，英国职业学校的课程是围绕职业标准设置的。在加快发展现代职业教育的关键期，我国的职业学校应借鉴英国的经验，根据各个等级的职业标准来设计课程结构，选取和组织能够满足职业世界中岗位工作任务要求的课程内容，从而形成对接紧密、特色鲜明、动态调整的职业教育课程体系。学生完成课程内容的学习后，能够顺利通过职业资格鉴定，持证上岗。这一方面是为了适应经济社会发展对高素质的劳动者和技术技能人才的需要，满足劳动力市场对持证上岗的要求，促进双证书制度的推行；另一方面使职业学校能够将教学内容与职业资格鉴定要求相结合，对提高学生的就业能力，缩短职业学校毕业生与职业世界之间的差距具有重要意义。

## 五　课程实施：加强实践教学，积极探索理实一体化教学

（一）加强实践教学

新时期，国家对职业教育课程实施的政策导向延续了 20 世纪 90 年代的政策内容，即职业教育要坚持加强实践性教学。2000 年《教育部关于全面推进素质教育、深化中等职业教育教学改革的意见》和 2002 年《国务院关于大力推进职业教育改革与发展的决定》提出"我国中等职业教育要加强实验、实习、职业技能训练等实践性课程和教学环节，提高学生的职业能力和创业能力"。2005 年《国务院关于大力发展职业教育的决定》和 2008 年《教育部关于进一步深化中等职业教育教学改革的若干意见》提出"中等职业教育要高度重视实践和实训教学环节，突出'做中学、做中教'的职业教育教学特色"。2014 年《国务院关于加快发展现代职业教育的决定》提出"强化教学、学习、实训相融合的教育教学活动，加大实习实训在教学中的比重"。这些政策文件更加突出了实践教学对于职业教育课程实施的重要意义。其实，实践和实训教学是职业教育专业课程教学的重要内容，是培养良好的职业道德、强化实践能力和职业技能，提高学生综合职业能力的重要环节。这一时期，国家对实践性教学的重视，主要体现在：一是加大实践教学比例。新时期，在国家政策中规定，中等职业教育专业课程的比重占总学时的三分之二，其中，实践教学比例占专业课时比重的 50%，顶岗实习累计总学时要达到一学年左右。二是加强实训基地建设。实训基地是实施实践和实训教学的重要场所，2005 年《国务院关于大力发展职业教育的决定》提出"职业教育继续实施实训基地建设计划，在重点专业领域建成 2000 个专业门类齐全、装备水平较高、优质资源共享的职业教育实训基地"。这些为实践性教学提供了保障。

（二）积极探索理实一体化教学

2009 年《教育部关于制定中等职业学校教学计划的原则意见》指出"中等职业学校要在加强专业实践课程教学、完善专业实践课程体系的同时，积极探索专业理论课程与专业实践课程的一体化教学"。理实一体化教学是将理论教学与实践教学融合为一体的教学方式，其目的在于使理论教

学与实践教学交替进行，以便学生能够较好地理解理论知识，并指导实践操作，从而提高实践动手能力。

其实，理论教学和实践教学有着一定的内在联系，是职业学校教学体系的重要组成部分，理论知识能够为实践教学提供必要的指导，为实践中的现象提供合理的解释和说明；而实践教学能够加深对理论知识的理解和对理论价值的深刻认识，二者缺失其一都将影响整个教学质量。[①]但是，二者相互分开实施也将影响教学效果。长期以来，在我国职业学校的课程设置中，理论教学和实践教学分别被安排在了不同的阶段实施，致使理论联系实际的教学原则一直没有真正得以实现。理论教学与实践教学相脱节的弊端在于分离了理论知识的学习和实践技能的训练，这容易出现职业学校学生难以理解理论知识、难以熟练掌握操作技能的现象，而工作世界中所需要的知识和技能是相融合的，因此，在这种教学模式下培养出来的学生在企业难以直接上岗。理实一体化教学正是在这种背景下被提出来的一种探索职业学校教学改革的方法，其目的在于实现理论与实践的融合，提高学生的职业能力。

通过分析课程政策，我们发现：改革开放以来，随着经济社会发展对拥有技术和技能的劳动者的需求日益增加，职业教育课程政策经历了从重视学习科学文化知识向强化职业技能训练、培养学生职业能力和重视学生综合素质的方向转变。这使得职业教育课程价值由重视社会价值向兼顾个体价值的方向发展，由关注文化素养向培育职业素养的方向发展，具体表现如下：

一是由社会价值向兼顾个体价值的方向发展。自学校教育开始以来，我国教育的价值观念一直偏重社会本位价值观，教育目的的价值取向强调社会本位。社会本位价值观坚持社会价值的主体地位，认为教育应充分发挥其社会功能。在这种观念的驱使下，为社会或统治阶级培养合格的人才成了教育的主要目的，满足社会需要或政治要求成了教育的核心价值。受社会本位价值观的影响，改革开放初期，我国职业教育的主要目的在于为社会主义现代化建设培养具有一定理论知识的技术技能人才。这一时期，

---

[①]　肖伟才：《理论教学与实践教学一体化教学模式的探索与实验》，《实验室研究与探索》2011年第4期。

国家在政策上倡导以学习科学文化为主，强调基础理论和基本知识的教学，导致职业教育课程偏重科学知识和人类文化的传承，在课程实施中过分地强调系统知识的传授，突出了课程的社会价值，忽视了职业教育课程对学生身心发展的重要意义，使得职业教育课程成了传递人类知识的工具。尤其是随着社会主义四个现代化建设的进一步深化，世界信息化速度的加快，以及科技发展和技术革新使得时代发展呈现出个性化的特色，在这种背景下，职业教育课程政策忽略对个体发展价值和内在需求的导向逐渐暴露出来。20 世纪 90 年代初期，随着"终身教育"思想在我国政策文本中的首次提出，并于 1995 年在《中华人民共和国教育法》中确立了其在我国教育事业中的法律地位，以及 20 世纪 90 年代末期，素质教育的全面推进和 21 世纪初期"以人为本"理念的提出，我国教育的价值观念逐渐兼顾个人本位价值观，教育目的的价值取向也开始关注人本位。个人本位价值观关注人的需要和全面发展，强调教育的个体价值。事实上，"终身教育"思想、"素质教育"和"以人为本"的理念，一方面提倡教育应全民化和终身化；另一方面强调教育应以培养受教育者的创新精神和实践能力为重点，关注人的全面和谐发展。因此，在"终身教育"思想、"素质教育"的推行和"以人为本"理念的驱动下，20 世纪 90 年代中期以来，在国家政策上提出职业教育课程要注重全面提高学生的综合素质，课程设置要同时兼顾经济社会发展和学生全面发展的需要。职业教育课程在关注社会价值的同时，也兼顾个体价值，除了提高受教育者的职业能力，为经济社会培养所需的技术技能人才之外，也开始注重培养受教育者的职业意识、职业态度等职业素养，关注受教育者的职业适应能力、创新能力、继续学习能力的发展，以促进受教育者全面、和谐、可持续发展。

二是由提高文化素养向培育职业素养的方向发展。文化素养是由知识、价值、认知等构成的多层次的系统，文化素养的核心在于精神境界的"真""善""美"，即对客观事物本质、规律的把握，从而展现人的理性。[①] 理性是理性精神的表现形式，其核心在于追求科学知识的系统性、完整性和真实

---

① 郑忆石：《论文化素质与人格塑造》，《中国人民大学学报》1998 年第 2 期。

性。改革开放初期，职业教育课程受理性主义的影响，在课程政策上强调课程内容的系统性和完整性，尤其注重向受教育者传授系统的科学理论知识，目的在于使受教育者掌握人类遗留的科学文化知识，提高文化素养和理论修养，从而服务于社会主义四化建设。然而，随着社会主义四化建设的发展，尤其是工业现代化和科学技术现代化的进一步深入、对外开放和交流合作的进一步加强，国外先进的工艺、科学技术和设备不断引入国内，致使企业工作岗位的技术含量不断上升，并促使企业的生产方式向精益化的方向发展。相应地，经济社会对劳动者的素质要求也发生了变化，更多地要求劳动者具有良好的职业素养。所谓职业素养是包括职业道德、职业态度、职业意识、敬业精神、创新精神和团队合作等方面的多层次的概念。长期以来，职业素养的培养一直处于边缘化的状态，教育更多地在于体现人们对了解和掌握系统的科学知识的意义。这对普通教育尚可，但很难与职业教育的发展要义相适应。20 世纪 90 年代以来，随着能力本位课程在我国职业教育领域中的应用，我国职业教育课程政策逐渐倡导职业教育的课程实施向职业实践活动回归，并开始引导人们关注受教育者职业意识和职业态度的培养。尤其在 21 世纪，随着职业教育课程结构由学科体系向工作体系的转变，职业教育课程内容更关注职业岗位的需求，教学环境更注重真实或模拟的工作情境，并进一步将职业素养纳入了课程之中。实质上，职业素养是职业精神的反映，是我国 20 世纪 90 年代和新世纪职业教育课程的价值追求，由此，职业教育课程更加重视培育受教育者的职业素养。

同时，通过对职业教育课程政策的分析，我们仍可以发现当前我国职业教育课程政策的一些不足：

首先，个体价值在职业教育课程价值中的地位在课程政策中体现不足。在我国职业教育课程价值的嬗变过程中，课程的个体价值一直没有得到应有的体现，相反，课程的社会价值始终占据主导地位。这一方面在于人们深受传统的社会本位价值观的影响，使得社会本位的观念在人们的头脑中根深蒂固，虽然在 21 世纪初期提出"以人为本"的理念，但不足以替代传统观念；另一方面在于职业教育是社会发展的产物，为经济社会培养技术技能人才和高素质劳动者是职业教育的主要职责，而职业教育课程是实现这一职责的主要载体和工具。社会价值的主导地位主要表现为社会的经济价值始终贯彻如一。职业教育课程的经济价值是指，在经济上，职业教育课程对于社会发展的意义。职业教育的宗旨在于通过向经济社会输送合格的技术技能人才，提高社会生产率，从而促进区域经济的发展，这是任何时期职业教育的首要目的，而职业教育课程是这种目的得以实现的关键所在。但是，在信息时代，个性化已经成了另一个显著的特征。个性化，从哲学角度理解是指在一般意义上强调某事物异于其他事物的差异性；从心理学角度理解是指人格；而在教育学角度，个性化是指个体在先天基础上，通过后天环境的相互作用而形成的由多种素质融合而成的独特性。个性化是针对统一性而言的，在工业时代，如同工业零件一样，要求整齐划一、要求标准化，受之影响，在教育学生方面也像加工产品一样要求统一化、标准化，从而形成了统一的要求和标准，塑造统一规格的人才。可以说标准化是工业技术导致的必然结果。随着科技革命的迅猛发展，人们逐渐从工业时代步入了信息时代，在信息时代，信息化技术打破了工业时代的束缚，尊重公民的权利和自由成了新的价值标准，企业的生产方式和人们的学习方式、生活方式也由工业时代的标准化、统一化向精益化、多元化的方式转变。信息时代使生产、生活走向了多样化，这为人的个性化发展提供了基础。尤其是随着知识经济、经济全球化的快速发展和素质教育的全面提出，健全受教育者的人格，培养具有创新能力和良好的沟通与合作精神，并具有完善人格的社会公民已经成了新世纪职业教育发展的另一个基本使命。实质上，人格是稳定的、习惯化的思维方式和行为风格，它贯穿于人的整个心理，是人的独特性的整体写照，人格因素被认为是决定一个人在职业生涯发展中能否成功的关键因素之一。[①] 因此，培养受教育者的自主性、主体性和创造性，满足受教育者个性化发展和可持续发展的需要应成为职业教育课程遵循的价值标准之一。然而，当前的职业教育课程政策在这方面的导向作用仍显不够，今后需要积极地朝这一方向引导：一是在职业教育课程的设计上，应以促进受教育者的全面发展为出发点；二是

---

① 南海：《职业教育的逻辑》，山西人民出版社 2012 年版，第 98 页。

在课程目标和课程实施过程中应更关注受教育者个性化和主体性的发展，根据学生的兴趣爱好，为学生提供更多的可供选择的课程，促进学生个体潜能的发展，使得职业教育课程的个体价值能够更好地得以体现。

其次，职业教育课程的人文价值在课程政策中未得以充分的体现。职业教育课程的人文价值是指职业教育课程要全面考虑受教育者人文素养的发展。人文素养是指"以人的综合发展为目标，追求'真''善''美'，关注人们的生存价值"。[①] 换言之，它是指人的内在品质，是为人处世的基本"德性"和"价值观"。随着职业教育课程政策的引导，当前职业教育课程更多地体现为培养受教育者职业技能或素养的意义，而将人的内在品质放在了次要的位置。在经济社会快速发展的今天，关注和培养人的全面发展已经达成共识。其实，社会公民是每一位职业人的原始身份，因此，职业教育课程在关注受教育者职业角色培养的同时，也应该关注人文素养的培养。正如爱因斯坦所言"专业教育可以使人成为一种有用的机器，但不能成为一个全面发展的人；要使学生对价值有所理解并产生强烈的情感，就必须对美和道德具有鲜明的辨别力"。[②] 用专业知识教育人是远远不够的，因此，职业教育课程政策应积极地引导职业教育课程在设计时，更多地关注受教育者人文素养的培养。

---

① 孟建伟：《论科学的人文价值》，中国社会科学出版社 2000 年版，第 259 页。
② 《爱因斯坦文集》第 3 卷，商务印书馆 1979 年版，第 310 页。

# 第三章　我国中等职业教育课程改革的典型模式

## 第一节　借鉴"双元制"经验,探索综合课程模式

德国"双元制"课程模式经历了由以分科为基础的综合课程向跨学科的学习领域课程的转变过程,这里我们主要是研究以分科为基础的综合课程模式在我国的实践。我国从 20 世纪 80 年代开始引进国外职业教育模式,德国"双元制"作为改革开放以后我国第一个正式引进的职教模式,在我国展开了大规模的试点试验。虽然以分科为基础的综合课程模式在我国的试验已经结束,但此次试点试验可以说是推进我国职业教育改革的一项重要举措,对我国职业教育领域的课程改革有着重要意义。充分了解以分科为基础的综合课程以及在我国的实践,有助于进一步改革和完善我国职业教育课程。

### 一　德国"双元制"职教模式的内涵

德国"双元制"是指青少年一边在企业里接受职业技能的培训(每周 3—4 天),一边在学校里进行相关理论知识的学习(每周 1—2 天)。"双元制"是企业与学校合作,以企业为主、理论与实践相结合,以实践为主的职业教育制度。

"双元制"职教模式具有"双元"的特点,具体体现如表 3-1 所示:

表 3 - 1　　　　　　　　　**"双元制"职教模式的双元特征**

| 培训地点 | 企业 | 职业学校 |
|---|---|---|
| 受教育者身份 | 学徒 | 学生 |
| 主管部门 | 行会 | 州文化教育部 |
| 法律依据 | 联邦《职业教育法》、培训合同 | 州《学校法》 |
| 教学文件 | 培训条例 | 框架教学计划 |
| 培训内容 | 以实践技能为主 | 以理论知识为主 |
| 培训者 | 师傅 | 教师 |
| 经费来源 | 企业 | 国家及州、所在地政府 |
| 教材 | 实训教材 | 理论教材 |
| 考试 | 资格考试 | 学业考试 |
| 证书 | 资格证书 | 毕业证书 |

1. 两个培训地点——学校和企业。

2. 受教育者的两种身份——在企业中是学徒；在学校中是学生。

3. 两个主管部门——企业的职业培训受行会的管理与监督；职业学校教育则由各州负责组织和管理。

4. 两种法律依据——企业的职业培训受联邦《职业教育法》约束，并且要和接受培训的学徒签订合同；职业学校受州《学校法》的约束。

5. 两种教学文件——企业要按照联邦政府颁布的《培训条例》对学徒进行以实践技能为主的培训；职业学校则按照州文教部制定的框架教学计划对学生进行以理论知识为主的教育。

6. 两种培训人员——在企业中对学徒进行实践技术培训的人员是师傅；在职业学校里向学生传授理论知识的是教师。

7. 两种经费来源——企业及跨企业的培训费用大部分由企业承担；职业学校的费用则由国家、州及学校所在地政府承担。①

8. 两种教材——实训教材和理论教材。

---

① 陆长元、徐涵、王鸿：《借鉴与创新》，辽宁人民出版社 1996 年版，第 154 页。

9. 两种考试——资格考试和学业考试。

10. 两种证书——资格证书和毕业证书。

## 二  以分科为基础的综合课程模式的内涵

以分科为基础的综合课程模式提倡以能力为本位确立课程目标，以职业活动为核心进行课程设置，以受教育者为中心进行课程教学，以第三方为主体进行课程评价。

（一）课程目标

德国以分科为基础的综合课程模式的目标是以能力为本位的，课程目标的确立是随着社会的经济和技术的发展而变化的，随着社会经济和技术对职业技术人才要求的提高，以分科为基础的综合课程模式培养人才的目标也在不断地调整，它要培养的是掌握高水平的专业技能、能够灵活应对社会变化，并且能不断发掘自身潜力的高素质的技能型人才，简言之，就是培养具有职业行动能力的人才。

德国学者认为职业行动能力由专业能力、方法能力和社会能力所构成。

专业能力是指个体在从事某一职业时所要具备的基本知识和技能，是个体能够上岗工作所要具备的最基本能力，也是个体赖以生存和发展的最基本能力，也是最核心的能力。它包括专业知识的储量与结构、专业技能的运用能力以及对专业知识与技能的领悟能力和迁移能力。例如，从事钳工职业就要掌握基本的理论知识和锉削、锯割、钻孔、攻丝等基本操作技能。

方法能力是指培养学生掌握基本的学习方法以及工作方法的能力，使学生在以后的工作岗位上能够自主灵活地运用各种方法和技能，能够独立地学习新知识和新技术，能够独立地解决问题。方法能力是学生在日后的工作中不断发展和进步的基本能力，它能使个体不断地吸收新知识和新技能，不断地更新自己的知识，丰富自己的知识储备，提高思维能力和创造力。

社会能力是指个体在从事职业活动时对整体社会的适应能力、交际和协调能力、调节和改变社会成员之间关系的能力，以及参加社会活动的能力和遵守社会规范和职业道德的能力。具体包括：语言表达能力、交流沟通能力、组织能力、协调能力、合作能力、观察能力、适应能力、创新能力以及自我评价和反省能力。社会能力不仅是职业人所要具备的基本能力，也是个体作为一个社会人所要具备的基本能力。

方法能力和社会能力也称为关键能力，是学生掌握的除了所学的专业知识外的其他能力，这些能力在任何时间和任何职位上都能使用，可以说是个体发展所需要的通用能力。关键能力是个体以后转换工作和进行终身学习的保障。

（二）课程设置

课程目标是通过课程来实现的，要实现以培养职业能力为宗旨的课程目标，就必须以职业活动需要为依据设置综合课程。以分科为基础的综合课程模式设置三类课程，即文化课、专业课和实训课。课程设置包括课程内容的选择和编排两个方面。在课程内容的选择方面，以分科为基础的综合课程是以职业活动需要为依据来选择课程内容的；在课程编排方面，采用综合课程，以机械类专业为例，将所有的专业课程内容综合为三门课程，即：专业理论（传授工艺和操作技能方面的知识以及化学和物理方面的基本知识）、专业制图（学会阅读工程技术图样，了解符合制图标准的工作方法，能够熟练绘制草图及有丰富的空间想象力）、专业计算（对专业理论进行定量推导，得到加深和补充，能够应用和解释专业范围内常用的计算辅助方法、表格和图解等），并且所有课程都呈现为三级阶梯模式，三级阶梯分别为基础培训（进行职业领域相关的宽泛的基础知识培训，通常为职业教育的第一年）、分业培训（分专业进行一般职业的专业教育，加深对专业的理解，为进入下一阶梯学习做准备，通常在职业培训的第二年进行）和专长培训（开始进行专门的职业教育，将之前学习的专业技能更加专业和精深）（如图 3 - 1 所示）。

实训课是指学校一元的校内实训课，包括实验和校内工场实习。通过实验和基本操作技能的练习，使学生对课堂上所学到的理论知识得到更深刻的理解，并能把它们运用到实践中去，并且在这个过程中还有利于学生们将在企业中学到的操作技能和能力加以整理和应用，从而达到理论与实

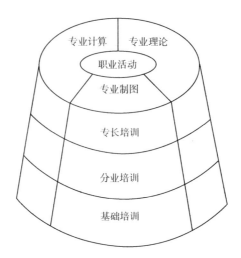

**图 3-1　以分科为基础的综合课程模式的课程结构**

践的真正结合。

　　以分科为基础的综合课程是建立在宽厚的专业训练基础之上的、以职业活动需要为依据、综合性极强的课程，它不强调学科的系统性和完整性，而强调学生职业行动能力的培养。无论是从横向上看，还是从纵向上看，所有课程都是以职业活动需要为依据选取内容。并且所有课程的学习都是按层次阶梯式的螺旋上升，由泛到精、由浅至深的开展。这样以职业活动需要为依据的综合课程设置减少了课程门类，如机械类只开设了 3 门文化课（德语、宗教、体育）和 3 门专业课（专业理论、专业计算、专业制图）以及实训课，总共 7 门课程。这不仅避免了专业知识在不同学科上的重复，而且适应学生的思维模式和认知顺序，对培养学生综合分析问题和解决问题的能力起到很大的作用。

　　（三）课程的实施

　　"双元制"职业教育的主要特点就是由企业和学校共同培养人才，其中以企业为主，以实践为中心。企业培训占总教学时间的 70％，职业学校教育占总教学时间的 30％。"双元制"课程的实施必须由学校和企业共同合作来完成，学校根据各州的框架教学计划对学生进行理论课的教学；企业根据联邦培训条例安排学生在企业内进行实训。学校教育为企业实训提供理论支撑。

联邦政府为了使企业与学校能够更好地沟通，能够使实践与理论教学更好地结合，能够培养出目标一致的人才，成立了联邦（州）协调委员会，在培训条例和框架教学计划的制定过程中，对其内容进行协调，如图3-2所示。

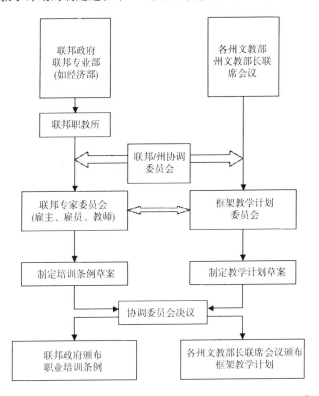

图3-2　"双元制"职业培训条例和教学计划大纲制定过程①

（四）课程教学

无论是实践教学还是理论教学，"双元制"都改变了传统的以教师为中心的教学方法，采用了以学生为中心的多种教学方法，充分体现出学生的主体地位，调动学生的学习积极性和自主性，提高学生的独立学习能力和

---

① 国家教委职业技术教育中心研究所：《历史与现状——德国双元制职业教育》，经济出版社1998年版，第147页。

创造力。理论教学改变了以往的讲授法，采用的是启发式、讨论式和小组教学等教学方法。实践教学也由传统的四段式教学法逐渐转变为行动导向教学，这是基于培养"关键能力"而发展起来的，是一种以能力为本位的教学方式与方法，提倡学习者在亲自行动的过程中通过自主的分析、设计、实施、检查和评价等环节来学习知识与技能，提高自己的行动能力和独立解决问题的能力。

（五）学习成果评价

在德国，对接受"双元制"职业教育的学生学习成果评价是由行业协会进行组织和实施的，主要通过中期考核和结业考核的方式检验培训的质量。"双元制"职业教育考试的管理运行机制如图 3-3 所示。

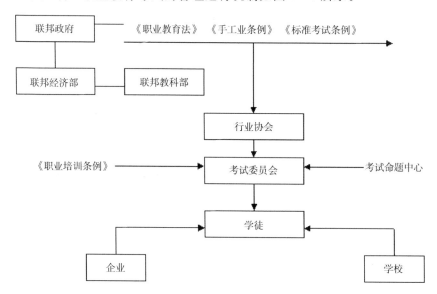

图 3-3　"双元制"职业教育考试的管理运行机制①

1. 行业协会：学习成果评价的组织与实施机构

"双元制"职业教育考试的组织与实施既不是从事职业教育的企业和

---

① 国家教委职业技术教育中心研究所：《历史与现状——德国双元制职业教育》，经济出版社1998年版，第255页。

学校，也不是相关的培训机构和用人单位，而是与培训无直接关系的行业协会。这充分保证了学习成果评价的客观性、公正性和规范性以及不受培训机构影响的独立性，很大程度上提高了培训质量。从而使德国"双元制"职业教育制度具有很高的权威性，"双元制"职业教育结业证书不仅在德国得到认可，在欧共体的一些国家也得到了认可。行业协会属于一种中介机构，介于联邦政府和企业之间，在德国，每一个行业协会都会设立一个职业教育委员会，由来自于雇主协会、雇员协会的代表和职业学校的教师组成。职教委员会主要受理行会有关职业教育方面的事宜，如制定规章制度、认定培训资格、审查培训合同、确定培训时间、组织技能考试、仲裁双方矛盾以及进行监督和提供咨询等。[1] 为了组织职业教育考试，行业协会专门设立了考试委员会，考试委员会由雇主协会、工会及职业学校三方代表组成，其中要求每个考试委员会都要有数额相等的雇主协会代表和工会代表，并且必须有一名以上的职业学校教师。考试委员会制定统一的试题和试卷。

2. 考试的流程与原则

行业协会统一在每年的年初发布职业资格认证考试通告，规定具体的考试时间和内容，并对相关人员进行分组，分别负责考试过程的监督和考试结果的评分。接受"双元制"培训的学生要在各自行业协会的监督下进行两次考试。第一次考试是在学习一年半左右时进行，叫做中期考试，考试成绩占总成绩的 40%；第二次考试是在学习结束时的结业考试，考试成绩占总成绩的 60%。两次考试都包括笔试和实际操作，笔试的目的是检查专业理论和知识水平，时间为 6 小时左右；实际操作考查学生设计绘图和制作成品以及半成品的技能，时间大约为 12 小时。两次成绩都以实际操作成绩为主，笔试成绩为参考。[2] 考试不合格的学生有两次补考的机会。结业考试强调统一规范性，同一职业或不同职业的相同科目的考试要在同一时间举行并按照统一标准评分。[3]

---

① 陈霞：《德国"双元制"课程模式》，《职业技术教育》2000 年第 19 期。
② 石伟平：《比较职业技术教育》，华东师范大学出版社 2001 年版，第 111 页。
③ 雷正光：《德国双元制模式对我国职教改革发展的借鉴意义》，《职教通讯》2002 年第 12 期。

## 三    以分科为基础的综合课程模式的优势

（一）课程目标：以职业能力为本位

德国"双元制"着重培养的是能够适应职业需要的高素质技能型人才。德国确立职业教育培养目标是以企业的实际需求为基础，并且能根据企业生产技术的发展水平不断调整培养目标。现代社会是一个极具变化性的社会，新兴产业的不断出现，产业结构的不断变化都给劳动者提出了更高、更新的要求，只掌握一门专门技术已经不能满足社会的需求，因此在培养人才的过程中，德国不仅注重个体对专业知识的掌握与运用，更重视个体独立思考、独立计划、独立学习、独立控制和自我评价等关键能力。这样即使个体在以后面对社会和职业变动的时候也能很好的应对，他们不会被限定在一个专业和职业领域中，因为他们具备跨领域进行职业活动的能力。

（二）课程设置：以职业活动为核心

理论课程的设置是以职业活动为核心的综合课程，这种课程设置涉及的知识面广，综合性强，并且有利于学生循序渐进地掌握知识。首先，以分科为基础的综合课程减少了课程门类，突出了职业技能的重要性，这不仅可以避免重复学习知识，还可以节约教育资源和时间。其次，以分科为基础的综合课程打破了学科体系，不强调学科自身的系统性、完整性，而重视知识的实用性以及各种知识之间的联系，较好地解决了文化课为专业课服务的问题。①

（三）课程的实施：与企业一元紧密配合

企业和学校共同协商教学内容。"双元制"职业教育是以企业和学校的合作为基础，学校按照各州的框架教学计划进行理论教学；企业则按照联邦政府颁布的《培训条例》在企业里进行实践技能的培训。双方的教育内容通过协调委员会和自主的形式进行协调，以此来保证理论和实践的有效结合，共同培养符合国家标准要求的人才。这样的合作关系既能使学生学

---

① 陆长元、徐涵、王鸿：《借鉴与创新》，辽宁人民出版社 1996 年版，第 157 页。

习到的技能贴近生产实际，符合企业的需求，又能增强企业参与职业教育的意识，把发展职业教育视为自己的责任，从而从各方面来支持职业教育的发展。通过双方的合作既满足了企业对人才的需求，又实现了国民总体素质的提升。

（四）教学方法：以学生为主体

在"双元制"教学过程中，改变了以往的师生地位。在课程实施过程中，充分体现了以学生为主体的思想。在教学过程中，教师不再是知识的灌输者和传授者，而是学生学习的引导者和咨询者；学生也不再是被动的接受者，而是主动的获取者。以行动为导向的教学可以使学生充分的发挥积极性和主观能动性，培养学生独立学习与工作的能力、与他人合作的能力以及创造能力。

（五）学习成果评价：培训与考核相分离

学习成果的评价是由与培训无直接关系的行业协会来组织实施，行业协会严格按照《职业培训条例》中对考试的要求来组织和实施考试，而不是根据哪一个培训机构、企业或职业学校中所传授的具体知识。通过上述措施确保学习成果评价的客观性、权威性。

## 四　以分科为基础的综合课程模式存在的问题

以分科为基础的综合课程模式为德国经济界培养了大量的高素质技能型人才。但随着科学技术的发展，技术工人工作的科技含量随之提升，以及现代企业劳动组织形式的变革，对生产一线的技术工人提出了更高的要求，不仅要求技术工人具有较强的岗位适应能力，而且要求他们具有能够创造性解决生产现场问题的能力，而传统的以分科为基础的综合课程模式难以应对这一挑战。

（一）课程内容方面

综合课程虽然在很大程度上解决了学科课程自成体系，相互之间缺乏内在联系的问题，同时以企业一元的培训内容为依据，选择教学内容，增强了教学内容的职业针对性，但与企业一元的期望仍有较大的距离。以机械技术类专业为例，以分科为基础的综合课程开设了专业理论、专业计算、专业制图三门专业课，并且以专业理论为核心。也就是说专业计算和专业制图课程内容与结构的建构是以专业理论为依据，而不是根据专业的内在逻辑来建构的。专业理论课程本身又更多地指向于物理、化学、工程力学等方面的理论知识，这就使得学生对技术的理解只局限于技术的结构与功能，而对企业内的工作过程、具体的工作实践缺乏理解。[①]

以分科为基础的综合课程主要传授的是显性的技术理论知识以及实践知识，没有涉及工作过程知识，导致学生不了解自己的职业情境，不能将企业实际工作过程与自己职业紧密联系起来，以至于学生只能被动地去适应工作环境，而不能主动地去构建工作世界。

因此，德国企业界经常抱怨学校传授的理论知识与企业的生产实际相差甚远，所培养的人才不能满足德国企业的需求。

（二）课程实施方面

1. 学校与企业的协调。"双元制"最大的特点就是通过学校和企业合作来培养人才，学校和企业是实施理论教学和实践教学的两大主体，但是在这两大主体之间也存在着矛盾，主要表现在课程内容的衔接上。虽然学校和企业每年都会在一起协商教学内容，但是在教学进度上却不能很好地协调，经常会出现理论课上已经讲到的内容，在实训课上却没有实践；或者在实训课上已经实践过的技能，在理论课上还没有讲过。这样，理论和实践就会出现脱节的现象，理论不能及时应用到实践中，实践也没有理论支撑，如何让学校和企业在各方面能更好地协调是"双元制"面临的一大问题。

2. 学校方面。学校方面存在的不足主要是课程内容更新缓慢，生产中的新技术、新工艺不能及时反映到教学内容中。

面对以分科为基础的综合课程模式存在的问题，德国于20世纪90年代后期开始致力于职业教育课程模式的改革，提出以"学习领域课程"取代实施多年的以分科为基础的综合课程，并在几年试点试验的基础上于2003年在德国全面推开。学习领域课程的基本特征是以典型工作任务为载体，

---

① 徐涵：《德国学习领域课程方案的基本特征》，《教育发展研究》2002年第1期。

整合理论与实践教学内容，这在很大程度上解决了以分科为基础的综合课程模式的弊端，尤其是理论教学与实践教学相脱节，学校教育与企业培训相脱离的问题。

## 五　"双元制"在中国的实践

鉴于中德两国的国情、历史文化传统的不同，很难将"双元制"职业教育制度移植到我国，因此，在我国借鉴德国"双元制"经验，主要是在课程教学、人才培养等方面，在制度层面的尝试与改革却较少。

（一）背景

1978 年，在党的十一届三中全会上，我国作出了实行改革开放的重大决策。随着改革开放政策的实施，在 20 世纪 80 年代初，我国政府向德国派出了经济和教育考察团，两个考察团几乎同时对德国"双元制"职业教育产生了兴趣。作为德国经济腾飞的秘密武器的"双元制"职业教育对于处在改革开放中的中国来说，无疑是职业教育领域改革的一盏照明灯。我国政府希望通过学习和借鉴德国"双元制"的成功经验来改革和发展我国的职业教育，并以此促进经济的发展。对于我国政府的期望，德国政府也给予了大力地支持。1983 年，南京建筑职业技术教育中心的成立标志着中德双方职业教育领域合作的开始，此中心是由我国教育部牵头，南京市教育局与德国汉斯·赛德尔基金会共同建立的。

德国"双元制"的成功经验坚定了我国进行职业教育改革的步伐，为了大规模的进行典型试验，国家教委批准了苏州、无锡、常州、沙市、芜湖和沈阳六个经济发展比较快，并且有良好教育基础的城市借鉴德国"双元制"职业教育经验进行改革试验工作。[①] 至此，我国逐步展开了大规模的借鉴德国"双元制"经验的试点试验。

（二）合作模式

自 20 世纪 80 年代初期开始，我国开始学习借鉴德国"双元制"职业教育经验以来，在许多地区与行业进行了多种形式的"双元制"的典型试验，

① 余祖光：《中德职业教育合作成果与展望》，《中国职业技术教育》1996 年第 12 期。

可概括为三种类型，即直接合作、间接合作和自主合作模式。

1. 直接合作模式

"直接合作"模式的试点试验是由中德双方直接合作完成的，双方要签订正式的合约，来共同完成某个项目。在此期间，德方提供试验经费、必需的设备、教学文件，并派遣专家；中方则按照德国的培训条例和教学计划实施职业培训，其教学组织形式和教学方法也基本上采用引进的德国模式。[①] 但是由于中德两国在各方面的情况不同，我国所实施的"双元制"与德国原型是有区别的，比如在实训教学方面，在德国完全是由企业承担的，但是在我国由于各方面的原因，企业完全承担实践教学还无法实现，企业只是起到了"相宜工厂"的作用，大部分的实训教学还是在学校中完成的。

2. 自主合作模式

所谓的"自主合作"模式是指中德双方不签署合作协议，试点试验完全是由我国相关部门自己发动的，特定地区和区域内的学校自愿参加。"自主合作"模式的试点试验与"直接合作"模式有明显的区别，"自主合作"试点试验不采用德国"双元制"的原型，而是注重学习"双元制"的经验实质，将"双元制"的精髓与试点区域或学校的实际情况相结合，吸取其合理部分进行改革。在这种类型的合作中，德国专家只是起到咨询和指导的作用，试点试验的主要事宜都是由相关部门和试点学校自己组织和实施的。这种试点试验虽然在形式上比较松散，但是从另一方面来说，它的灵活性比较强，能够紧密结合当地的实际情况，收放自如，收效也比较大。因此，"自主合作"模式试点试验也叫做"自控"型试点试验。

3. 间接合作模式

---

① 《借鉴"双元制"模式的试点试验综合报告》，《教育研究》1997年第11期。

　　这类试点试验是随着 1992 年初全国哲学社会科学"八五"规划国家级重点项目——《借鉴德国"双元制"经验，促进中国职业技术教育改革的研究与实验》课题的展开而进行的，成为整个课题的重要组成部分。[①] 其形式是德方合作单位通过该课题的承担者——三个职业技术教育研究所[②]与中方试点单位签约合作进行试点试验，与"直接合作型"试点试验有类似之处，但相对较为宽松，并不照搬德方的教学计划、大纲，而可结合实际情况在内容上做适当修正，在实施方法上也比较灵活。

（三）试点试验

　　自借鉴德国"双元制"经验，开展试点试验起，我国已有很多地区、学校以及机构参与了试点试验，并且取得了很多优异成果，深化了我国职业教育课程与教学领域的改革，提高了人才培养质量，使得"双元制"经验在我国得到了进一步的推广。如南京建筑培训中心、上海电子工业学校；与三个职业技术教育研究所签约的石家庄电力工业学校、辽河石油总机械厂技校、鞍山钢铁公司技校、大重集团技校、上海纺织机电工业学校等；沈阳、常州、无锡、沙市、苏州、芜湖等城市开展的试点试验都是成功的案例。表 3-2 为辽宁省机械类专业"双元制"试点试验情况。

表 3-2　　　　　　　辽宁省机械类专业"双元制"试点试验情况

| 辽宁省机械类专业"双元制"试点试验 | |
|---|---|
| 试验时间 | 1993 年 9 月—1996 年 7 月 |
| 技术人员 | 辽宁职业技术教育研究所专业技术人员、辽宁省劳动厅技工培训处专业人员、试验学校专业教师、德方咨询专家 |
| 参与学校 | 大重集团公司技工学校、鞍山钢铁公司技工学校、辽河石油总机械厂技工学校、辽阳石油化纤公司技工学校、沈阳经济技术学校 |
| 试验专业 | 车工、钳工、焊工 |
| 试验人数 | 654 名学生（93 届 207 人，94 届 190 人，95 届 257 人） |
| 试验教材 | 专业理论、专业计算、专业制图 |

---

　　①　雷正光、郭扬：《我国借鉴"双元制"模式的实践与思考》，《职教通讯》1997 年第 2 期。
　　②　三个职业技术教育研究所是指 20 世纪 90 年代初在中德两国政府在职业教育领域的合作框架协议下，由中方政府成立的教育部职业技术教育中心研究所、辽宁职业技术教育研究所和上海职业技术教育研究所。

续表

辽宁省机械类专业"双元制"试点试验

| | | 专业课 | | | 其他课 |
|---|---|---|---|---|---|
| | | 专业理论 | 专业计算 | 专业制图 | |
| 课程结构 | 课程设置（由10余门整合为7门） | 材料技术、加工与检测技术、信息处理技术、自动机制技术、电气技术、仪器及仪表技术 | 计算基础知识、加工与检测计算、传动计算与逻辑函数、电学计算 | 制图基础、工件图示、视图示方式、尺寸标注、草图、整体平面图、螺纹图示、技术测绘、技术文件、工作计划、常见图的画法 | 政治课、语文课、体育课、实训课 |
| | 课程实施 职业基础培训 | 时间：第一学年前30周 | | | |
| | | 目的：培养学生的适应能力 | | | |
| | | 内容：机械行业所必需的基本知识与基本技能 | | | |
| | 专业培训 | 时间：第一学年后10周及第二学年 | | | |
| | | 目的：确保学生的本工种技能的形成 | | | |
| | | 方式：沈阳经济技术学院采取校企合作的方式，主要在企业进行；其他四所学校采取以校内实习基地为主、企业实习为辅的方式进行 | | | |
| | 职业岗位培训 | 时间：第三年 | | | |
| | | 目的：提高学生专业技能水平，增强对未来职业岗位的适应能力 | | | |
| | | 方式：顶岗实习，在企业进行训练 | | | |
| 试验结果 | | 1996年6月，试验组织者参照德国技术工人结业考试试题水平对试验班学生进行技能鉴定考试，180名学生参加了技能鉴定，其主体工种及格率为100%，优秀率达23.3%；辅助工种及格率为99.4%，优秀率达38.3%。① 与以往职业学校毕业生相比，试验班毕业生知识技能面宽，综合能力强，独立工作能力强，并且具有较强的环保意识、安全生产意识、质量意识以及责任意识。 | | | | |

（四）试点试验取得的成果与存在的问题及反思

20世纪80年代至90年代，我国许多地区和职业学校开展了借鉴德国"双元制"经验的试点试验，取得了很多成果，但同时也存在许多问题与困难。

1. 试点试验取得的成果

（1）试验班毕业生成绩优异，综合职业能力得到提高

从试点学校的个案评价结果来看，试验班学生的知识、技能水平得到

---

① 张传义、徐涵：《职业教育教学实验的探索》，东北大学出版社2001年版，第139页。

提高，综合职业能力较强，并且毕业成绩令人满意，详见表3-3。

表3-3　　　　沈阳电力学校电类专业"双元制"试验班学生成绩

| 课程名称 | 优秀率（%） | 及格率（%） | 平均分 |
| --- | --- | --- | --- |
| 专业理论 | 58.8 | 100 | 89.1 |
| 专业计算 | 72.4 | 100 | 87.0 |
| 专业制图 | 34.5 | 100 | 80.5 |

1996年7月1日，直接由上海职业技术教育研究所与中纺织（CTM）合作签约按"双元制"模式培养的工业机械工的17名学生顺利毕业，17人全部获得由上海市劳动局颁发的毕业证书和四级工证书；16人通过德国巴伐利亚工商协会的严格考试，获得了德国工商行会的毕业证书。[①]

（2）初步形成了以职业能力为本位的课程教学模式

学科本位课程模式长期主宰着我国职业教育教学，致使我国职业教育培养的学生具有较强的理论知识，但操作技能单一，理论与实践不能很好地结合在一起，这与现代社会所需要的拥有较强综合职业能力的技术人才标准形成较大的反差。

经过多年的试点试验，初步形成了以职业能力为本位的课程教学模式，具体表现为：

根据企业对从业人员能力素质的要求来确立培养目标，即培养具有较宽知识和技能，并且有较强综合职业能力和关键能力的新型人才。

按照综合课程论思想设置课程，即以培养综合职业能力为目标，设置综合课程。

按照时代性、广泛性、实用性、基础性原则选择教学内容，即按照上述原则对教学计划、教学大纲和教材进行全面的改革，并且已制定了多个试验专业的教学计划和大纲，出版了部分示范性教材。

以学生活动为主体，改革课程组织形式与教学方法，即充分注重学生的主体地位，探索以培养学生综合职业能力和关键能力为目标的教学方法。

---

① 雷正光：《"双元制"职教模式及其实验研究》，中国科学技术出版社1999年版，第196页。

（3）革新了教育观念，促进了一批教师的成长

以分科为基础的综合课程颠覆了在我国长期处于统治地位的学科本位课程。我国大部分职教师资都是学科型的，试点初期，教师对以能力为本位的、以分科为基础的综合课程并不接受，认为这将削弱学生的理论知识，不利于学生的长远发展。为了转变教师的这种观念，试点试验过程中，多次组织教师进行经验交流与沟通，选派参加试点试验的年轻骨干教师参加国内外的培训，为他们输送新思想、新观念。在多方的努力下，使教师们摆脱了传统学科本位课程思想的束缚，了解了"双元制"职业教育的精神实质，拓展了教师的视野，并且教师的教学方法以及综合能力得到了提高，促进了教师的专业成长。

2. 存在的问题及反思

经过多年的试点试验，取得了丰硕的成果，也积累了丰富的经验，同时，我们必须清楚地看待试验过程中出现的种种问题，只有不断地发现问题、解决问题，才能推动改革不断地向前发展。

（1）教育观念落后

我国职业教育是典型的学科本位，学科本位的思想已经在人们的脑海里根深蒂固，要引进基于能力本位的以分科为基础的综合课程是大多数人不能接受的。同时，职业教育在我国的地位一直不高，甚至被人鄙视，发展职业教育对经济社会的推动作用一直没有被人们重视。尤其是学生家长，送孩子就读职业学校已经是个无奈的选择，还要做"试验品"是大部分家长不愿意接受的。在试点试验前期，教育观念在很大程度上阻碍了以分科为基础的综合课程的实施。

（2）缺乏相关法律依据，企业参与意识不强

以分科为基础的综合课程在德国得以实施，很大程度上有赖于德国在职业教育领域有健全的法律体系，尤其是企业参与职业教育的相关法律规定，保证了"双元制"的实施与发展。在我国虽然有相关的职业教育法规，但是不健全，并且对企业参与职业教育的义务没有明确的规定。以分科为基础的综合课程的设置与实施在很大程度上依赖于企业一元，但是我国企业参与职业教育的意识不强，部分企业认为职业教育与

自己没有关系，不参与职业教育课程的制定与实施，也不愿意接受职业学校的学生到企业内实习，甚至认为接收实习学生是额外负担，不仅给企业管理和日常工作带来麻烦，而且还消耗时间和精力。法律政策的不完善以及企业职业教育意识的淡薄，给"双元制"试点试验的开展带来了一定的困难。

（3）经费投入不足

职业教育是一类"昂贵"的教育，以分科为基础的综合课程以培养学生的综合职业能力为目标，这就需要加强学生的实训教学，开展试点试验需要投入大量的资金，用来建设校内实训基地，以及完善教学设备。在试验中，虽然各主管部门都给予了相应的资金支持，但是对试点试验来说远远不够。比如说教学媒体的缺乏就严重阻碍了新教学方法的实施，在一定程度上就影响了教学质量。

（4）师资素质不能满足试点试验的需要

以分科为基础的综合课程模式无论在课程设置、课程实施以及课程评价等方面都不同于传统的学科本位课程。我国的教师大多数都是学科本位课程培养出来的，在教学实践中都习惯传统的以教师讲授为主的授课方式，因此，很多教师对于新课程模式在思想观念上就难以适应。以分科为基础的综合课程强调综合设置课程，每门课程的知识涉及面极广，以我国教师现有的知识结构是不能胜任的。以分科为基础的综合课程的教学方式是灵活多样的，我国教师擅长理论知识的传授，对新教学方式不能很好地把握和实施。教师作为新课程模式的实施和实践者，在试点试验中起到十分重要的作用，因此，有效地解决师资问题，对"双元制"试点试验来说也是一个至关重要的问题。

"双元制"试点试验中的问题给大面积推广"双元制"的经验带来障碍，但"双元制"所倡导的一些理念却对我国后来的职业教育课程改革产生了深刻影响。

## 第二节　借鉴 CBE 经验,探索模块化课程模式

CBE，即 Competency-based Education，是以能力为本位教育的缩写，

其核心部分就是 CBE 课程。CBE 课程是以工作岗位能力为学习内容与评价标准，以具体工作任务为学习内容与课程组织的依据，注重学生个体主动学习，紧密联系社会与经济需求的一种课程模式。

## 一　CBE 的产生背景

CBE 模式的雏形出现于第二次世界大战时期的美国，初衷是培训与提升技术工人的武器制造技术与技能。由于背景与培养目标的特殊性，CBE 在二战后便匆匆退场。

1967 年，美国教育界出现了一场针对师范教育弊端的教育改革运动，该运动提倡以详细具体且操作性较高的教学目标引导师范学生对知识、技能与相关行为的学习。CBE 模式被作为解决措施之一重新提出来。但这次 CBE 课程仍是昙花一现，主要原因在于人们对"能力"的内涵界定过于狭窄，发展空间太小。20 世纪八九十年代，CBE 模式再次受到关注并迎来辉煌时期。此次应用领域主要是职业教育与培训领域，以解决当时职教学生实践能力缺失、与社会经济要求严重脱节的问题。由于主要盛行地为北美国家，如美国、加拿大、澳大利亚等，所以 CBE 模式常被称作北美能力本位模式或是加拿大能力本位模式。

## 二　CBE 的内涵

不同学者给予 CBE 的定义并不完全相同。西方一些学者认为 CBE 课程是结果指向性（outcome-based）与灵活性的结合体。结果指向性指的是评价的结果倾向，即具体操作标准取代知识成为学生学习的评价标准。灵活性不仅包括培养学制、培养方式与过程的灵活，还有培养内容与经济、产业变化保持一致的灵活。

根据 1978 年美国教育部办公室的定义，CBE 是行为导向（performance-based）的过程，以帮助个体掌握在社会生存与竞争所需的基本生活与生计技能。

加拿大的专家则认为 CBE 是一种以毕业生的最终能力为基本目标，围绕社会及将来职业要求的能力而开展的教育，它着力于一定时间的专业训练，并且在实施过程中要求较其他课程更多的可靠性、灵活性以及"学习者中心"。

上述 CBE 的定义并无本质性冲突，只是各自的侧重点不同。

CBE 课程中，能力（competency）实际上指的是岗位胜任力，由若干专项能力（skill）组成。理论层面上，一个专项能力包含四个方面：知识（knowledge，与本职相关的知识领域）、态度（attitude，动机、动力情感的领域）、经验（experience 活动的领域）和反馈（feedback 评价、评估的领域）。CBE 课程的任务就是糅合这四个方面的内容，并按照工作标准开发相应操作情境与环境。

总体来说，CBE 关注岗位胜任能力的培养，强调培养过程与实际工作的紧密联系。其中，具体的职业或者工作岗位要求是培养的目标与方向，相应的岗位能力分析结果是学习与培训内容的开发依据，学生是培养过程的中心与主体，教师更多扮演协调者的角色。

### 三　CBE 课程的开发与实施

CBE 课程的开发比较复杂，由多个阶段组成，主要有准备阶段、劳动力市场分析、职业分析、工作分析、专项能力分析、教学分析、教学设计与开发、课程与教学的检验与更新。

（一）准备阶段

准备阶段主要需要考虑国家或地区的经济发展状况与社会文化政策、产业政策等宏观的、具有全局战略意义或是整体引导性的因素，以及总体上把握相关课程设计领域内的目标或是价值观念，比如社会领域中的目标与价值观或是文化及教育领域中的相关考虑。

（二）劳动力市场分析

进行劳动力市场分析的目标是通过了解地区劳动力需求状况，获得课程开发的决策性依据，具体指：地区人口状况、劳动力市场的供求关系、潜在工作机会与职业及劳动力缺口。这种以实际调查为基础的需求分析具有一定的科学性，某种程度上可以避免严重的人才培养过度或者培养不足问题。劳动力需求状况分析结果是后续活动与科学制定课程计划的前提与支撑，宏观上决定着课程的培养目标与规模。

（三）职业分析

CBE 课程完全不同于普通教育体系的着眼点在于：就业后的工作是 CBE 体系赖以建立的基础。[①] 所以，在通过劳动力需求分析确定出当前持续拥有或未来有潜在劳动力需求的职业后，相关人员需按照劳动力市场的分析结果进行范围选择。他们依据政府专家制定的工作计划对某个职业进行相关分析，一般是以经济领域作为划分基础来对工作岗位进行横向或是纵向分组。之后以复杂程度为标准，在职业范围内进行具体工作说明并进行职业或是岗位描述。本阶段的分析人员一般以本国职业分类标准为参考依据，借鉴其中的职业分析与分类体系进行分析或描述并确定培训的核心内容。

（四）工作分析

工作分析建立在职业分析的职业与工作岗位选择基础上，目标是进行某一具体工作岗位的相关能力分析，进而确定该工作岗位所需的能力素质要求。在加拿大的实践证明，进行工作分析的最佳工具是 DACUM（developing a curriculum）。这是一种被广泛用于人力资源管理、教育培训等领域的职业分析方法。

DACUM 正式出现于 20 世纪 60 年代末期，开发者是美国的通用学习公司（The General Learning Corporation of New York）与加拿大皇家经济开发部实验设计分部（The Experimental Projects Branch of the Canada Department of Regional Economic Expansion）。在经过了四年的完善修改历程后，DACUM 于 1969 年被正式应用于加拿大荷兰学院。

DACUM 是 CBE 课程开发中最为关键的一步，它将具体工作岗位与培养目标联系在一起，也是实现课程与职业、与社会经济需要紧密联系的保证。

DACUM 推崇优秀岗位工作者（Expert Workers）并邀请相关岗位优秀工作者进行能力分析，其直接依据主要来自于以下三点：[②]

---

① 中国 CBE 专家考察组编：《CBE 理论与实践》，国家教委职教中心研究所制 1993 年版，第 23 页。

② Norton Robert E, *DACUM Handbook*, Ohio University：1997, pp. 1 – 7.

优秀工作人员在确定与描述与本职工作所需能力方面，最有发言权；

任何职业或者职业岗位的工作内容都能有效而充分地用优秀工作人员在他们工作中所完成的各项任务来描述。

任何技术能力与操作这项技术能力的人员所需的知识、技能和态度都具有直接的联系。

DACUM 能力分析的主要参与人员有：组织协调人（coordinator）、主持人（facilitator）、书记员（recorder）、委员会成员（membcrs of the DA-CUM committee）、观察人员（observers）。各参与人员的具体职责与任务如下：

1. 组织协调人。在研讨会的整个过程中，组织协调人组织与协调自前期准备阶段至最后结束所需的人力、物力与财力，为研讨做好后勤保障。

2. 主持人。主持人是委员会讨论与运作的核心人物，是讨论的引领者，因而对其能力有着较高要求。主持人必须有以下工作品质：热情饱满、幽默、耐心、善于照顾他人情绪、有决策能力、拥有专业的形象与气质等。[①]为顺利主持讨论，主持人须熟悉工作分析程序、DACUM 运行规则与技巧、讨论中对动词与非动词敏感、良好的倾听与记忆能力、善于激发与引导委员会成员的参与积极性等。此外，主持人在讨论中要把握好讨论节奏，平衡成员之间的参与度，努力将讨论中的模糊词汇换成合适而清晰的词汇等。

从以上繁杂而严格的要求来看，主持人必须是 DACUM 专业主持人，或事先接受过系统的专业训练。

3. 书记员。书记员可以是大会配备或主持人自带。由于 DACUM 研讨中最常用的是讨论墙，书记员负责将讨论后达成的意见一条条地写在卡片上并且贴在讨论墙上，同时及时进行修改或者调整。书记员专门负责记录与书写卡片，不可参加讨论。

4. 委员会成员。委员会成员是 DACUM 的主体研讨人员。这些成员的能力与素质直接决定着整个研讨过程与结果的质量与效果。委员会成员一

---

① 　Norton Robert E，*DACUM Handbook*，Ohio University：1997，p. 7.

般从工商业界聘请，均为具有丰富实践经验的专业技术人员和管理人员，仅限于来自被分析职业中具有代表性的产业。一般来说，保证人员权威性与代表性的基本要求有：业务能力、全职工作、有效沟通能力、地区代表性、行业代表性、交流能力、群体合作能力、无偏见、全过程的投入等①。同时选择成员时需要考虑性别、企业规模代表性、工作年限等可能的影响因素。

5. 观察人员。观察人员主要是来自于教学设计与实施、评价阶段的参与人员。一般有管理人员（系主任、教研室主任、教师培训负责人、教务处人员、专业开发部门等）、教师、教辅人员、专业顾问等。教师与教材开发人员的参与对于分析结果的具体执行（包括课程开发以及教学）与反馈尤为必要。但是，观察人员在讨论中也仅限于观察，不参与讨论，以免带来偏见。

DACUM 的运作过程如下：先成立一个由十几个相关专业或岗位的优秀工作者组成、书记员与观察员共同参与的 DACUM 能力分析委员会。委员会在组织协调人的安排与主持人的带领下，以集体讨论的形式（一般采用头脑风暴法）进行相关专业、岗位的能力分析。讨论的具体步骤如下：

（1）主持人向委员会说明讨论的内容与方向；

（2）评论相关的工作、岗位；

①进行第一次的头脑风暴讨论；

②得出整体框架。

（3）列出各项职业能力；

（4）列出具体的专项能力；

（5）列出：

①工作、岗位所需的基本知识与技能；

②工作行为（所需的态度与特点）；

③工具、设备、后勤与材料；

---

① Norton Robert E, *DACUM Handbook*, Ohio University：1997，p. 7.

④对未来趋势的预测与考虑。

（6）回顾及简化职业能力与专项能力的描述；

（7）对职业能力与专项能力的描述进行排序；

（8）其他需要考虑的内容（如安全事项与措施等）。

DACUM 讨论的结果应该大致包括以下几项：

①详细的职业能力与专项能力描述；

②基础知识与技能；

③工作行为；

④工具、设备、后勤与材料；

⑤未来趋向与考虑；

⑥名词解释与缩略词。

本分析阶段所需的时间大概是 5 至 6 周，其中，组建委员会需 3 至 4 周，工作分析 3 至 5 天，最后一周制作能力分析表。能力分析表的结构如下：

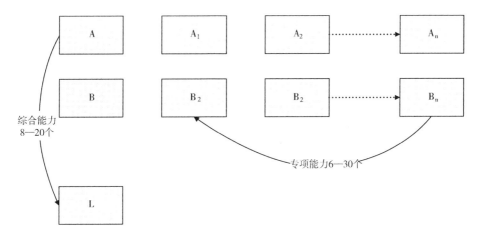

图 3 - 4　能力分析表的结构图

（五）专项能力分析

专项能力分析也需要成立一个由优秀工作人员组成的委员会（其部分成员也可以来自于 DACUM 委员会），主要职责是采用类似于 DACUM 的分析方法评议 DACUM 分析过程，并分成小组修订与具体化 DACUM 表内容：对专项能力分类组合、删减或补充，并对每一项专项能力所需知识和技能进行逻辑排序。专项能力分析既要得出该能力的最终表现目标（TPO，Terminal Performance Objective）、相应行为、行为标准、结果等，也要得出具体细化的实际性要求，比如相关步骤、知识、技能等。由小组完成的专项能力分析与书面描述都要经过委员会的全体审议与修改，之后最好由该专业的工作人员进行认定，并在认定后对每个综合能力作出书面说明。本阶段大概需要 7—8 周。

（六）教学分析

教学分析将实际工作与教学培训联系在一起。教学分析的目的是在 2—3 个月内参照工作分析与专项能力分析结果制定出工作计划，同时这也是将专项能力的具体分析结果划分成教学模块并对内容进行组合与排序并确定核心课程的过程。教学分析的步骤与工作分析及专项能力分析的步骤相似，只是分析主体由培训开发专家组中的课程与教学设计人员、协作人员、开发人员等担任。在分析过程中，需要工作分析和专项能力分析的主持人协助相关分析人员审阅综合能力的书面描述、专项能力的最终表现目标以及所需的诸如技能、知识及态度等相关具体要求。这些单元由于具有明确的学习时间以及起点、终点，所以也被称为模块（Module）。CBE 课程之后的课程模式基本上都带有模块的印记，所以，一定程度上是 CBE 课程开启了职业教育课程模块化的进程。

接下来是排序的问题。排序包括单元具体内容的排序与各单元之间的排序。单元内的内容排序一般遵循实际工作的需要原则。而单元之间的排序则需要借助于工作分析与专项能力分析所提供的信息，同时遵从成人学习规律。单元之间的排序问题是比较棘手的：先确定核心课程，同时找出该课程或模块所要求的预备知识，一般来说按照图 3-5 的组建模式进行。

该专业共有 4 门核心课程（1—4），7 门专业课程（5—11）以及 2 门预备课程（01、02），其中每门课程都有 5 个模块（A—E）。

一般的学习过程是从左到右，模块内部依据 A—E 的顺序进行，但这并不代表学生必须按照教材要求，也可以依据自身情况进行跳跃式学习。

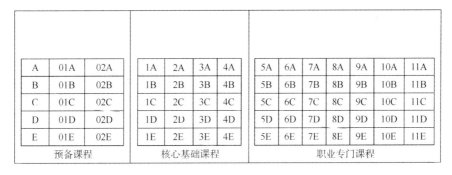

| A | 01A | 02A |
|---|-----|-----|
| B | 01B | 02B |
| C | 01C | 02C |
| D | 01D | 02D |
| E | 01E | 02E |
| 预备课程 | | |

| 1A | 2A | 3A | 4A |
|----|----|----|----|
| 1B | 2B | 3B | 4B |
| 1C | 2C | 3C | 4C |
| 1D | 2D | 3D | 4D |
| 1E | 2E | 3E | 4E |
| 核心基础课程 | | | |

| 5A | 6A | 7A | 8A | 9A | 10A | 11A |
|----|----|----|----|----|-----|-----|
| 5B | 6B | 7B | 8B | 9B | 10B | 11B |
| 5C | 6C | 7C | 8C | 9C | 10C | 11C |
| 5D | 6D | 7D | 8D | 9D | 10D | 11D |
| 5E | 6E | 7E | 8E | 9E | 10E | 11E |
| 职业专门课程 | | | | | | |

图 3-5 专业课程组织结构图[①]

（七）教学设计与开发

教学设计与开发阶段需要 2—3 个月，主要包括培训开发专家组（可以包括教师）开发并审阅教学大纲、细化各模块的教学目标与教学方法、准备相应学习设备等活动。本阶段的工作可能与教学分析存在一定的重复。理想做法是尽量减少重复，安排教学时间与地点，并列出具体教学模块中的详细教学目标。本阶段要实际考虑学校条件、学生心理与接受程度等，其结果决定着 CBE 课程的教材是否具有可操作性与教学目标的可实现性。

（八）教学实施以及反馈阶段

教学实施是教师的教与学生的学相结合的过程。有经验的教师依据教学大纲开发课堂教学计划、学习包、教材，随后进行教学活动与教学管理，帮助学生实现学习目标。而在实施过程中需要依据学生学习或教师的教学反馈或者是技术进步与行业企业的要求，进行相应调整以保证教学的效能。

此阶段有三大重点任务：教材、教学法的开发及评估与管理。

1. 教材开发

CBE 课程的教材开发一般指的是学习包（learning package）的开发、实训室的建设以及面向个体的多媒体学习系统的建立。后面两种属于硬件设施配置，而前一种则是指引性的学习材料。

---

① 中国 CBE 专家考察组编：《CBE 理论与实践》，国家教委职教中心研究所制 1993 年版，第 25 页。

学习包是围绕 DACUM 技能表开发出的学习材料。

开发人员：学习包开发专家（Curriculum Developer）、行业专家（Industry Expert）以及教师（Learning Manager）。

（1）学习包的开发过程：工作程序分析→技能组合分析→学习进度计划开发→技能学习指导书开发。

① 工作程序分析：对职业工作的顺序进行分析，为学习进程安排与学习环境设计提供基础。

② 技能组合分析：一般采用倒树形组合图的方式，按照从母技能到子技能的顺序进行分解式排列。

③ 专业学习进度计划开发：一般分为说明部分与专业学习进度计划表两个部分。

④ 技能指导书开发：内容有本项技能的介绍、学习途径、学习资源和评价目标。一份技能指导书对应一项技能，分为以下几个部分：概述（本技能的重要性、操作水平目标、相关技能介绍、自检或他检）、学习途径与活动（简介、理论知识、工作态度、技能操作、自检或他检）、人员与资料、成绩评定（理论知识与操作技能的评价方法）。

（2）学习包的内容

一个学习包的内容一般包括相关的培训目标、学习资料、辅导材料、考核评估标准。

① 培训目标。培训目标可以是某一方面的知识要求，也可以是技能技巧。

② 学习指导。即按照指导性、启发性原则编写的学习指导书。一般包括学习内容及学时分配、学习步骤以及学习方法建议。

③ 学习资料。该部分是学习包的主体部分，包括主教材和辅助教材。在这里，教材不应当被局限为书本类教材。它可以是教师的讲义、摘录自期刊的文章、设备操作手册、音像媒体教材、幻灯片及计算机辅助教学软件资料及其他学习参考资料等。

主教材的内容应当涵盖该专项能力的基本概念、在整体中的作用，设备的工作原理以及可能产生的故障与解决处理办法等。

辅助教材是对主教材内容的补充，有扩展与参考的价值。

习题部分可以包括思考题、自我测试题，最好配上参考答案或提示。题量不能过多或者过少，要具有代表性。该部分的作用是用来帮助学生进行自我检测与定位。

学习包的确定就是课程结构、教学内容、培养方式和授课人员等的确定，实质上对应传统课程模式中的课程内容与进度的设计。它是在能力结构细分基础上进行对应的课程结构设置。但是应当注意的是能力与课程不一定是一一对应的关系。有的复杂能力可能需要几个学习包（课程），有的能力可能由于其广泛存在而不需要单独的学习包（课程）来培养。同时，一个专业的学习包必然不止一个。

完成上述步骤后，建立一个资源室（Resource Room）用于放置学习包。

学习包开发之后，教师将其应用于日常学生的学习过程中，供学生自主使用。但是自主式的学习方式必然需要与之配套的教学方法才能保证学生主体能动性的发挥。

2. 教学法与学习模式的开发

在学习法上，加拿大荷兰学院推行的是 STEP（Self-Training and Evaluation Process），即自我培训与评估。该教学法以资源室为基础支撑，以学生为自主学习主体，注重学生实际能力的培养，正适用于 CBE 课程模式。

该教学法奉行学生个性化学习，在充分给予学生学习自由，承认学生以往学习经历的同时，为学生提供充足的学习资源，教师则是充当引导者，随时跟进学生的学习进度与学习需要，并提供一对一的辅导。具体的学习过程如图 3－6。

3. 评估与管理

为与个性化的学习方式配套，CBE 课程的评估与管理也是以学生的自主选择为先导。评估分为自我评估与学校评估。学习中，若学员认为自己的能力已达要求时，可以按照技能等级评定表进行自我评估。自我评估的结果交由导师，若导师认可，评估结果计入 DACUM 表的成绩栏里。教师与学员各一份，教师的作为成绩存档，学员的可以作为谋职时候的学习成绩证明。而每年学校要组织两到三次的全面质量检查。检查后给学生的反馈有如下几种：

可以继续本课程学习；应采取某些补救措施；实行早期警报等。接收到早期警报的学生实际上已经存在不能修完本课程的危险，若在教师的帮助下学生一定期限内仍然没有明显改善，应立即停止该课程的学习。

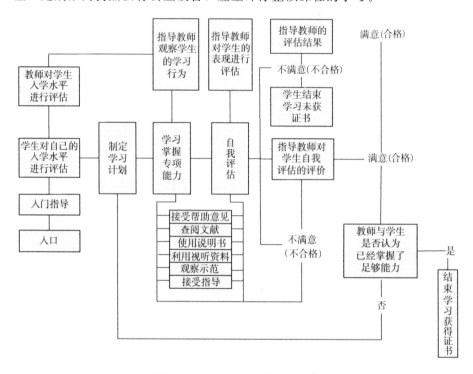

**图 3－6　CBE 课程的学习模式①**

表 3－4　　　　　　　　　技能评定等级

| | | |
|---|---|---|
| 4 | A | 能令人满意地运用该项技能，并且还能指导他人 |
| | B | 能令人满意地运用该项技能，且能对特殊情况采取主动与应变措施 |
| | C | 能令人满意地运用该项技能，质量高、速度快 |
| 3 | | 能令人满意地运用该项技能，无需别人帮助、指导 |
| 2 | | 能令人满意地运用该项技能，但需定期的帮助指导 |
| 1 | | 能令人满意地运用该项技能的某些部分，需帮助和指导才能完成全部 |

---

① 中国 CBE 专家考察组编：《CBE 理论与实践》，国家教委职教中心研究所制 1993 年版，第 41 页。

4. 课程与教学的检验与更新

进行课程与教学的检验与更新一般有两种方式。一种是对 DACUM 表进行修改；另一种是通过调查与面谈的方式进行。检验与更新是保证课程内容时效性的重要保障，同时这一过程也需要顾问委员会的成功运作。如图 3 - 7：

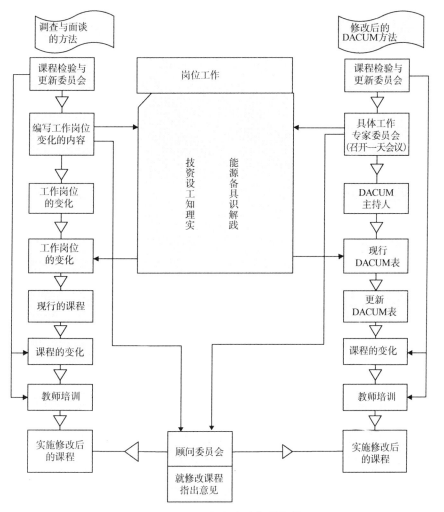

**图 3 - 7  CBE 课程审查与修订**[1]

---

① 中国 CBE 专家考察组编：《CBE 理论与实践》，国家教委职教中心研究所制 1993 年版，第29 页。

应当指出的是，CBE 课程体系的这些开发步骤是紧密联系在一起的，而且是依据一定的顺序进行，不可跳跃或是孤立进行。同时，CBE 课程体系是各方共同努力的结果，既有政府、学校、教师，也需要各类专家、企业的参与，不可以偏概全，由学校完全包办整个开发与实施过程。

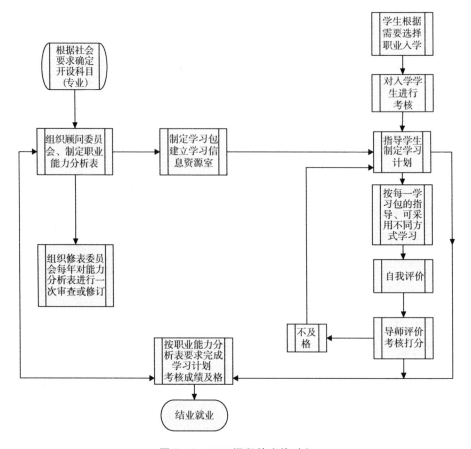

图 3-8　CBE 课程的实施过程

## 四　CBE 课程模式的评价

作为职业教育课程模式的典型代表，CBE 课程模式被全盘接受过，也被质疑过。与以往传统课程模式相比较有着很大的进步，但本身也存在一定的局限性。

（一）CBE 课程模式的优势与成就

1. 紧密联系市场与社会的需求，保证生源与就业前景

与市场和社会需求紧密联系是 CBE 课程的一大优势。为保证所开设专业课程兼有时效性与科学性，翔实的社会调查会在 CBE 课程开发前进行。调查内容包括企业用工情况、区域具体产业发展状况、学生及家长的就业意向等，并对专业人才需求缺口以及就业前景进行评估。相对于传统的专业设置中的跟风与盲目，或是政府决策取代市场行为，CBE 专业设计的合理性在一定程度上可以提高培训的针对性与实用性，惠及学生、学校以及社会，是生源与教学效果的一大保证。

2. 以能力和职业为导向，提升职业教育课程体系的实用性

传统三段式职业教育课程模式带来的是学问化倾向明显，课程内容与职业能力要求相脱节的重大弊端。[①] 公共基础课、专业基础课和专业课三大部分课程之间缺乏相应的衔接与沟通，关注点置于知识的系统性与学生理论知识的掌握程度。这种"重理论，轻实践，忽视技能培训"[②] 的课程与企业的要求以及培养技术技能人才的要求相去甚远，学习内容与实际需求之间相差较大。由传统课程模式培养出来的学生只有理论知识没有或者很缺乏实践经验，一般都要在工作单位重新接受相关的培训才可以上岗，教育浪费现象严重，因而不受用人单位的欢迎。

而在 CBE 课程模式中，理论知识只是课程的有机组成部分，以"够用"与"实用"为原则，只要够支撑学习者进行专业学习即可。同时，实习或者是实训部分的比重相对提高很多，目的在于让学生熟练掌握具体详细的、与工作任务紧密相关的操作。这样既有利于克服传统课程模式的弊端，使专业理论课程与实习实训之间互相配合，又能够通过具体的实践操作增强学生的职业能力，拉近学生学习与实际工作岗位之间的距离。

3. DACUM 的应用提高了职业教育课程的针对性与效率，也增强了企业参与职教的动力

在 CBE 课程应用之前，职业学校提供的教学内容与社会实际工作岗位

---

[①] 石伟平、徐国庆：《职业教育课程开发技术》，上海教育出版社 2006 年版，第 11 页。

[②] 姜宏德：《关于借鉴 CBE 职教模式的思考》，《新职教》2000 年第 1 期。

对学生的要求之间的脱节一直是个难以解决的问题。解决这一问题的关键在于：职业学校应当教学生什么？以及如何教？CBE课程借由DACUM开发出来的结果——学习包的中介作用转化成为学生学习内容，由此培养过程与工作过程由各行其道转向汇合。通过DACUM能力分析表，职业教育与培训的培养目标更加明确，教学效果与效率得以提高。

在企业参与方面，CBE课程有着很大的突破。DACUM专业委员会的大部分成员来自于工商界，既有经验丰富的管理人员，也有一线的技术工作人员。他们直接参与职业分析与工作能力分析过程，制定相关人才培养标准与考核标准，参与培养过程与审查。而课程实施过程中，委员会定期开会修补人才培养标准以适应动态的社会需求变化。这就是说，人才的培养、审核以及调整的权利都在企业的手中，从企业的角度培养企业所需的技术技能人才。这样，不仅可以为企业节省新员工职前培训费用，而且可以培养出其所需要的劳动力，无疑可以加强企业参与职业教育与培训的积极性。

4. 以情境教学为课程理念，以参与式为教学方式，参照行业技能操作标准进行过程性评价

CBE课程强调教学环境的工作现场化，强调学生在教师的引导下"通过做学会做""在工作中学习工作技巧"，强调学生在生产现场动手参与和操作。情境教学与参与式学习的推行可以缩短培养过程与具体工作之间的距离，在培养学生动手操作能力、提前帮助学生适应工作环境的同时，对学生职业态度的养成也具有潜移默化的作用。

就评价方式而言，以往的评价都是学生群体参加由教师组织的主观性考卷考试，以学生所得到的分数作为课程学习的最终结果。此类评价并不适用于以培养技术技能人才的职业教育与培训。而CBE课程考核体系直接以相关行业技能操作标准为参照，以学生实际操作能力与标准之间的差距作为客观评价依据进行等级评定。评价标准的客观化将学生之间的竞争引向学生自己与自己的竞争。

5. 个性化与灵活性凸显，模块式影响深远

CBE课程中，教师与学生的角色发生明显改变，学生学习更加灵活与

个性化。学生不再是传统课程中的跟随者、知识的被动接受者与边缘人群，个性化的学习方式引导着学生成为自身学习的主体，对自己的学习进程与学习方式拥有一定的决定权。教师则由传统课程中的主导者与知识信息传递者转变为指导者与引导者，根据学生的学习进度与需要给予帮助与配合。

但是拥有自由学习的权利并不代表学生可以随意对待学习。CBE 课程的管理机制比较灵活，属于外松内紧型，依据学生的不同表现采取不同的措施。这样，在尊重学生的个性化发展同时又给予一定的学习压力，有利于学生的自我发展与教学质量的提高。CBE 课程模式的灵活性还表现在其对学生以往学习经历的承认上，学生只要有一定的学习或能力证明就可以免去该部分的学习，既节约资源又节约学生时间，相对比较科学。

个性化学习与灵活管理的另外一个载体是 CBE 课程所推行的"学习包"模块式课程体系。学习包将课程内容划分成为多个以能力为核心的教学模块帮助学生学习，使理论与实践在工作任务中有机结合。这种模块化课程模式对以后的职业教育课程模式有着深远的影响，后来的课程模式或多或少都带有模块化的痕迹。

（二）CBE 课程模式的不足与问题

相对于传统课程模式，CBE 有一定的创新与进步，但是从其在实践中不断暴露出来的问题看，但也存在着一些局限与问题。

1. 理论基础缺乏说服力，带有任务本位倾向

支撑 CBE 进行任务分解的一个理念是行为主义下的部分之和相加等于整体。该理念认为在整体情境中不同的刺激对应不同的反应联结，所以整体的知识是可以分解为小部分。该理念本身就值得质疑，依据唯物主义的整体与部分原理，整体大于各部分的机械相加之和，部分离开了整体不一定还有原来的效用。两者之间的冲突带来的质疑是 CBE 理论基础是否会带来机械主义的倾向，即：机械相加后得出的专项能力可能被粗暴等同于职业能力，职业能力又被扩大化等同于岗位要求。直接影响是无形的、无法言语化或实体化的部分被忽视或无视。

在开发理念影响下，CBE 课程存在任务本位的潜在危险。有意义的能力学习应是鼓励学生手脑并用，动手的同时学会思考与解决问题。而在

CBE 的教学实施过程中，有的能力培养训练，尤其是旨在培养动手操作能力的训练可能会由于工作任务过于细化，最后演变成机械的工作任务分解，教师的过程性评价也只注重技能的进步。学生获得的只是简单的、缺乏技术含量且不具有迁移价值的具体操作，培养出的学生会动手但很少或者不会动脑，不利于学生的最终职业能力形成与职业生涯的长远发展。

2. 课程内容组合无可行的依据，学习包的开发存在挑战

以什么样的原则将 DACUM 表的能力分析内容转化并组合为具有操作性的课程一直是 CBE 课程未解决的问题。有学者提出，CBE 缺乏职业教育课程内容组合方式的理论依据。[①] 虽然以职业能力的各子项能力为课程内容是 CBE 的一大特色也是创新点，但具体课程的设置与安排的依据至今仍无统一的标准。而沟通技能、方法技能、职业道德等相关内容该怎样在课程中进行安排也无说明。

学习内容组合无依据带来的是能力考核方式的问题：具体的操作能力可以以工作任务为参照标准，其他抽象的能力该如何考评、以什么为评价标准？这些也是 CBE 课程存在争议的地方。而课程内容的承载主体——学习包的内容既要遵从当前企业的通用设备与现场流程，又要及时随着技术的发展与设备的更新进行动态调整，还要考虑 DACUM 分析表内容。由此，学习包编写者必须非常熟悉生产一线的工作流程与设备的应用、具有编写教材的能力才有可能保证所编写教材的实用性、适用性与及时性。同时，编写人员还需熟悉 CBE 课程编写原则，否则容易落入编写传统教科书的误区，或是无法落实 DACUM 表的能力培养。这些都是学习包开发所面临的挑战与难题。

3. 相应的配套资源要求高，超出大多数教育机构的承受范围

在开发与实施的 9—18 个月中，需要组织大批的专业人员进行合作。首先涉及 DACUM 所需的资源，其中包括大量的前期调研、专业的主持人，专业委员会成员、各种专家等。为使讨论结果具有一定的权威

---

① 徐涵：《我国职业教育课程改革的发展历程与典型模式评价》，《中国职业技术教育》2008年第 33 期。

与实用性，所有的参与人员都要熟悉 DACUM 使用方法与 CBE 课程的要求，在开发之前都要接受相应的培训，否则无法在有限的几天内高效率获得分析表。在人员素质上，DACUM 对主持人、组织方、专家等几乎所有成员都提出了很高的要求。只有高素质的人员才能在短暂的时间内获得高效的讨论结果并进行修订，但是如何对这些资源提供保障是个棘手的问题。这个问题若是没有妥善处理，后续工作将无法展开，从而影响 CBE 课程的效果。

　　人员素质与能力的高要求还表现在教师身上。CBE 课程的教师需要不断地随着技术的进步快速而及时的更新知识、熟练掌握新的技术技能的同时，要熟悉 CBE 课程的运作方式与评价管理机制，随时跟进每个学生的学习进度并提供个性化的帮助、辅导与评价。要建设一支如此高质量的专业教师队伍，不管是对教师个人，还是提供教育服务的机构都绝非易事。

　　此外，在硬件设施配备上，CBE 课程要求实训场地数量上够学生自由使用、配备上不落后于技术发展。显而易见，要支持与支撑所有这些高要求的硬件、软件设施的建设需要大笔的资金投入。资金成为制约 CBE 课程广泛推行的一大因素。

　　4. 适用范围存在一定的限制

　　以能力为本位的 CBE 教育体系源于 CBT（Competency-Based Training），以能力为基础的培训。所以在加拿大社区学院，CBE 课程的主要被应用于职业培训中的成人培训与再就业培训，而非系统化的职业教育。其课程目标定位于向心智已成熟的成年人提供岗位技能培训以满足岗位要求，因而学生职业成长与能力发展等"教育性目标"并不是其关注的目标。[1] 由此可以看出，CBE 课程的适用范围由于其设计的初衷而存在一定的限制。将 CBE 课程引入职业学校教育之后，课程设计与实施者如何在课程的开发与实施过程中加入教育性目标，在帮助学生培养职业能力的同时肩负育人的职责是个亟须而难以解决的问题。

---

[1]　赵志群：《职业教育工学结合一体化课程开发指南》，清华大学出版社 2009 年版，第 7 页。

## 五  CBE 在中国的实践

### （一）引进与推广

1988 年，加拿大政府表达了在职业教育领域进行合作的意向。1989 年，CCCLP（Canada—China College Linkage Program）中加高中后职业教育合作项目协议签订，CBE 正式引入我国。该项目由加拿大国际开发署（CIDA）资助，中国教育国际交流协会与加拿大社区学院协会（Association of Canadian Community College，ACCC）实施，其中 ACCC 是加方的执行机构。该项目旨在通过中加两国职业院校之间的合作，提高我国职业学校培训能力，为经济社会发展提供合格的技术人才。自 1990 年 11 月开始到 1996 年 9 月结束，CCCLP 项目历时六年。在国内推行之前，相关人员进行了系列的讨论与准备工作，全国范围内的主要事件有：

表 3－5                 中国引进与推广 CBE 的重要事件

| 时间 | 地点 | 主题 |
|---|---|---|
| 1991 年 3 月 4 日—3 月 8 日 | 厦门 | 中加高中后职业技术教育讨论会 |
| 1991 年 11 月 4 日—11 月 9 日 | 成都 | 课程开发（DACUM）专题讨论会 |
| 1992 年 11 月 17 日—11 月 25 日 | 北京 | 介绍以能力为基础的教育（CBE）专题研讨会 |
| 1993 年 5 月 10 日—5 月 15 日 | 南京 | 中方项目协调人讨论会 |
| 1993 年 12 月 8 日—12 月 11 日 | 常州 | 成人及继续教育研讨会 |
| 1995 年 1 月 9 日—1 月 20 日 | 石家庄 | CBE 及 DACUM 高级主持人培训班 |
| 1995 年 10 月 14 日—10 月 26 日 | 北京 | CBE 在中国电视纪录片的拍摄 |
| 1995 年 10 月 31 日—11 月 3 日 | 北京 | 环境与教育国际研讨会 |
| 1996 年 4 月 16 日—4 月 18 日 | 南京 | 职业教育模式与课程开发国际研讨会 |

1992 年 9 月，国家教委职教司下发文件，正式决定在有条件的职业学校开展 CBE 课程改革试点。加方参与合作的是 32 所社区学院，中方共有 29 所院校参与。中方共有 295 人赴加拿大考察、进修；加方来华进行交流、讲学的专家达 148 人次。期间，除了多次举办国内培训、研讨班外，加方还为中方派遣专家，并为职业学校提供了 750 万加元援款。参与教改试验的院校覆盖我国 11 个省市，试点涉及煤炭、交通、轻工、电力、冶金、机电、

化工、农林、卫生等不同领域的三十多个专业。

在政府引导的课程改革推动下，越来越多的学校进行了相关的效仿与学习。据不完全统计，CBE 课程被引进后，先后有 200 多所中高职院校实行了 CBE 课程改革。可以看出，我国 CBE 课程改革的规模比较大，影响也比较广泛。

（二）课改效果与问题

仅从各学校进行 CBE 课程改革的效果来看，各学校的改变比较明显。总结北京煤炭工业学校、大同煤炭工业学校、陕西咸阳机械制造学校、徐州煤炭建筑工程学校、秦皇岛煤炭工业管理学校以及成都电子机械高等专科学校六所职业学校在 20 世纪 90 年代进行的部分专业课改情况，基本每个学校都进行了以下尝试：

1. 系统学习 CBE 课程的相关内容。大部分学校在课改前都组织相关人员系统学习 CBE 课程有关知识，其中包括管理人员与试点专业的骨干教师，为后续课改的实施提供条件与基础。

2. 进行市场调查并邀请试点专业领域内的专家加入分析委员会。陕西咸阳机械制造学校在推进机械制造专业的 CBE 课程改革中，先后派人走访了包括咸阳、西安、宝鸡、汉中、兰州、银川、西宁等将近 20 个大中型机械制造厂，了解企业所需人才与人才的技能要求，为制订教学计划提供合理的依据。在人员参与上，徐州煤炭建筑工程学校的矿井建设专业的 DACUM 委员会成员基本上是来自于矿务局、矿建公司、煤电公司的工程技术人员。

3. 调整教学计划，加大实践实习课程比例。北京煤炭工业学校的矿山测量专业的新教学计划中，实践教学比重达到了 40％至 50％。也有部分学校延长了实习的总时间，如：大同煤炭工业学校机械化专业的实习周要求必须多于 10 周。相对于以往的教学计划有了很大的改善，职业教育特色开始突出。

4. 评价方式的转变。实践课程的增加必然带来评价方式的转变，各学校采取的措施差不多，比如将实验课成绩单独计入学习成绩册中，强化个人技能考核等。

5. 改善硬件条件。实习实训、实践课的增加对学校的相关设备要求提高，基本所有试点学校都增加了新的实验实训设备或建设校内实习工厂，有的还开始了校企合作的探索。

课改效果主要体现在：三转变、三增加、三提高。①

三转变。课程设置从传统的三段式学科教育向适应职业岗位群的职业能力教育转变；基础课从强调学科体系的完整性向"必须、够用"维度转变；教学方式从课堂教学为主向课堂教学与实践教学并重转变。

三增加。实践教学比例增加；重要技能的学习时间增加；学生自主学习的时间增加。

三提高。学生的动手能力有所提高；学生的适应能力有所提高；学生的综合素质有所提高。

虽然学校的课改都取得了一定的效果，但各试点学校也基本都遇到了以下瓶颈：办学经费、实训设备少；师资力量弱；学校自主空间小；教材建设落后等问题突出。

（三）CBE 课程模式对我国职业教育的影响

CBE 引入中国后，对我国的职业教育产生了深刻影响。主要体现在：

1. 对职业教育理念的冲击

CBE 课程模式的引入使得国内开始正视职业教育与普通教育之间的区别，主要体现在：一是课程开发理念。在此之前，职教课程被学科本位所垄断，与社会需求脱节，课程与普通教育相比并无明显特色，无法体现职业教育的特点，无法培养出相应的技术技能人才。除去直接进行 CBE 课程改革的职业学校外，那些未直接采用 CBE 模式的学校也或多或少地在一定程度上受到 CBE 的影响。以能力为中心的 CBE 课程帮助职业学校明晰自身的定位与任务。二是课程理念与组织形式。以能力培养为中心的模块化课程内容组织形式在实践层面打破了学科体系知识在职教界的统治地位，将人们的目标聚集在能力的培养上，直接推动职教课改。

2. 对职业教育具体实施的影响

专业设置。CBE 课程开发过程中对产业界与市场经济的重视对我国职业学校的专业设置给予了启示与引导：职业学校要实现自己的使命与生存

---

① 邓泽民、陈庆合、郭化林：《借鉴 CBE 理论，构建适合中国国情的职教模式》，《河北职业技术师范学院学报》（社会科学版）2002 年第 1 期。

价值，必须遵从产业界与经济的需求设置专业。由此，专业设置的职业教育特色日渐增加。

实践教学。CBE课程强调实习与实训工厂的作用，注重学生在实践中培养实际操作能力。这对以往过于重视专业理论知识的学习而忽视操作技能培养的职业教育有很大的冲击。职业学校认识到学生职业能力培养的重要与必要性，转向注重培养学生的相关实践技能，同时重视在实践教学中培养学生的职业素养。

教学模式。在传统教学模式中，职业学校注重的是教师的"教"而忽视学生的"学"。在CBE课程中，个性化的学习模式将学生置于主体中心地位，教师则由一线退居幕后。CBE课程模式引进后，这一重大改变对教师、学生以及学校管理都带来了不小的冲击。不少学校在CBE课程教学模式的基础上寻求教学模式改革，其中还有一些典型的教学模式改革在全国颇有影响。比如邓泽民等人提出的"五阶段"教学模式；"交互—探索"实习实训教学模式等。

## 第三节　"宽基础、活模块"课程模式的探索

"宽基础、活模块"课程模式是在20世纪80年代末90年代初兴起的一种职业教育课程模式，是由我国学者蒋乃平在借鉴国外先进职业教育课程模式的基础上，以"广吸收、不套用"为特征，充分结合我国国情而开发出来的一种课程模式。该模式以终身教育思想为指导，强调的是为学生以后的发展打下基础，通过设置"宽基础"和"活模块"两大板块，增强学生的继续学习的能力、职业转岗能力以及顺利就业和有竞争力就业的能力，强调在培养学生专业能力的同时，突出强调对学生社会能力和方法能力的培养。该模式培养的是具有一线工作能力的中级技术人员。通过"宽基础"阶段的设置，培养学生广博的知识和能力，为学生以后的就业转岗能力的发展打下坚实的基础，"活模块"阶段重在培养学生精通某一职业的能力，为学生以后的顺利就业和有竞争力的就业奠定基础。"宽基础、活模块"课程模式在课程开发中吸收了目标模式、过程模式、情境模式的优点，从而

开创了具有中国特色的职业教育课程模式。

## 一 "宽基础、活模块"课程的含义

（一）什么是宽基础

所谓宽基础，根据蒋乃平的界定，是指学生在学校所学的不是针对某一岗位或某一职业的知识和技能，而是面向某一职业群所必备的知识和技能。宽基础主要由四大板块所组成：政治文化类板块、工具类板块、公关类板块和职业群专业类板块。

政治文化类板块至少包括四个科目：政治、语文、数学、体育。工具类板块包括英语、计算机。在政治文化类板块和工具类板块中的每一科目都由基础模块、提高模块和为专业服务的模块组成，基础模块的内容是必修的，具体的课程、学时、考核方式由当地教育行政部门安排；提高模块主要是为升学所服务的，是与高等职业教育、成人高等教育的入学要求衔接的，这一部分是选修内容，可以根据不同学生的需要而定；专业服务模块则需根据不同专业的特点及需要而定。

公关类板块由两大模块组成：一是公关能力训练，以"内求团结、外求发展"为主线进行，强调培养学生在社会交往过程中的职业道德、与他人相处、沟通和合作能力、推销能力、承担任务、承受挫折的能力。二是以职业就业指导和创业指导为内容，以了解自己、了解社会、了解选择为主线，提高学生的就业能力和创业能力，主要包括求职信（简历）的写作、应聘着装及礼仪、主考官的心理以及公司的创办流程及必要的风险投资分析等。

职业群专业类板块是面向某一职业群的专业理论课和专业技能课，它针对的是一个职业群而不是一个职业或专业，是一个相关职业群所应掌握的基础知识和技能，可以说这一模块的设置最明显地体现了宽基础阶段注重培养受教育者可持续发展的能力。

（二）什么是活模块

所谓活模块，是指学生所学的内容是针对日后工作中某一职业所必备的知识和技能，在"宽基础、活模块"课程模式中，活模块部分主要是以技能为主，每一个模块都有一个相对独立的内容，在活模块中有必修模块和选修模块，必修模块是学生进行专业学习所必须学习的模块，而选修模块是学生根据自己的兴趣特长和意愿而选择的模块。

"活模块阶段包括一个职业群中的几个、十几个甚至更多的职业所对应的大模块，每一个大模块对应一个职业所必需的学识、技术和能力"。[①]

职业资格标准和通过职业分析获得的结果是确定活模块教学内容的主要依据。根据《中华人民共和国职业分类大典》和有关部门颁布的职业资格标准，运用 DACUM 表及其专项能力分析表进行职业分析，并"在上述分析的基础上，归纳出该职业上岗能力所包括的技能点和知识点，去掉宽基础中已学的内容，即为大模块的教学内容，DACUM 表中的专项能力即为小模块的内容"。[②]

活是活模块阶段的重要特点，主要体现在以下五个方面：

1. 大模块数量的活。经济的快速发展，科学技术转化为生产力的速度越来越快，导致一些新职业的产生，活模块根据本地区及国家科技发展的实际情况，来开设一些新职业的大模块，取代那些已经不适应经济社会发展的模块。

2. 小模块组成的活。相关的研究结果表明：每 3—5 年就有约 50% 的职业技能需要更新，每种职业都由若干个模块组成，而每一模块又对应了不同的技能，社会的快速发展必然会导致一些技能的过时，活模块中的小模块应随着经济、社会的发展而有所调整，如：在幼教专业中，除开设一些技能课外，还开设摄影课，让学生学会基本的摄影技术，这在几十年前的幼教专业中是不可能开设的。

3. 模块内容的活。现在社会要求的是复合型人才，宽基础、活模块课程在选择模块内容时就注意到了这点，在自己原有职业的模块基础上选择与其职业相关联的一些模块，比如偏文的职业可以适当选一些理科的小模块，偏理的职业可以选一些偏文的小模块。

4. 学生选择的活。活模块中的一大特色就是学生可以根据自己的意愿、兴趣、爱好、特长等选择模块，也可以根据自己职业的未来需要来选择模

---

① 蒋乃平：《"宽基础、活模块"的理论与实践》，宁波出版社 1999 年版，第 21 页。

② 同上书，第 22 页。

块，这有利于促进每位学生的发展，提高他们未来的就业竞争能力。

5. 时间安排的活。在教学计划的安排中，活模块与宽基础既可分段安排，也可交叉安排，同一学年推出的几个大模块，既可以全部安排在课表之中，也可以采取校内、校外相结合，课内、课外相结合的方式进行安排。

"宽基础、活模块"课程模式力图摆脱学科课程模式的弊端，强调学生综合能力和关键能力的形成和培养，并通过宽基础阶段的学习，可以使学生在毕业后不再局限于某一职业，而是可以在更广泛的范围内就业和顺利地转岗；通过活模块阶段的学习，强化学生的从业能力，可以最大限度地使学生获得就业时所需要的各种证书，增加学生的就业竞争力。

## 二　"宽基础、活模块"课程模式的特点

（一）"宽基础、活模块"课程的培养目标是对"能力本位"的超越，是"人格本位"的[①]

"能力本位"强调的是根据"岗位、工种"的需求来开发、组织和实施评价课程，而"人格本位"则更加强调"人"在职业教育课程中的地位。"宽基础、活模块"课程强调对学生关键能力的培养，而关键能力是由组织、交往与合作、学习技能、自主性与责任感以及承受能力构成，关键能力正是人格本位在职业教育课程领域内的体现。具体表现在以下两个方面：

一是"宽基础、活模块"课程强调主动适应需求，培养复合型人才，为学生适应未来的生活提供多种选择和条件。在"宽基础"板块中的政治文化类板块和工具类板块中，对其中的基础文化类课程的要求是以普通高中某一阶段的水平作为参照体系，并不一味地和普通高中追求统一，同时"宽基础、活模块"课程强调因材施教，在"活模块"阶段学生可以根据自己的兴趣和特长任意地选择"模块及模块组合"，这样学生可以在自由、宽松的环境中去学习，由于是自己的兴趣和特长，往往学生会表现出很大的自律性。

二是"宽基础、活模块"课程注重"人"的发展，课程采用两种导向，

---

① 马庆发：《当代职业教育新论》，上海教育出版社 2002 年版，第 59—60 页。

即就业导向和升学导向，同时满足学生的两种需要，即"就业准备的需要"和"升学准备的需要"。"宽基础、活模块"课程中的一般要求和较高要求是针对两类不同类型的学生而开发出来的，通过对不同学生提出课程上的不同要求来达到学生顺利的就业或升学。

（二）"宽基础、活模块"课程的目标取向是培养"自主性学习"的学生，即自觉的、自我导向的、自己组织学习和学会学习的能力①

"宽基础、活模块"课程的宗旨是为每一个学生奠定以后走上工作岗位后继续学习的基础，其中对继续学习的理解有两类：第一类是非正规的学习，即非学历、非学校教育，如在职培训、转岗培训，等等；第二类是升入高一层次的院校继续深造，如高等职业院校。不管学生是采取哪种形式的继续学习，关键的是学生需要具备继续学习的意识和能力，随着社会的不断发展，学习本身已经或将成为生活、工作的一部分，学生只有具备了一定的学习基础，才可以有继续学习的愿望和能力。

## 三　"宽基础、活模块"课程模式的不足之处

（一）"宽基础、活模块"对"宽"的解释不明确

"宽基础、活模块"强调在宽基础阶段课程设置要宽，尤其是在职业群专业类板块，按照"宽基础"阶段根据职业群来设计和开发课程，会导致在课程的设置上专业理论课的膨胀，导致学生过多的对理论知识的学习，由于中职学生在校学习的时间是有限的，这样就导致了学生动手实践能力发展的不足。

（二）"宽基础、活模块"对基础和能力的区分不明确

"宽基础、活模块"强调要为学生以后职业生涯奠定宽基础，但是在设计宽基础的过程中只是在"学科知识"上的宽，并不是学生职业能力的宽，"宽基础、活模块"把宽基础等同宽知识，其实宽基础并非是宽知识，因为知识本身并不能直接转化成为能力，知识和能力之间并不存在必然的联系，知识和能力是并列的关系而不是演绎的关系。②

---

① 马庆发：《当代职业教育新论》，上海教育出版社 2002 年版，第 59 页。
② 张健：《职业教育的追问与视界》，安徽师范大学出版社 2010 年版，第 22 页。

（三）"宽基础、活模块"的人才培养目标定位与现实学生的能力之间存在差距

"宽基础、活模块"的人才培养目标是在学校期间通过宽基础阶段的学习，在学习自己专业的同时要大量学习与自己专业相关的知识，以提高学生的就业转岗能力和综合素质。通过活模块阶段的学习，学生可以在自己的专业上更加深入地钻研，从而提高自己的专业能力和专业素养，这样可以为学生以后的顺利就业和有竞争力的就业打下基础。我们可以肯定这样的人才培养目标在理论上是正确的，但是这样的人才培养目标并没有完全考虑到学生现有的能力和水平。首先，中职学生的文化课水平要比普通学校学生的文化课水平低，在宽基础阶段安排了大量的文化课供中职学生学习，但是问题是，学生通过这些文化课的学习到底能学多少，能改变多少，现在许多学生选择来中职学校学习的一个重要原因就是文化课成绩不好且没有什么兴趣，甚至有学生是为了逃避文化课的学习而选择了中职学校。其次，中职学生的在校时间是固定的，一般情况下，中职学校的学生在校学习时间为两年，两年内既要学会甚至要学精自己的专业所需的知识与技能，又要学习大量的"宽基础"提供的广博的基础知识与技能，这样的目标是很难实现的。中职学生的学习一个很重要的特点是，他们不仅要学习公共基础课、专业理论课还要学习专业技能课，这和普通学校学生的学习是不一样的，所以在安排课程的同时要关注学生的实际水平和能力，关注中职学校的实际情况。

（四）"宽基础、活模块"在课程设置上没有充分关注到与社会、企业之间的联系

"宽基础、活模块"在具体的实施过程中，是以学校教学的方式进行的，课程的设置一般集中在前3年（四年制）和前2年（三年制）。学校在宽基础阶段，设置了大量的模块及课程，这些模块的实施又是以学校教学的形式开展的，这样就容易割裂了学校和社会之间的联系，而在课程开发阶段，行业企业参与不足，必然导致学校的课程不能完全适应企业的需要，同样也不利于校企合作的开展。

（五）"宽基础、活模块"在教学内容的选择、组织和实施上并没有突破传统单科分段式课程模式

"宽基础、活模块"在课程内容的选择上还是以分科为主，在组织和实施上以分科教学为主，只是把传统单科分段式课程模式中的公共基础课变为宽基础中的政治文化类板块和工具类板块，把专业基础课变为宽基础阶段中的职业群专业类板块，把专业方向课变为活模块中的模块课程。我们从各校的专业课程设置方案中，并没有看到课程真正实现综合化，其实课程的组织和实施还是以课堂教学、分科教学为主，并没有真正建立课程和课程之间的联系，还是在保持原有学科课程独立性的基础上开展教学的。

（六）"宽基础、活模块"所倡导的综合化课程并没有实现

"宽基础、活模块"强调课程应该综合化，强调课程模式应该采用目标模式、过程模式和情境模式之所长来设计，强调课程与课程之间应该有所渗透和衔接，主张打破课程之间的界限，强调研究对象的整体性，但是在具体的实施中还是以分科教学为主，并没有摆脱传统分段式教学模式，仍然以学科教材为主向学生传授知识，教材也并没有真正实现综合化。

# 第四节　项目课程模式的探索

## 一　项目课程产生的背景

项目课程是在项目教学的基础上发展而来，最早可以追溯到16世纪后期罗马圣路卡艺术与建筑学院的项目教学。当时的项目教学是一种建造活动，如设计房屋、建造操场或制造机器。[1] 圣路卡艺术与建筑学院中的项目是指设计竞赛，即为了培养艺术家层次的、具有创造性的建筑师而开展的一种假设性的任务活动。主要利用建筑师的想象力来设计建筑物的图案。随后，人们逐渐地将注意力转移到了通过项目活动而进行的学习。于是，1671年巴黎的皇家建筑学院将假设性的任务活动转变为建造实体建筑物，

---

[1]　Knoll，"The Project Method: Its Vocational Education Origin and International Development" *Journal of Industrial Teacher Education*，Vol. 34，No. 3，June 1997.

同时增加了设计竞赛举行的频率。此时，项目正逐渐地演变为一种教学方法。18 世纪末，随着欧美各国工业大学与工程专业的设立，项目教学从欧洲传播到美洲并延伸到了工程学，推动了项目教学的运用与理论发展。

最早对项目教学进行系统研究的是美国的进步主义教育家威廉·赫德·克伯屈，是在杜威的问题教学法的基础上发展起来的。克伯屈认为项目教学的内涵是指在学生自愿活动的前提下，制订计划并运用头脑中已有的知识与经验，通过动手操作来解决实际中存在的问题。他特别强调"自愿"，甚至用"有目的的行动"取代"建造活动"，主张用"有明确目标，涉及整个身心的活动"[①] 这个思想来贯穿整个项目教学。因为学生是教学的主体，是积极、主动的参与者。此后项目教学逐渐地被应用到诸如幼儿教育、基础教育、高等教育等普通教育领域中。

我国职业教育项目课程形成于 21 世纪初期。当时，针对职教课程存在的理论与实践分离、课程内容学问化等一系列问题，我国学者徐国庆于 2003 年率先提出以工作任务为中心的课程模式，即以项目为载体来组织课程内容，整合理论与实践，此后，项目课程逐渐进入人们的视野。如今，项目课程已经进入兴盛阶段，人们对项目课程的研究也已经从理论研究转向应用研究，并成为我国当前职业教育课程改革的主流模式之一。

## 二　项目课程的内涵

### （一）什么是项目

在不同的教育类型中，关于项目的含义是不一致的。根据项目学习的特征，伯曼（Berman）将项目划分为有结构的项目、与主题有关的项目、与体裁有关的项目、模板项目和开放性项目等五种类型。[②] 按照伯曼（Berman）的划分方式，职业教育课程中的项目是指有结构的项目，即通过项目活动制作出来的产品要符合规范，满足该产品的质量标准。事实上，职教

---

① ［美］克伯屈：《教学方法原理：教育漫谈》，王建新译，人民教育出版社 1991 年版，第 330 页。

② 夏惠贤：《多元智力理论与个性化教学》，上海科技教育出版社 2003 年版，第 83—84 页。

课程中的项目是一种以任务为导向、将分散的工作任务聚集到一起的活动模块。在完成工作任务的基础上制作出一个个标准的产品或者提供的服务，强调过程与结果的统一，尤其注重结果的重要意义，具有一定的完结性，比如制做一件衣服、对一个产品的社会需求所做的市场调查等都可以说是一个项目。这些项目可以是来自企业的真实项目，也可以是一个模拟的学习项目。

（二）什么是项目课程

项目课程是以典型的产品或服务为载体，以工作任务为中心来选择和组织相关的课程内容，让学生在真实或模拟的工作情境中学习一个完整的工作过程，获得相应的知识和技能，使过程与结果达到高度统一的课程模式。这种课程模式强调以学生为本，关注的是向学生传授有关工作的知识。项目课程的前提是项目要序列化，以项目活动作为学生学习的主要方式，让学生在实践中学习一些带有职业性质的、具有岗位针对性与实用性的技术知识和职业技能，强调知识和工作任务之间的动态联系。它是在广泛借鉴国外先进职业教育经验基础之上，结合我国职业学校学生特点及其教育教学规律的情况下，所开发出来的具有中国特色的职业教育课程模式，是目前我国职业教育典型的课程模式之一。

## 三　项目课程的理论基础

（一）联系论

职业教育是培养学生从事某种职业所具有的能力的一种教育类型。一般，职业能力包括专业能力、方法能力与社会能力，强调在复杂的工作情境中进行分析、判断并采取行动的能力[1]。这种职业能力是如何形成的？联系论帮助我们回答了这个问题，它认为单一的知识或者工作任务都不足以形成职业能力，只有将两者联系起来，在具体的工作过程中学习知识与技能，养成与他人沟通、交流、合作的习惯，并完成相应的工作任务时，才能说一个人具备了某种职业能力。知识与技能是项目课程的内容，同时知

---

① 徐国庆：《项目课程的基本理论》，《职教论坛》2006 年第 8 期。

识、技能、工作任务之间的相互联系以及各自内在的联系也是项目课程内容的重要组成部分，只有将课程内容动态化，才能有效地培养学生的职业能力。

（二）结构论

结构论强调课程结构的设计，关注如何合理的组织课程内容。职业教育课程结构是指课程之间的组合关系及其一门课程内部知识的组织方式，即包含体系结构和内容结构。[1] 传统课程关注的是课程内容本身，强调知识的应用，认为只要掌握了相关的课程内容，那么在日后的工作中就能运用它，也就具备了某种职业能力。事实并非如此，社会中"高分低能"的现象仍普遍存在。因此，项目课程更加关注课程内容的组织方式，强调课程结构设计的重要性。认为"职业教育课程不仅要关注让学生获得哪些工作知识，而且要关注让学生以什么结构来获得这些知识，因为课程结构是影响学生职业能力形成的重要变量，本身具有教育意义"。[2] 项目课程要求遵循各专业特有的工作逻辑为课程内容的组织方式，强调用工作结构来设计课程结构，达到转变学生的思维，增强学生职业意识的目的。

（三）结果论

传统的学科课程更多地关注学生的考试成绩，注重学生对知识的掌握，忽视知识在实际工作中的应用。正如马克思所说："缺乏结果的行为活动是一种异化了的行动"。那么这种使得教学过程与教学结果相脱离的教育就是一种异化了的教育。这种教育容易使职业学校的学生丧失学习兴趣，产生厌学的心理。因此，项目课程以典型的产品或服务为载体，通过完成工作任务使学生能够制作出一个完整的产品或者提供一项服务，甚至是作出一个决策，实现教学过程与教学结果的统一，有效地激发职业学校学生的学习兴趣，使得学生能够积极、主动地建构知识与技能，从而不断地提高职业能力。

---

① 徐国庆：《上海中等职业教育课程改革的理论框架》，《教育发展研究》2007 年第 4 期。
② 徐国庆：《职业教育课程论》，华东师范大学出版社 2008 年版，第 179 页。

## 四　项目课程的结构

课程结构是指课程各部分的组织与配合，主要探讨课程各组成部分如何有机地联系在一起的问题，[①] 即探讨课程各部分的组成关系。职业教育课程结构要从宏观与微观两个方面着手分析，"在宏观层面上，它是指已经开发的职业教育课程门类按照什么顺序进行排列；在微观层面上，它是指每门职业教育课程的内容按照什么逻辑进行组织"。[②] 项目课程的结构源于工作结构，因此，无论在宏观层面或是微观层面都要以工作结构为主要依据。

（一）项目课程的宏观结构

宏观层面上的项目课程结构是指项目之间按照何种关系进行排序，即如何对项目进行序列化。主要有以下六种模式：

1. 递进式

递进式也被称为推进式或纵式结构，是一种依照次序逐步推进的过程。在项目课程结构中，递进式是指项目按照由简单到复杂、由易到难的顺序排列。项目之间是一种循序渐进、逐步深入的关系，前一个项目的学习是顺利学习后一个项目的前提，为后一个项目的学习奠定基础；后一个项目在课程内容的广度与深度方面都超越前一个项目，能够使学生更加深入与系统地学习。例如，产品设计专业的"玩具设计"这门课程，就可以按照玩具的复杂程度由易到难、由简单到复杂的顺序对项目进行排序。让学生先学习设计简单的玩具，然后再逐步地学习复杂玩具的设计。如图 3-9 所示：

图 3-9　递进式项目

① 施良方：《课程理论：课程的基础、原理与问题》，教育科学出版社 1996 年版，第 123 页。
② 石伟平、徐国庆：《职业教育课程开发技术》，上海教育出版社 2006 年版，第 117—118 页。

## 2. 并列式

并列式是指各个项目之间没有前后、主次之分，它们之间是并排平列的，是一种处于同一个层次，可以同时并举的关系。换言之，各个项目的难易与复杂程度是相一致的，项目之间的联系很容易被理解，相互之间不存在从属的关系。如图 3 - 10 所示：

**图 3 - 10  并列式项目**

## 3. 包含式

包含式是指按照学习内容的广度与深度不断地扩充来设计学习项目。在包含式结构中，各项目之间互相嵌套，即一个项目包含另一个项目。如图 3 -11 所示，项目 1 是项目 2 的组成部分、项目 2 是项目 3 的组成部分，彼此之间属于包含与被包含的关系。例如，在计算机网络的组建与维护中，家庭网络、办公室网络与中小企业网络之间就是一种包含关系。

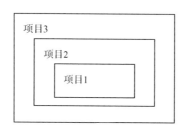

**图 3 - 11   包含式项目**

## 4. 分解式

分解是按照一定的逻辑将一个整体分成若干个部分的过程。相应地，项目课程中的分解式意味着将一个项目按照一定的逻辑顺序分解成若干个子项目的结构形式。项目与各个子项目之间属于整体与部分的关系，通过完成各个子项目从而完成整个项目。例如，在计算机网络技术专业中的"网页制作与网站设计"这门项目课程中，我们可以将其分成五个子项目：通过 Dream Weaver 软件来制作静态页面；利用 Photoshop 或 Fireworks 等图像处理软件来处理或制作网页中的效果图；利用 Flash 软件或 Java 程序设计来制作网站中所需要的动画效果；通过 ASP、JSP 等脚本语言来设计动态的页面；利用 SQL Sever 或者 Oracle 来制作后台操作过程中所需要的数据库。通过五个子项目的学习来达到制作网页与设计一个网站的目的，从而完成这门项目课程的学习。

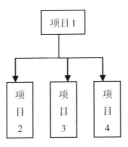

图 3 - 12　分解式项目

5. 流程式

流程是工艺程序，是指劳动者在利用生产设备将原材料加工制造成一个产品的过程中，对各项特定的生产步骤及其先后次序进行合理安排的一种程序。流程式课程结构是指以生产流水线的方式将各个项目按照生产、加工、制造过程中特定步骤的先后顺序进行排列的一种形式。按照前后的工序关系对这些项目逐一的进行排序，项目之间具有先后顺序之分。

图 3 - 13　流程式项目

6. 网络式

网络式结构看似错综复杂，其实非常灵活。各项目之间不存在依赖的关系，学生可以根据实际情况，以其中的任何一个项目作为学习的起点或终点。例如，在汽车维修专业的"机械修理"项目课程中，包含的项目有"发动机修理""底盘修理""变速器修理"等。各个班级可以根据实训场地和设备的实际情况来选择不同的项目进行学习，这样有助于灵活地安排教学，同时也可以充分地利用教学资源。

图 3 - 14    网络式项目

（二）项目课程的微观结构

项目课程的微观结构是指在一个具体的项目中，项目与工作任务之间的结构关系。通常有以下三种结构关系：

1. 循环式

循环式是指每个项目包含该门课程全部的工作任务，并将工作任务按照由易到难逐步递进的方式来设计项目。虽然每个项目的工作任务相同，但具体内容各异。这种结构广泛应用于机电专业。如图 3 - 15 所示：

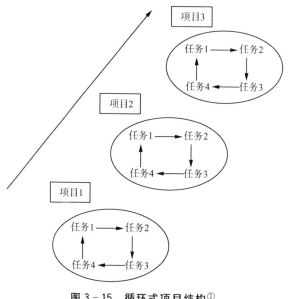

图 3 - 15    循环式项目结构①

---

① 　徐国庆：《职业教育课程论》，华东师范大学出版社 2008 年版，第 187 页。

2. 分段式

分段式也称之为叠进式，即一门课程只有一个涵盖了该门课程全部工作任务的综合性项目，并将该综合项目划分成若干个小项目，学生按照顺序逐个完成小项目，直到整个项目的完成。如图 3-16 所示：某门课程需要让学生学会四个任务，选择了一个综合项目，这个综合项目被划分为 3 个小项目，进行任务 1、2 可完成项目 1，进行任务 3 可完成项目 2，依次进行直至整个项目完成。这种结构在计算机专业中得到较普遍的应用。

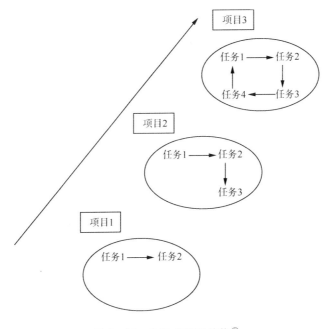

图 3-16    分段式项目结构①

3. 对应式

对应式通常用于工作任务相对独立的项目中，针对每个具体的工作任务设计相应的学习项目。工作任务与项目之间是一对一或一对多的关系。这种结构多应用于金融管理、财务会计等专业。如图 3-17 所示：

① 徐国庆：《职业教育课程论》，华东师范大学出版社 2008 年版，第 187 页。

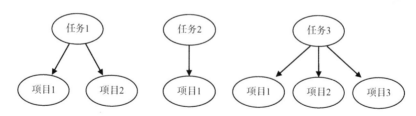

图 3－17　应对式项目结构①

## 五　项目课程的内容

关于课程内容，不同的教育类型有着不同的理解。普通教育认为，课程内容是指各门学科中特定的事实、观点、原理和问题，以及处理它们的方式②；职业教育倡导将技术知识作为课程的主要内容；项目课程则认为，除了技术知识之外，还应包括工作任务与职业技能。无论哪种教育类型以及如何去理解课程内容，归根到底，课程内容所关注的是"教师教什么以及学生学什么、做什么"的问题。

（一）工作任务

工作任务是指某一个具体的工作岗位所要从事的工作内容以及担负的职责。项目课程以工作任务为依据设置课程，围绕工作任务选择并组织课程内容，使学生通过相应岗位的工作进行学习，换言之，相应岗位的工作任务是学生学习的主要内容之一。

（二）技术知识

技术知识是指生产某种物品，或是提供某种服务所需要的知识。③ 它是一种在工作情境中获得的与生产过程及其工作任务紧密联系的知识。在本质上，技术知识有别于形式化的学科知识。技术知识的显著特征是与职业活动紧密联系，具有一定的情景性，它阐释的是制作物品的方法。④ 通常体

---

① 徐国庆：《职业教育课程论》，华东师范大学出版社 2008 年版，第 188 页。

② 施良方：《课程理论：课程的基础、原理与问题》，教育科学出版社 1996 年版，第 106 页。

③ 徐国庆：《实践导向职业教育课程研究：技术学范式》，上海教育出版社 2005 年版，第 120 页。

④ 徐涵：《关于我国职业教育课程改革的思考》，《职业技术教育》（教科版）2005 年第 31 期。

现在静态与动态两个层面，包括技术理论知识与技术实践知识。其中，技术实践知识是解决"怎么做"的问题，即让学生明白如何去操作一系列的技术动作，它是完成工作任务所必须具备的一种应用性知识；而技术理论知识是解决"为什么这样做"的问题，它是为了学生更好地理解并掌握技术动作，提高对实践操作的认识而对实践知识进行相应的解释，是完成一系列的工作任务所必须具有的高度概括化与抽象化的解释性知识。

（三）职业技能

技能属于心理学的研究范畴，大多数心理学家把技能分为操作技能与心智技能两种类型。项目课程中的职业技能是指学生将来从事某种职业所必须具备的技术与能力，它属于操作技能。项目课程正是让学生通过一个个项目的学习，完成一个个工作任务，获得相应的职业技能。换言之，每一个工作任务都存在与之相对应的职业技能，这些职业技能正是项目课程希望传递给学生的重要内容之一。

## 六　项目课程的开发

项目课程开发是职业教育项目课程的核心组成部分，主要包括"谁来开发""如何开发"与"开发什么"三个方面。项目课程开发中普遍运用的流程如图 3 - 18 所示。

（一）项目课程开发的主体

开发一门课程首先必须要回答的问题是由谁负责开发，即课程开发的主体是谁？项目课程的开发涉及职业学校、企业等多方面因素，因此，课程开发的主体是多元的，主要包括企业专家、工作任务分析专家、职业学校教师和课程专家。

1. 企业专家

企业专家是指来自各类企业一线的具有丰富工作经验的技术骨干人员。他们非常熟悉相应岗位的工作任务及其所需要的职业能力。在课程开发中企业专家能够有效地帮助职业学校教师进行岗位定位，对某一岗位工作任务与职业能力的分析提供具体的意见。因此，在项目课程的开发中，企业

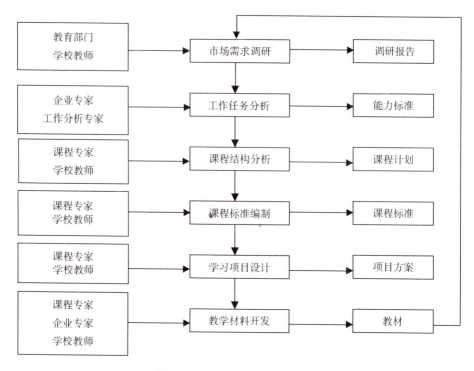

**图 3-18　项目课程的开发程序**

专家起到至关重要的作用。

2. 工作任务分析专家

由于企业专家不了解工作任务分析的方法，对岗位工作任务的分析不够完整，因此，一份完整的工作任务分析表离不开分析专家的引导。分析专家指导企业专家对工作任务进行分析，并做进一步的整理，最终获得一份完整的工作任务分析表。

3. 职业学校教师

职业学校教师是项目课程开发的主要承担者。职业学校教师既熟悉相关专业的知识，又非常了解职业学校学生的特点，能够很好地把握职业教育及其教学的规律。因此，只有充分地发挥职业学校教师在项目课程开发中的主体作用，才能开发出符合要求的课程。

4. 课程专家

在课程开发的原理与方法方面，课程专家能够为企业专家、工作任务分析专家与职业学校教师提供咨询与服务。帮助他们顺利地完成各自的任务，提高课程开发的质量。

（二）项目课程开发的基本原则

项目课程的开发要以社会经济、产业和学生发展的需求为前提；以项目为载体，以学生综合职业能力的形成目标，围绕工作任务设置课程，整合理论知识与实践知识，注重知识的实用性与职业性，使得课程内容与工作岗位互相匹配；以工作结构为逻辑基础，按照工作过程的需要确定课程结构。

（三）项目课程开发的过程与方法

职业教育项目课程的开发具有一定的规律性，其过程通常由如下六个步骤构成：

1. 通过市场调研进行岗位定位

岗位定位是确定人才培养目标与岗位工作任务的依据，是项目课程开发的第一步。一般情况下，岗位定位的前提是要通过市场调研，了解相关产业的发展趋势与人才需求状况，对相关企业进行案例分析，分析该专业所对应的职业岗位和从业资格要求。只有通过市场调研，形成调研报告才能够对企业的岗位设置进行科学的分析与判断，才能分析出相应岗位的工作任务，把握人才培养的规格。

2. 工作任务与职业能力分析

工作任务分析是对某个职业活动所涉及的工作任务进行分解与排序，并描述掌握该工作任务所需要的职业能力。其关注的焦点是岗位（群）上需要完成的具体事情，并以获得工作任务分析表为最终目的，同时为职业能力的定位奠定基础。

工作任务分析采取专家研讨会的形式进行，即在分析专家的主持下，通过头脑风暴法，企业专家们列举出某一岗位中有代表性的工作任务并按照相应专业的工作逻辑进行讨论，从而制定出工作任务分析表。具体流程包括：①会议开始；②分析专家负责向企业专家介绍研讨会的方式与目的；③明确工作任务分析中涉及的基本概念，如工作领域和工作任务（工作任务比工作领域更加具体和详细，多个工作任务组成一个工作领域）；④确定工作岗位，分析工作领域；⑤采用头脑风暴法找出具有代表性的工作任务并进行归类；⑥确定并描述工作任务的基本内容；⑦根据具体专业特有的工作逻辑对岗位的工作任务进行排序；⑧结束研讨会。其中，需要注意的是工作任务的描述应具体，能够明确地反映出工作岗位的职责，同时工作领域与工作任务的表述要采取"动词＋名词"① 的书写格式。

表 3-6　　　　　　　计算机通信专业部分工作任务与职业能力分析②

| 工作领域 | 工作任务 | 职 业 能 力 |
| --- | --- | --- |
| 系统安装与实施 | 施工方案组织设计 | 熟悉相关施工安装规范<br>能准确理解系统设计方案及图纸<br>熟悉国家相关安全生产的规定<br>能进行组织机构及人员安排<br>具备施工组织和管理能力，能编制出施工步骤与计划 |
| | 安装 1 | 熟悉各子系统的实施规范<br>能完成相应系统的设备安装<br>熟悉各类电气线路的连接技术及要求，并规范布线 |
| | 安装 2 | 熟悉通信线路的端接技术<br>熟悉线路管道与桥架的施工、线缆敷设与标志，模块压接、配线架安装、配线、跳线与扎线、随工测试等施工技术 |
| | 调试、技术指标测试 | 理解系统功能的设计要求<br>能使用各类测试工具<br>熟悉综合布线认证测试的技术规范，会使用认证测试仪<br>能对网络故障进行诊断、定位和修复 |
| | 竣工资料整理及验收 | 能编写完整的竣工报告，绘制相关的图纸与表格，打印出合格的认证测试的参数表格<br>能形成网络系统测试报告<br>能完成决算报告 |
| | 施工督导 | 熟悉施工规范<br>熟悉设计方案和施工图 |

　　职业能力分析是确定课程目标，选择课程内容的基本依据，③ 它是项目

---

① 徐国庆：《职业教育项目课程开发指南》，华东师范大学出版社 2009 年版，第 57 页。
② 同上书，第 77 页。
③ 同上书，第 76 页。

课程开发的重要环节之一。职业能力包括基本职业能力和关键能力。其中，关键能力是超越某一具体职业技能和知识范畴的一种跨专业、多功能和不受时间限制的能力。[①] 在理解职业能力内涵的基础上结合工作任务对某一岗位的职业能力进行深入和具体的描述。英国学者马斯费尔德（Mansfield）把职业能力的描述分为"输入的能力观"与"输出的能力观"两种方式。[②] 输入的能力观是个体能力形成的条件，是指个体已有的知识、技能与态度等心理要素；输出的能力观是指通过教学使学生掌握知识与技能后所形成的职业能力。因此，在进行职业能力分析的时候应当同时考虑这两种描述方式。

3. 课程设置

课程设置是各级各类学校对课程的设立与安排，包括课程结构、门类与学时等。课程设置是项目课程体系设计的首要环节，也是课程计划中最为复杂的环节。

项目课程的设置要遵循四个原则：一是围绕工作任务设置课程，理论知识的学习要尽可能地结合工作任务；二是对涉及范围较广的工作任务，应结合具体的项目对工作任务进行进一步的分解；三是一门项目课程只能有一个核心目标；四是课程的编排要以学生已有的素质、知识和技能为依据。在项目课程的设置过程中，首先，依据工作领域对工作任务进行分析，合并相似的工作任务，对工作任务的分析主要涉及是否有必要单独设置课程以及课程设置的门数等问题；其次，依据职业能力对课程进行分类，主要包括专业方向课程与专业核心课程（如图 3-19 所示），其中，专业核心课程是培养该专业核心职业能力的课程；再次，以"名词＋动词"的形式命名课程名称，尽量突出该门课程的目标，同时每门课程的学时尽量在 100 学时左右；最后，编排课程的展开顺序。

---

① 姜大源：《当代德国职业教育主流教学思想研究——理论、实践与创新》，清华大学出版社2007 年版，第 97 页。

② Burke J. (Ed.)，*Competency-Based Education and Training*，London：The Falmer Press，1989，p. 23.

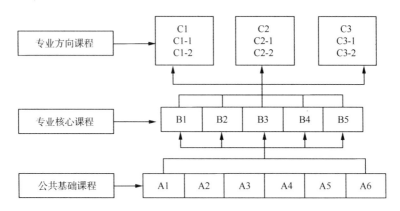

图 3 - 19　项目课程分类

4. 编制课程标准

课程标准是对某门具体课程的目标、内容、实施等要素所作出的规定。编制一门课程标准，首先应明确该课程的整体设计思路，其次再确定课程的各要素。关于项目课程标准的编制，下面主要从目标与内容两个方面进行分析。

（1）课程目标的编制

编制项目课程的目标可以从职业能力的输入与输出两个方面入手，即在知识与技能方面对学生的要求，以及在掌握知识与技能的基础上，学生职业能力的形成情况，包括能做什么、会做什么。课程目标的描述应尽可能清楚地表达出该课程的教学要求。

（2）课程内容的分析

课程内容的分析是将岗位所需的职业能力落实到相应的课程中，从而明确课程的教学内容、技能考核项目与要求。项目课程内容的分析主要包括工作任务、职业技能和技术知识三个方面。首先，应全面、清晰地编排出每一门项目课程所包含的工作任务。其次，分析职业技能的内容与要求，即确定学生会做什么。职业技能的分析要尽可能的详细、深入，尽量选择那些通过教学能够使学生熟练掌握的技能。再次，依据职业技能分析技术知识的内容和要求，尤其要详细地分析技术实践知识，技术理论知识的分析要以技术实践知识为依据。职业技能与技术知识的分析要遵循实用性、可溶性与可教性三大原则，其中，可溶性是指知识与技能要在学生的接受能力与课时安排范围之内。① 除此之外，项目课程内容的分析还应包含职业素养，即对岗位工作人员的职业道德与规范的要求进行分析。

表 3 - 7　　　　　　　　　　项目课程内容分析

| 序号 | 工作任务 | 知识内容与要求 | 技能内容与要求 |
|---|---|---|---|
| 1 | | | |
| 2 | | | |
| 3 | | | |

表 3 - 8　　　　　　　　　　产品设计专业职业素养调查②

| 素养类别 | 素养内容 |
|---|---|
| 职业道德 | 未经允许不拷贝公司和客户的资料<br>能保守客户和公司产品开发的相关秘密<br>能够自觉遵守企业的规章制度 |
| 合作意识 | 具有积极协助同事完成设计任务的意识<br>能够按照承诺完成和完善自己的设计任务<br>能够配合结构设计师和手板制作师完成设计和制作任务<br>能够与同项目组设计师协商，确定自己的设计方向 |
| 质量意识 | 能够将顾客的利益放在首位<br>能够及时准确提供产品相关图纸<br>能够根据客户和主管的要求进行图纸修改<br>具有对产品造型设计结果负责的意识 |
| 服务意识 | 能与客户和主管及时沟通设计理念和设计进展状况<br>能及时收集产品销售信息，分析造型设计起到的作用<br>能及时为客户提供技术支持 |
| 学习意识 | 能够经常向公司内部员工、行业优秀设计师、客户学习新知识<br>能够通过网络、图书及时更新自己的设计思想，学习新的设计技巧 |

5. 设计学习项目

学习项目的设计需要以工作任务为中心，其首要的问题是项目与工作任务的匹配模式。常见的有循环式、分段式和对应式三种模式，至于采取何种模式来设计学习项目则依据某一工作岗位的性质而定。

①　徐国庆：《职业教育项目课程开发指南》，华东师范大学出版社 2009 年版，第 108 页。
②　《深圳高级技工学校项目课程改革成果》，转引自徐国庆《职业教育项目课程开发指南》，华东师范大学出版社 2009 年版，第 116 页。

选取的项目应尽可能来自企业的具有较强操作性质的真实项目，这样可以激发学生的学习兴趣。项目的难易程度要与职业教育的层次相匹配，各项目之间要根据工作结构的特征形成一定的逻辑关系。在项目的选取过程中，要充分地考虑到地方的文化、经济差异以及生活习惯，尤其是餐饮类专业。

同时，针对循环模式设计学习项目时要根据项目的特征选择合适的方式对项目进行序列化，避免项目设计的随意性。

6. 教材开发

教材是呈现课程内容的手段，是有效推广项目课程的关键。教材开发的前提是对教材做一个完整的规划，围绕项目编制教材内容，注重教材内容的实用性。项目课程教材编写包括教学目标、工作任务、实践知识、理论知识、拓展知识以及围绕工作任务的思考与练习等内容。表 3 - 9 以食品包装项目中的"食品包装艺术设计"为例对教材编写的体例进行详细的阐述。

在表 3 - 9 中分别采用了最终目标与促成目标两种形式描述教学目标。其中，促成目标是在最终目标之前学生必须要达到的教学要求。教学目标和工作任务的编写分别要依据课程内容与岗位的工作任务进行。对教学目标和工作任务的表述要做到详细、具体和完整。知识的编排要遵循以工作任务为中心的原则，按照实践知识、理论知识、拓展知识这样的先后顺序进行。

## 七　项目课程的实施

课程实施是将开发的课程付诸实践的过程，项目课程的实施主要包括以下四个方面：

### （一）教学组织形式

教学组织形式是指教师与学生根据一定的教学目标和内容，为完成教学任务而组织起来的一种教学活动方式。常见的教学组织形式有班级授课制、个别教学、小组教学、独立学习、现场教学等。项目课程向学生传授有关工作过程的知识，其中，理论知识教学要以班级授课的形式进行，而在工作情境中进行的实践教学要采取小组教学形式；对于个别接受能力差、反

表 3-9 　　　　　　　　　　　项目课程教材编写的体例①

模块　食品包装艺术设计（6学时）
一、教学目标
最终目标：能根据客户需求进行包装艺术设计
促成目标：
1. 理解客户对包装设计的需求
2. 会根据需求进行合理创意设计
3. 熟悉包装设计的基本流程
二、工作任务
1. 根据客户需求选择包装设计构思的表现
2. 根据需求选择设计手段
3. 按照包装要求进行方案设计
4. 采用合理表现方法进行包装设计制作
三、相关的实践知识
1. 包装设计的表现方式
2. 表现食品包装的商标、类型等要素
3. 食品包装艺术设计表现形式的素材准备内容
4. 食品包装艺术设计表现形式的确定方法
5. 食品包装设计的制作步骤与要求
6. 食品包装方案的确定依据
四、相关的理论知识
1. 包装设计构思表现的过程、方法及结果
2. 包装设计的构图形式
3. 包装设计的流程（策划、设计、操作、效果图、样品）
五、拓展性知识
1. 包装设计构思表现形式整体效果方案制作
2. 商品包装设计多种方案构图
3. 包装设计的方案修改
六、思考与练习
设计一套商品包装设计构思表现形式的方案稿（包装展开图，立体效果图）

应较慢的学生要采取个别教学形式予以辅导。这样才能够提高教学效果，达到教学目的。

（二）教学方法

教学方法由教师的教法与学生的学法组成。项目课程倡导理实一体化教学，理论教学以讲授法为主，实践教学则以项目教学为主。随着教师教法的改变，学生的学习方法也发生变化。学生不再是被动地接受知识，而是主动地建构知识，变被动的、无意义的学习为主动的、有意义的学习。学生是教学的主体，师生之间趋于平等的关系，教师是这个平等关系中的

①　徐国庆：《职业教育项目课程开发指南》，华东师范大学出版社2009年版，第141—142页。

首席，处于指导、引导的地位，使得师生关系更加和谐。

（三）教学情景设计

项目课程的教学提倡在真实或模拟的工作情境中进行。职业学校要模仿工作现场来设计教学情景，按照工作任务及其课程实施的需求来选择教学场地，即理实一体化专业室，要满足三个条件：1. 实践中需要的设施必须齐全；2. 专业室的布局要与工作现场相符合，让学生有一种身临其境于工作岗位的感受；3. 专业室中要有黑板以便于理论知识的讲解与分析，同时还需要投影等多媒体设备以便于图片的展示以及视频教学内容的播放。在教学中，教师要创设一系列问题来引导学生思考，与学生一起讨论和分析问题，共同寻找问题的答案，营造一种轻松、民主、和谐的学习气氛，培养学生的创新能力，提高学习积极性。

（四）考核方式

由于职业教育的性质、课程内容、教学方式以及学生的特点等因素决定了职业学校对学生的考核方式不再是传统的用纸笔进行测试的形式。尤其是强调培养学生综合职业能力的项目课程更应该采取表现性的考核方式，即通过学生对工作任务中知识与技能的运用程度进行考核。注重过程性评价与结果性评价相结合，以过程性评价为主。在考核标准方面，实践操作可按企业的标准进行，理论知识的考核则按学校的标准进行。

## 八　项目课程模式评价

（一）项目课程的优势

1. 有利于促进学生综合职业能力的形成

（1）项目课程注重理论与实践相结合

传统的学科课程强调学科知识的传授，注重教学内容的理论性，忽视知识在实践中的应用，这些知识的学习不仅超越了职业学校学生的接受能力，而且对于学生综合职业能力的形成帮助不大，造成理论知识学习和实践技能获得的脱节。针对这种情况，项目课程提出以工作任务为中心来选择和组织相关的课程内容，向学生传授有关工作过程的知识，即强调从做中学，在工作过程中建构知识和技能。项目课程将知识的学习作为完成工作任务的前提，凸显出两者之间的联系。因为单独的知识或者工作任务都不足以形成职业能力，只有将两者相联系才能实现理论与实践的结合，从而有效地促进学生综合职业能力的形成。

（2）项目课程强调工作过程的完整性

随着经济社会的发展，高新科技的日积月累，企业的生产方式已从生产线转向了生产岛，对员工的职业能力提出了更高的要求，需要员工掌握一个完整的工作过程。在这种趋势下，任务本位课程逐渐地销声匿迹。但是，事物总是发展变化的，旧事物的消亡意味着新事物的诞生。针对任务本位课程中孤立的工作任务、学生职业能力的单一性，项目课程从整体性的思维出发，以典型的产品或服务为终极目标，在综合化的项目活动中将各个工作任务紧密联系，构成一个逻辑严密的、完整的工作过程。学生能够从整体的角度理解每个具体的任务。不仅能够完成单个工作任务，而且能够较好地掌握完整的工作过程。有利于学生综合职业能力的形成，以适应企业现代化的生产方式。

（3）将职业素养纳入项目课程，有利于学生关键能力的形成

职业素养指从业人员的职业道德、职业规范、爱岗敬业、团队合作精神与交流意识、服务意识等。良好的职业素养对职校生的就业以及今后职业生涯的发展起着至关重要的作用。然而，职业素养的培养一直被职业学校所忽视，处于职教课程的边缘状态。在项目课程的改革中，将职业素养纳入到项目课程体系中，是项目课程内容的重要组成部分。除了一般的职业素养外，项目课程还十分重视描述各专业特有的职业素养，最终通过项目活动得以实现。在项目活动中能够使学生养成良好的职业道德与职业规范。同时，能促进学生与学生之间的交流与探讨、学生与教师之间的沟通，从而有助于促进学生的人际交往能力、与他人的合作能力、团结精神以及分析问题与解决问题等关键能力的形成。

2. 项目课程的内容体现出高度综合化、职业化与实用性的特征

（1）项目课程内容的综合化程度较高

传统的学科课程传授给学生的是一些显性的理论知识，即教师在课堂上通过语言能够清楚表达的知识。这些知识通常储存在教科书、杂志等纸

质版的材料上面。较之传统的学科课程，项目课程更加注重有关工作过程的知识，关注实践技能的培养及其工作经验的习得。换句话说，凡是与工作任务有关的知识都应该包含进来，比如实践知识、隐性知识等。其中，隐性知识是指潜藏在实践中的知识，具体工作情境中的知识，是只能意会难以言表的知识，是人们熟练掌握职业技能所不可或缺的。比如，职业技能中的某一个操作动作的技巧与诀窍，只有通过技术人员对动作的示范以及手把手地教给学生，并且学生要加以反复的练习才能掌握。项目课程融合了理论知识与实践知识、显性知识与隐性知识，扩宽了知识的范围，并且这些知识在生产或制作产品的过程中能够直接体现出它们的实用价值，从而体现出项目课程内容的综合化与实践性。

（2）分析岗位的工作任务与职业能力，增强项目课程内容的职业化与实用性

围绕着工作任务选择的项目课程内容所包含的知识与技能具有较强的职业化的特征。项目课程十分重视细化岗位中的工作任务，详细地分析工作岗位上需要完成的事情。获得了组织课程内容所需要的一系列工作任务，使得项目课程的内容更加具体与专业，能够准确地体现出岗位上应该具备的职业能力。同时，对职业能力进行了具体的描述，使项目课程获得实用性较高的知识与技能。不仅增强了课程内容的实践性，而且能够使学生意识到为何而学，清楚地认识到知识与技能在工作过程中的地位及其重要性。

3. 围绕工作结构来设计项目课程的结构，有利于转变学生的思维方式，增强学生的职业意识

项目课程突破了以学科逻辑来组织课程内容的形式，强调以工作逻辑为课程内容的组织方式。认为课程结构比课程内容更重要，只有懂得了课程内容的组织方式才能更好地去应用它。项目课程要求各专业以自身特有的工作逻辑为课程内容的组织方式。强调用工作结构来设计课程的结构。这样，有利于学生的思维方式向职业思维转变，增强学生的职业意识，培养学生的工作态度与职业情操。

4. 项目课程有利于转变学生的角色，激发学生的学习动机

以项目为载体，即项目课程最终所指向的目标是让学生制作出一个完

整的产品或提供一项服务。这样有利于促进学生的角色由学习者向工作者转变。通过完成学习过程来获得学习结果，实现过程与结果的统一。以产品或服务作为强化物来强化学生去学习，即完成一个完整的工作过程，从而有效地激发学生的学习动机。

5. 以项目活动为主要学习方式，推行行动导向教学，有利于提高学生的学习兴趣

以项目活动为主要学习方式的项目课程推行行动导向教学。所谓的行动导向教学是指以行动或工作任务为导向，由一系列以学生为主体的项目教学和案例教学等方式构成，围绕教学任务设计出一个个学习环境及其活动，一个个项目、技术与方法的一种职业教育教学指导思想与策略。[①] 在项目课程的实施过程中，职业学校创设一系列工作情境，采取小组教学的组织形式，学生在教师的指导下主动地参与讨论、学习，有助于教师因材施教。在教学中，教师创设一些情境问题来引导学生思考，使学生处于教学的主体地位，尝试着让学生自己去发现问题、分析问题，并且寻找问题的解决方法。通过项目活动使学生在轻松、民主、和谐的学习氛围中获得相应的知识与技能。在行动导向教学中，学生能够意识到自己所学到的知识对于完成一个工作任务所具有的实用价值及其意义，从而能够提高学生学习的自主性与积极性，有利于培养学生的创新能力，提高学生的学习兴趣。

同时，职校生通常怀有能够通过职业教育习得一技之长的期望。围绕着项目而组织的、具有较强职业化、实用性的项目课程内容能够赋予职校生谋生的技能，变期望为现实。这不仅能激发职校生的学习兴趣，而且可提升职业教育的价值及其人们对职业教育的认同感。

6. 企业专家和职业学校教师共同参与项目课程开发，有利于深化校企合作

目前，在校企合作过程中，企业参与职业教育问题一直没有得到有效解决。校企合作仍处于"校热企冷"的状态。导致企业消极参与合作的一

---

① 徐涵：《行为导向教学中教师角色的转换》，《中国职业技术教育》2006 年第 4 期。

个重要因素是职业学校所培养出来的学生不能够满足企业工作的具体需求。要想解决这个问题，课程开发是关键。传统的学科课程开发是由学科专家来承担的，而学科专家对企业岗位的需求缺乏了解，以至于所开发出来的课程重理论而轻实践。随之出现的任务本位课程强调由企业专家来承担课程开发工作，虽然企业专家熟悉岗位的工作内容以及对职业能力的需求，但是缺乏教育知识，对职业学校学生的特点和课程开发的方法与流程不够了解，开发出来的课程同样不适用。实际上，这两种课程开发都是单向的，重视一方而忽视另一方在课程开发中的作用。

项目课程强调双向的课程开发机制，即由企业专家和职业学校教师共同参与完成课程的开发工作。在课程开发过程中，企业专家分析岗位的工作任务和职业能力，对实践操作部分进行把关；职业学校教师则结合职业学校学生的实际情况及其人才培养的规律，对企业专家开发的课程内容进行教学化处理。这样，使得开发出来的课程内容与岗位能力密切相连，理论与实践结合，既满足企业岗位的需求，又适合职业学校学生学习。同时在项目课程的开发中，职业学校能够了解到企业对人才的需求，能够针对企业的需求制定人才培养方案。同样，企业也能够了解职业学校的办学情况，意识到单单依靠职业学校是培养不出企业所需要的人才，只有职业学校和企业的联合才能达到双赢的目的。这样既提高了企业参与校企合作的积极性，又使得职业学校和企业之间能够进行深层次的合作。

（二）项目课程的局限性

1. 项目课程的理论基础相对薄弱

目前，支撑项目课程的理论基础是联系论、结构论、综合论以及结果论。即以制作典型的产品或提供相应的服务为目标，强调知识与工作任务之间的联系及其工作任务之间的内在关联，注重工作过程的完整性，关注课程结构的设计。从这四个方面可以看出，项目课程的理论基础还停留在微观层面，从宏观层面缺乏指导项目课程的思想。项目课程倡导以学生为主体，让学生在工作情境中，主动地获取技术知识与技能。但是，在理论层面，缺乏运用人本主义、建构主义、情境学习理论等知识来阐释项目课程；缺乏从技术知识观的角度来分析项目课程的内容。

2. 项目的序化缺乏统一标准

项目课程对知识的排序问题没有很好地解决。目前，项目课程中各项目之间的关系有的是递进关系、有的是并列关系，还缺乏统一标准对项目进行序列化，这就使得项目的选取及其组合存在较大的随意性。结果造成学生所获得的知识也是零散的，缺乏系统性。

同时，项目课程以学校为主体，缺乏政府的统筹。项目课程改革主要以学校为单位进行，学校之间、区域之间缺乏沟通与合作。对工作任务与职业能力的分析、课程内容、项目设计、教学计划等缺乏统一的标准，导致部分课程的改革出现重复现象，造成资源浪费。

3. 项目课程的适用范围有限

项目课程并不适用于所有的专业与课程，它更适用于工作过程具有流程化，并且工作任务容易被描述的专业。比如电子信息、电工、建筑等工科类的专业就比较适用项目课程。因此，职业学校应该慎重地选择与分析项目课程适用的专业，避免盲目性。

4. 项目课程的实施条件较高，难以大面积推广

（1）项目课程的实施要求高素质的"双师型"教师队伍

"双师型"教师是指职业学校的教师个体要具备"双师"素质，即教师既具有深厚的理论知识，又了解企业岗位的工作过程，具有较强的实践技能，能够进行理实一体化教学；教师队伍要具备"双师"结构，即由职业学校的专职教师和来自企业的兼职教师共同构成。目前，职业学校的教师主要来自工科类的大学毕业生，这类教师理论知识深厚，但是缺乏企业的工作经历，教师自身的实践操作技能薄弱。同时，职业学校也缺乏来自企业的实践经验丰富的兼职教师。虽然部分职业技术师范院校培养了一批"双师型"教师，但所占数量极其有限，远远不能够满足项目课程对教师的需求。除此之外，缺乏对职业学校的教师进行项目课程改革的指导。

我们应该从政府、企业和职业学校等层面来加强职业教育师资队伍的建设。要采取定期指派职业学校的教师参与企业的岗位实践，邀请项目课程的专家到职业学校开展讲学活动，引进企业优秀的技术人员作为职业学校的兼职教师等一系列措施，提高教师的"双师"素质，以便更好地实施

项目课程。

（2）项目课程的实施对实训教学条件要求较高，需要投入大量资金

项目课程的教学需要充足的理实一体的专业室和实训设备。其中，专业室在布局上要与工作现场相符合，能够满足理实一体化教学的要求。满足这样的教学条件需要投入大量的资金。比如，浙江工贸职业技术学院自2005年开始进行项目课程的教学改革后，每年用于教学改革的费用超过100万元，而且不包括对实训设备所投入的资金与实训基地建设所需要的费用。结合各个地方的实际情况，投入这样的资金对职业学校来说是个负担，尤其在经济欠发达地区实施项目课程更加困难。目前，项目课程只是在经济发达地区实施与推广。单单依靠职业学校的资金远远不能够满足项目课程改革所需要的费用。要解决这个问题，使得项目课程得到推广与普及，需要政府的财政投入，同时，也需要充分利用社会资源，比如加强校企合作等。

# 第四章　我国中等职业教育课程开发

职业教育课程开发是指通过社会需求分析确定专业人才培养目标，再根据这一目标确定职业及工作岗位，开展职业分析，以职业分析结果为依据，确立课程结构、课程体系和课程内容，并对教学活动进行计划、组织、实施、评价、修订，以最终达到专业人才培养目标的整个过程。职业教育课程开发包括国家层面的课程开发、地方层面的课程开发和校本课程开发。

## 第一节　国家专业教学标准的开发

专业教学标准是开展专业教学的基本文件，是明确培养目标与规格、组织实施教学、规范教学管理、加强专业建设、开发教材和学习资源的基本依据，是评估教育教学质量的主要标尺，同时也是社会用人单位选用职业学校毕业生的重要参考。

长期以来，我国在中等职业教育专业教学方面一直没有国家统一的标准要求，职业学校在实施专业教学中无标准可循，致使人才培养水平参差不齐，难以很好地满足经济社会发展对技术技能人才的需求。近年来，人们逐渐认识到专业教学标准在人才培养中的重要意义。教育部于 2012 年启动了中等职业学校专业教学标准的建设工作，委托行业职业教育教学指导委员会（以下简称"行指委"）组织开发国家专业教学标准，并于 2014 年 5 月颁布了首批涉及 14 个专业大类 95 个中等职业学校专业教学标准。国家专业教学标准的颁布与实施改变了多年来职业学校专业教学没有国家标准的现状，对于加强职业学校专业建设和课程建设、全面提高职业教育质量具有重要意义。

## 一　国家专业教学标准开发组织与程序

2012 年教育部办公厅先后印发了《教育部办公厅关于制订中等职业学校专业教学标准的意见》（教职成厅［2012］5 号）和《关于成立中等专业学校专业教学标准制定工作领导小组和专家组的通知》（教职成厅函［2012］19 号），明确了中等职业学校专业教学标准制定的指导思想、基本原则、内容、框架及编写说明，并成立了专门的标准制定工作领导小组和办公室。

教育部职业技术教育中心研究所作为专业教学标准制定工作办公室，印发了《关于中等职业学校专业教学标准制定工作专家组与立项行指委（教指委）分工对应指导的通知》（教职所［2013］2 号），召开了专业教学标准推进会，就各行指委在专业教学标准制定工作中的组织分工、任务、方法以及制定中可能遇到的普遍性问题进行了说明，进一步推动了我国第一批中等职业学校专业教学标准的制定和推出。

专业教学标准的制定工作由教育部职成司统一领导，实行领导小组、专家组和工作组相结合的方式。

领导小组负责专业教学标准制定工作的整体规划、组织协调和质量监控。领导小组下设办公室（设置在教育部职业技术教育中心研究所），负责日常工作。专家顾问由来自科学院和工程院的院士、来自高校、科研院所的教授，也有来自行指委的专家；专家组人员来自行业、职业学校、科研、出版机构等部门。专家组为专业教学标准制定提供咨询、指导，并负责专业教学标准的审核工作。

行指委具体负责专业教学标准的制定工作。具体工作程序：行指委向教育部专业教学标准制定领导小组申报所要开发的专业，获得立项后，行指委组建专业教学标准开发工作组（其成员由来自行业企业、科研院所、中高等职业学校的代表组成），负责专业教学标准的具体开发工作，包括：一是开展专业调研，针对所要开发专业开展人才需求调研、分析职业范围、工作任务与职业能力要求，确定本专业人才培养目标与方向；二是在专业调研的基础上，分析课程结构、确定课程体系、设计教学实施与评价、提出教学条件要求等，形成专业教学标准文本。行指委对专业教学标准工作组制定的专业教学标准进行内部审核，通过审核后提交给教育部专业教学标准制订领导小组，领导小组组织专家对专业教学标准进行审定，最终由教育部颁布实施。

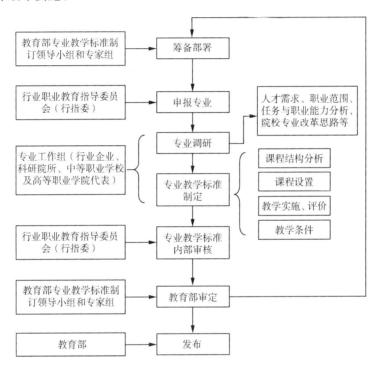

图 4-1　国家专业教学标准开发程序

## 二　国家专业教学标准的内容[①]

国家专业教学标准在专业名称、入学要求、基本学制、职业范围、培养目标与人才规格、课程结构、课程设置与要求、教学实施、教学评价、

---

① 参见《中等职业学校专业教学标准编写说明》，2013 年。

实习实训环境、专业师资等方面提出了明确要求，具体内容如下：

（一）专业名称（专业代码）

根据《中等职业学校专业目录（2010 年修订）》填写，不得随意新增、修改，根据专业发展实际情况确需修改名称的，须向教育部职业教育与成人教育司专门提交论证报告，经批准后方可修改。

（二）入学要求

初中毕业生或具有同等学力者

（三）基本学制

参见《中等职业学校专业目录（2010 年修订）》规定的学制填写。一般学制为三年。

（四）培养目标

可参照《中等职业学校专业目录（2010 年修订）》中培养目标与就业面向，进行概述。

（五）职业范围

概述本专业针对的岗位群，并列举对应职业（岗位）和职业资格证书举例。

（六）人才规格

参照《中等职业学校专业目录（2010 年修订）》中职业能力要求及国家、行业职业标准，描述本专业毕业生应具备的职业素养、专业知识和技能。

（七）主要接续专业

毕业生可以继续学习的高职和本科的专业名称，参见《中等职业学校专业目录（2010 年修订）》中继续学习专业举例和最新颁布的高职、本科专业目录。

（八）课程结构

课程设置分为公共基础课和专业技能课。

专业技能课采用专业核心课加专业（技能）方向课的课程结构。专业核心课针对职业岗位（群）共同具有的工作任务和职业能力，是不同专业（技能）方向必备的共同专业基础知识和基本技能。各专业（技能）方向课的学时数应大体相当，教学中学生至少要选择一个专业（技能）方向的课程学习。校内实训、校外实训和顶岗实习等多种实训实习形式，如认识性实习实训、教学实习实训、综合实训、顶岗实习等，均属专业技能课。

（九）课程设置及要求

1. 公共基础课

公共基础课依据教育部现行《中等职业学校德育课课程教学大纲》（教职成〔2008〕6 号）和《中等职业学校语文等七门公共基础课程教学大纲》（教职成〔2009〕3 号），根据本专业实际，注重培养与本专业密切相关的应用能力。

心理健康、物理、化学等其他自然科学和人文科学类课，可作为公共基础课列为必修课或选修课，也可以多种形式融入专业课之中。还可根据需要，开设关于安全教育、节能减排、环境保护、人口资源、现代科学技术、管理等方面的选修课或专题讲座（活动）。

2. 专业技能课

专业技能课名称可参照《中等职业学校专业目录（2010 年修订）》中专业教学主要内容。

对主要教学内容和要求的表述，应采用清晰、便于理解及可操作的行为动词描述教学要求（如了解、掌握、运用、操作、排除等）。

3. 综合实训指为强化技能训练、进一步提升专业知识与技能的综合应用能力、取得职业资格证书等而开设的综合性实训项目。

4. 以概述形式描述"顶岗实习"的主要内容和要求。

（十）教学时间安排

1. 基本要求

依据《教育部办公厅关于制订中等职业学校专业教学标准的意见》（教职成厅〔2012〕5 号）中关于教学时间安排的要求进行安排。

2. 教学安排建议

应遵循教学规律，按照循序渐进的原则，合理安排课程进度。根据实际需要安排实训实习，校内实训、综合实训和顶岗实习学时，均包含在专业技能课学时中。

（十一）教学实施

1. 教学要求

公共基础课教学要符合教育部有关教育教学基本要求，按照培养学生基本科学文化素养、服务学生专业学习和终身发展的功能来定位，重在教学方法、教学组织形式的改革，教学手段、教学模式的创新，调动学生学习积极性，为学生综合素质的提高、职业能力的形成和可持续发展奠定基础。

专业技能课按照相应职业岗位（群）的能力要求，强化理论实践一体化，突出"做中学、做中教"的职业教育教学特色，提倡项目教学、案例教学、任务教学、角色扮演、情境教学等方法，利用校内外实训基地，将学生的自主学习、合作学习和教师引导教学等教学组织形式有机结合。

2. 教学管理

教学管理要有一定的规范性和灵活性，合理调配教师、实训室和实训场地等教学资源，为课程的实施创造条件；要加强对教学过程的质量监控，改革教学评价的标准和方法，促进教师教学能力的提升，保证教学质量。

（十二）教学评价

根据本专业培养目标和人才理念，建立科学的评价标准。教学评价应体现评价主体、评价方式、评价过程的多元化，注意吸收家长、行业企业参与。校内校外评价结合，职业技能鉴定与学业考核结合，教师评价、学生互评与自我评价结合。过程性评价与结果性评价结合，不仅关注学生对知识的理解和技能的掌握，更要关注知识在实践中运用与解决实际问题的能力水平，重视规范操作、安全文明生产等职业素质的形成，以及节约能源、节省原材料与爱护生产设备，保护环境等意识与观念的树立。

（十三）实训实习环境

列出开设本专业必须具备的3—5个校内实训室，每个实训室列出主要的工具和设施设备配备要求。校外实训基地根据专业情况描述。

（十四）专业师资

建立符合中等职业学校教师专业标准要求的"双师型"专业教师团队，应有业务水平较高的专业带头人，并聘请行业企业技术骨干担任兼职教师。专任教师应为对应专业或相关专业本科以上学历，并具有中等职业学校教师资格证书、专业资格证书及中级以上专业技术职务所要求的业务能力；具备良好的师德和终身学习能力，适应产业行业发展需求，熟悉企业情况，积极开展课程教学改革。

描述中应包括本专业教师规模、资格和能力等要求。

### 三　国家专业教学标准的主要特点

国家专业教学标准具有三个显著的特点：

一是构建以培养职业能力为目标的课程体系。专业教学标准要求以职业分析为依据，对接职业标准，突破学科化体系框架，合理设置课程，强化专业课程的实践性和职业性。

二是创新以学生为主体的教学方式方法。专业教学标准推行基于企业工作实际的项目教学、案例教学、场景教学、模拟教学等教学模式，倡导启发式、探究式、讨论式、参与式教学，加强"教、学、做"一体化，促进知识与技能相结合、理论与实践相统一。

三是促进中高职衔接和技术技能人才系统培养。专业教学标准一方面注重中等和高等职业教育在培养目标、专业内涵、教学内容等方面的延续与衔接；另一方面明确本专业毕业生继续学习的方式和接受更高层次教育的专业面向，促进中高职衔接和学生继续学习通道的建立。

## 第二节　省级专业教学标准的开发

2014年国家专业教学标准颁布之前，部分地方教育行政部门为了推进本地区的职业教育课程改革，提高职业教育质量，着手制定并颁布实施了本地区的职业教育专业教学标准，其中做的比较突出的是上海市、湖南省、江苏省和陕西省。

## 一　上海市中等职业教育专业教学标准开发①

上海市在专业教学标准开发方面走在全国前列，自 2004 年至今，共分三批依次组织编制了 66 个中等职业学校专业教学标准，对中职课程与教学具有重要的指导价值，促进了上海市中等职业教育的课程改革。

专业教学标准开发的程序：

首先，组织相关学校和行业技术专家进行充分的论证，论证的内容包括：行业、企业对中职人才的需求情况（现状、趋势）；专业对应的工作岗位，对应的职业资格证书，应设置的专门化方向；学校招生、就业情况，先行的专业教学存在的主要问题；专业改革的思路与对策（包括新的理念、培养目标，重构课程框架，调整教学内容，改革教学方法，建立新的实训体系等）。

其次，进行相关的工作分析，并以此为基础进行教学设计，确定相关课程内容、结构和评价标准。

上海市开发的专业教学标准有 4 个特点：一是以职业生涯发展为目标，专业教学标准在定位上立足于学生的职业生涯发展；二是课程的设置以工作任务为线索，按照工作岗位的不同需要划分专门化方向，按照工作任务的逻辑关系设计课程，为学生提供体验完整工作过程的学习机会；三是以职业能力为根本组织课程内容。新的专业教学标准紧紧围绕职业能力的形成组织课程内容，以工作任务为中心来整合相应的知识、技能和态度，实现理论与实践的统一化；四是切实地深入教学实际之中，对实际的操作环节都提出了相关规定，重点针对专业实践课程的教学要点，教学实施条件（包括实践所需要的仪器、设备、教师水平），教学实施的方法（包括相关的课时数，教学策略），从而有力地保障改革的有效实施。

① 杨延：《国家专业教学标准：工学结合深层次改革的关键》，《职业技术教育》2007 年第 22 期。

## 二　湖南省中等职业教育专业教学标准开发①

2010 年湖南省教育厅为了推动本地区的职业教育课程改革，组织人员研发 25 个中等职业教育专业教学标准，现已通过论证审核 10 个专业教学标准。

湖南省研发的中等职业教育专业教学标准总体构架包括 4 个部分：人才培养指导方案、课程标准、专业技能综合考核基本要求以及附录。在附录部分，主要是各个专业的市场调研报告，包括人才市场调研、行业企业调研和学校专业课程设置调研。

（一）人才培养指导方案构架

人才培养指导方案由专业名称、入学要求、基本学制、培养目标、毕业基本要求、职业范围、人才培养规格、课程结构、课程简介、教学实施建议、教学评价建议、实习实训环境、师资配备、教学管理和其他等 15 部分组成。其中，职业范围包括就业岗位和拓展就业岗位；人才培养规格包括思想品德、科学文化、职业能力和身心素质；课程简介包括公共课程、专业课程、拓展课程、顶岗实习、社会实践甚至军事训练等；教学实施建议包括教学设计、教学实施、教学指导、教学评价和教学内容补充与更新。教学评价建议包括专业教学质量评价、对教师的评价和对学生的评价；实习实训环境包括校内实习实训和校外实习实训。师资配备包括总体要求、主讲教师和教师进修培训；教学管理包括强化教学工作中心地位、教学管理组织机构与运行、常规教学管理制度、实施性教学计划制订与执行、教学档案收集与整理以及教育教学研究与改革。其他包括引用技术规范、主要参考文献和研发团队。

（二）课程标准构架

课程标准划分为公共课程标准、专业课程标准、顶岗实习、社会实践甚至军事训练等部分。公共课程标准由全省统一制定教学指导纲要；专业课程标准分为专业基本能力课程、岗位核心能力课程和专业能力拓展课程。

---

①　舒底清：《湖南省中等职业教育专业教学标准开发的初步研究》，《湖南生态科学学报》2014 年第 12 期。

具体课程标准框架包括：课程名称、课程类别、适用专业、建议学时和建议开设学期等简述，由课程概述、课程目标、课程教学设计、训练项目设计、课程考核和其他必要说明 6 部分组成。其中，课程目标包括知识目标、能力目标和素质目标；课程教学设计包括专项能力、训练项目、参考学时、教学内容、教学要求和评价。训练项目设计包括方法、步骤、结果及考核并提供 3 至 5 个训练项目示例；课程考核采取过程考核与结果考核相结合的方法。顶岗实习包含顶岗实习目标、顶岗实习单位与内容、顶岗实习指导教师、顶岗实习前准备、顶岗实习管理和顶岗实习考核等部分；社会实践包含社会实践目的、社会实践内容和社会实践管理。军事训练包括训练目的、训练要求、训练内容和训练总结。

（三）专业技能综合考核基本要求构架

专业技能综合考核基本要求按模块和项目排列。某个具体项目包括考核内容、考核要求、考核时量、评价标准、考核实施条件 5 部分构成。其中，考核内容包括使用要素、参考式样和使用要求；考核要求包括技能要求和操作规范及职业素养要求；评价标准包括考核内容、配分、评分标准和说明；考核实施条件包括场地、设备、工具、材料及其名称、规格、单位、数量。

湖南省开发专业教学标准的特点：

一是基于能力递进的系统设计。

湖南省制定的专业教学标准确立了以能力递进为主线的基本原则，不论是知识体系设计，还是能力体系设计；不论是整体课程体系设计，还是同一课程的不同内容设计，均基于"能力递进"的理念，这种系统设计，既符合人的学习认知发展过程，又体现"由简至繁、强调实施技能训练"的行为主义教育思想以及"有效解决问题、以学生为中心实施教学"的构建主义教育思想。

二是基于校企合作的标准研发。

湖南省中等职业教育专业教学标准研制课题组要求：无论是专业教学标准研制还是课程标准研制和专业技能综合考核基本要求研制，以及初稿、中期、终稿论证阶段，企业专家不得低于参与总人数的 20％。在研制阶段初期，由企业专家根据实际岗位与能力要求提出总体框架，确定具体课程名称及其课程内容组合，然后，由学校专家分组编写，草稿出来再由企业专家通篇审查，删减余赘、按需增补，形成初稿送审，修改论证再整理出二稿并送审，修改论证并送审这一流程反复多次，最后终稿送审、修改论证、定稿。这样由校企专家深度、反复合作研发的专业教学标准和课程标准及专业技能综合考核基本要求，与实际岗位及能力要求达到统一。

三是基于持续发展的就业岗位。

湖南省研发的专业教学标准，既考虑了学生的初次就业岗位问题，又依据所学基础开发了拓展就业岗位。为此，在课程体系设计及教学内容设置时，开设了人文素质拓展课程和专业素质拓展课程，人文素质拓展课程中开设了人文素质知识拓展课程和人文素质技能拓展课程，专业素质拓展课程中开设了专业素质知识拓展课程和专业素质技能拓展课程。

### 三 江苏省中等职业教育专业教学标准开发

2005 年出台的《江苏省职业教育课程改革行动计划》（以下简称《行动计划》）明确了江苏省课程改革的总体目标和具体任务。《行动计划》中明确提出：省教育行政部门组织有关力量，开发与相关行业、企业用人要求密切结合的课程或培训项目。按大类专业或专门化方向开展课程指导方案（或实施计划）的研究和制定。在对大类专业相应行业进行分析的基础上，运用工作分析和教学分析的方法，遵循技术型、技能型人才职业能力形成的规律，着眼于学习者知识、技能和情感态度的培养以及专业能力、方法能力、社会能力的形成，按照职业实践的逻辑顺序，建立适应职业岗位（群）所需要的学习领域和以项目课程（包括任务中心课程、综合实践课程等）为主体的模块化课程群，构建以能力为本位、以职业实践为主线、以项目课程为主体的模块化专业课程体系，实现中、高等职业教育专业课程体系的衔接，逐步实行学历证书、职业资格证书的"双证"融通。

2004 年江苏省教育厅依托省职业教育教研中心组，成立了 10 个大类专业课程改革实验研究课题组，计划用两年左右时间，重点研究专业课程体系的构建。各个课题组通过工作分析和课程分析，系统研究和开发专业课程的框架体系和主干课程标准，形成课程改革的先期成果。各个参与学校调动自身研究潜力，根据课程改革的方法步骤，边研究、边开发、边实施、边调整、边优化课程开发成果。在此基础上，从 2006 年起，围绕 10 个大类专业在省内开展职业教育课程改革实验研究工作，按专业大类进行课程方案的实施试验，在试验中发现和修正问题，总结经验教训，并于 2007 年底形成专业课程指导方案，为全省职业教育课程改革提供示范借鉴。

江苏省开发职业教育专业教学标准的特点[①]：

一是专业教学标准开发"以能力为本位"。这里的能力不仅仅是岗位胜任力，而是指综合职业能力，由专业能力、方法能力和社会能力组成。

二是专业教学标准开发"以职业实践为主线"。这是由职业教育的职业性、实践性所决定的。在课程门类和结构开发上，要突出工作过程在课程结构中的逻辑主线地位，以职业岗位中完成一个工作任务并获得工作成果而进行的完整的工作程序为逻辑顺序，按照工作过程的需要来选择技术实践知识，并通过设计实践性问题，从中引申出理论知识，实现"理论知识与实践知识"的整合，从而改变"实践是理论的延伸和应用"的思维定势，培养学习者关注工作任务完成的习惯，为学习者提供体验完整工作过程的学习机会。

三是"以项目课程为主体"。这主要反映在课程内容及其组织上。①工作任务是课程内容的载体。在教学过程中通过选择典型产品制作、设备生产、故障排除或提供服务等职业活动，来具体实施工作任务的教学，从而为学习者提供一个真实而完整的学习体验。这其中对工作任务的描述至关重要，可以从职业实践中选取典型工作任务加以分析、描述，具体可参照企业任务书的形式。②用工作任务引领专业知识。专业知识服务于工作任务，是其合理的延伸和拓展。

四是课程体系的形态是"模块化"。项目课程及其之下的模块课程具有

---

① 马成荣：《就业导向下职业教育专业课程体系的构建——兼析〈江苏省职业教育课程改革行动计划〉》，《职教通讯》2006 年第 4 期。

独立与完整性、复杂性、开放性、关联性和选择性特征。

为了保证省级专业教学标准的开发及课程改革工作的推进，江苏省成立了省级课程改革领导机构和专家咨询机构。课程改革领导机构，即：江苏省职业教育课程改革委员会，负责领导和统筹全省职业教育课程改革工作，总体规划职业教育课程改革实施计划，制定颁布有关课程标准，协调与行业的关系，解决课程改革中的重大问题。专家咨询机构，即：江苏省职业教育课程教材改革专家咨询委员会，为全省职业教育课程改革提供咨询和指导。同时充分发挥职业教育科学研究机构和教学研究机构在职业教育课程改革研究、指导和服务等方面的作用，加强对职业教育课程改革理论问题和实践问题的研究，研究解决实施过程中的难点问题。

## 四　陕西省中等职业教育专业教学标准开发

2013 年，陕西省教育厅在亚洲开发银行技术支持项目"在陕西发展行业增强技术与职业教育与培训项目"框架下，在国际课程专家和国内课程专家的技术指导下，以行业企业专家和中等职业学校骨干教师为主体开发了与陕西省优先发展行业——数控技术、现代物流和化工相对应的"数控技术应用"、"现代物流"、"化工机械与设备"和"现代农艺技术"四个专业的中等职业教育教学标准。开发流程如下：

1. 成立专业教学标准开发小组，明确其工作职责。

2. 国际和国内课程专家对专业教学标准开发小组成员进行能力本位课程模式以及课程开发方法与技术方面的培训。

3. 开展职业功能分析。以行业企业专家和专业教学标准开发小组成员为主体，进行为期三天的职业功能分析会，对所要开发的专业进行职业功能分析，形成职业功能分析表。

4. 开展课程结构和课程体系分析。以专业教学标准开发小组成员为主体，进行为期一天的课程结构分析会。专业教学标准开发小组成员，以职业功能分析结果为依据，在课程专家的指导下，参考原有的专业人才培养方案，确定所开发专业的课程设置，形成新的课程体系。

5. 开发核心专业课程标准。以专业教学标准开发小组成员为主体，进行为期一天的课程标准开发培训会。国际和国内课程专家，根据职业功能分析结果，对专业教学标准开发小组成员进行基于学习产出的课程标准开发培训，并以案例的方式指导开发小组成员开发课程标准。开发小组成员掌握开发方法后，以团队工作的方式完成课程标准初稿。国际和国内课程专家对课程标准初稿进行审议，提出修改意见，开发小组根据修改意见进行补充完善。

6. 课程标准的企业验证。为确保开发小组开发的课程标准更好地体现企业需求，在国际和国内课程专家的支持下，召开由行业企业人员和开发小组成员共同参与的课程标准验证会，对课程标准的每一模块（包括模块的名称、学习产出、评价标准）进行逐一验证，行业企业人员根据行业企业实际与发展趋势提出具体修正意见。

7. 课程标准的修改与完善。根据课程标准企业验证会的反馈意见，开发小组对课程标准进行进一步的修正与完善。

与国家专业教学标准相比，本项目开发的专业教学标准有以下几个特点：

1. 增加了职业功能分析结果，并以职业功能分析的结果为依据，构建基于工作任务的专业课程体系。职业功能分析结果是课程开发的基础，并提供课程开发基准。国家中等职业学校专业教学标准中没有包含职业功能分析的内容，且课程体系也并不是基于职业功能分析的结果进行设计的。陕西省开发的专业教学标准强调根据职业功能分析结果设计课程体系、选择教学内容，以确保职业学校的课程更贴近工作实践。

2. 增加了核心专业课程的课程标准。国家专业教学标准中关于课程描述比较简化，而且没有对核心专业课程的具体描述。陕西省开发的中等职业教育专业教学标准对课程描述更为具体，并增加了4—6门核心专业课程的课程标准。

3. 基于学习产出的课程标准。国家专业教学标准仍然主要是基于学习内容的（主要是知识或者理论），忽略了学习产出（学习者可以做什么）和评价标准（学习者要做什么证明他们取得了学习产出）。陕西省开发的课程标准明确了每个模块课程的具体的学习产出和评价标准，为教师的教学实施提供更为具体的指导。

## 第三节　职业学校校本课程开发

21 世纪以来，随着职业教育课程改革的推进，校本课程的开发已经成为职业学校课程改革的核心任务之一。表 4-1 具体描述了校本课程的开发程序。

表 4-1　　　　　　　　　职业学校校本课程开发程序

| 开发步骤 | 开发主体 | 开发过程 | 开发成果 |
|---|---|---|---|
| 社会需求分析 | 行业企业人员<br>学校教师 | 对某一职业领域、岗位（群）所对应的人才市场调研数据和信息进行分析、取舍的过程。 | 明确专业定位、专业培养目标，包括专业业务范围和人才规格。 |
| 职业分析 | 生产一线的行业企业专家<br>学校教师<br>课程专家 | 对某一职业领域、岗位（群）的工作内容进行陈述、整理和分类的过程。 | 职业分析结果表 |
| 课程结构开发 | 学校教师<br>课程专家 | 以职业分析结果为依据，将工作任务模块转换成课程体系。 | 专业课程体系 |
| 课程内容开发 | 学校教师<br>行业企业专家<br>课程专家 | 以职业分析结果为依据，明确科目课程教学目标和阶段性学习目标，组织课程内容，构建工作项目。 | 科目课程标准 |
| 教材开发 | 学校教师 | 依据科目课程标准，制定教材体例，编写教材文本和教材辅助资源开发。 | 教材、学材 |
| 教学实施分析 | 学校教师<br>课程专家 | 按照课程的特点和要求，合理安排教学方法和评价办法，明确教学条件，如师资、教学设备和教学场所。 | 教学实施方案 |

通过对部分职业学校现场调研和对部分职业学校校本课程开发成果的文本分析，我们发现：近年来，随着国家示范校、骨干校建设项目的实施，

许多职业学校在课程改革领域做了大量的探索，在校本课程开发方面进行了很多尝试，也取得了很多成果，但同时也存在诸多问题困扰着职业学校课程改革的推进。

## 一 职业学校校本课程开发取得的成果

（一）行业企业在课程开发中的作用初步得以显现

为了使校本课程的开发能更好地体现行业企业的需求，职业学校采取了许多措施，促进行业企业参与学校的课程开发。

1. 成立专业建设指导委员会或课程建设指导委员会

职业学校在课程开发过程中，都成立了专业建设指导委员会或课程建设委员会等组织机构，该类组织主要由职业学校领导、专业负责人、骨干教师和来自一线的行业企业专家所组成，主要职责一是针对专业及课程建设开展专业人才需求调研；二是开发、修订及论证专业人才培养方案；三是开发及论证课程与教学资源；四是开展与专业或课程建设相关的其他工作，如实训实习基地建设、教师培训，等等。专业及课程建设指导委员会在课程开发过程中起到了较好的指导与咨询作用。如北京铁路电气化学校建立了电气技术类的工学结合专业指导委员会，由专业负责人和企业部门负责人共同组成，协调企业订单需求调研、人才培养方案制定和专业建设等方面的工作。[①]

2. 行业企业人员参与课程开发

行业企业人员参与课程开发有助于职业学校更好地把握行业企业的实际需求，帮助职业学校根据市场需求准确定位人才培养目标、明确课程内容、选择合适的人才培养模式。

从目前职业学校课程开发的实践看，行业企业人员参与课程开发的方式主要有以下几种：

一是参与职业学校人才培养方案的论证。

这是目前我国行业企业参与课程开发最普遍的一种形式。目前，许多

---

① 北京铁路电气化学校：《双核驱动、双证融合 创新人才培养模式》（http://sfx.tvet.org.cn/sfx_dxall.action? swfdocId=2744-2745）。

职业学校仍然由学校专业教师来开发人才培养方案，行业企业人员并不参与人才培养方案的具体开发过程。为使教师开发的人才培养方案能够体现行业企业的需求，学校通常的做法是在制定完成人才培养方案后，请部分行业企业人员（主要是职业学校专业建设指导委员会或课程建设委员会的成员）根据行业企业需要对人才培养方案提出修改建议。

二是参与职业功能分析或典型工作任务的确定。

职业功能分析和典型工作任务的确定是目前开展职业分析的两大方法，前者流行于北美地区，后者以德国为代表。目前在我国这两大方法都有应用。无论是职业功能分析还是典型工作任务分析都能为确立课程体系、选择课程内容提供基本依据。

目前我国部分职业学校在课程开发过程中，邀请行业企业人员参与职业分析工作，为课程改革提供依据。如：重庆市旅游学校在开展行业调研的基础上，通过职业功能分析会，在课程专家引导下，通过头脑风暴法，各位行业专家结合自己所在酒店的岗位设置与任务分工，进行了工作岗位、工作领域、工作任务以及职业技能的分析，在广泛研讨的基础上达成共识，并从工作领域、工作任务、职业能力三个方面，详细制定出高星级饭店运营与管理专业的工作任务与职业能力分析表，并以此为依据确立了酒店中餐服务、酒店西餐服务、酒店客房服务、酒店前厅服务、酒店服务礼仪、酒水知识与服务技能和茶艺与茶文化7门核心专业课程。[①]

三是参与课程资源的开发与建设。

在部分职业学校的课程开发过程中，行业企业人员不仅参加职业分析工作，而且还参与具体的课程资源开发，使课程内容更加贴近实际的工作需要。

（二）初步形成了能力本位的课程体系

从目前的职业学校校本课程开发成果看，课程体系正逐步从传统的学科本位向能力本位转变，注重对学生综合职业能力的培养。

---

① 重庆市旅游学校：《探索资源库建设模式，提升专业教学信息化水平——高星级饭店运营与管理专业数字资源共建共享》（http://sfx.tvet.org.cn/sfx_dxal1.action?swfdocId=2744）。

从各地区职业学校的实践情况看，都在积极进行基于职业能力培养的课程改革，并结合本地区及学校的实际情况开展校本课程的开发，探索具有区域特点和学校特色的课程体系。如：上海市大众工业学校数控技术应用专业基于职业岗位群的分层，构建了三个层次技能人才培养的课程体系，即岗位就业技能人才、复合型技能人才和专业特长技能人才的课程体系；[①]绍兴县职业教育中心推进以职业能力培养为核心，工作过程为导向的课程改革，构建了"技能主导，双证融通"的课程体系，将职业资格证书的相关要求融入专业课的课程内容之中，实现了中职学历证书与对应的职业资格证书相融通。[②]

（三）建立资源库，丰富课程资源

资源库是职业学校专业建设、课程改革及教材开发等方面的重要成果的体现形式，主要表现为课件、电子教案、教学案例、视频、动画、试题、学习软件等方面的课程资源，能够起到优化课堂教学模式、提高教学效率、激发学生学习兴趣、提升教学质量等作用。

许多职业学校在课程开发中也都在积极进行资源库建设，旨在为课程的实施提供丰富的课程资源。如成都铁路卫生学校组建了由教学经验丰富的一线教师和临床经验丰富的护理人员共同参与的课程开发团队，开发建成了由虚拟实训教学软件、电子教案、试题库、行业标准、实训项目方案、教学案例、技能竞赛方案等组成的《护理专业公共资源》和《护理操作技术》精品课程教学资源库。[③]

学校资源库的建设，促进了教学质量的提高，主要体现在：一是为教师提供了优质的教学资源，教师可以针对不同的教学对象、教学目标，利用资源库中丰富的素材来进行教学；二是为学生提供良好的学习资源，教学资源库为学生的自主学习、探究学习提供了可能，拓展了学生的学习时

---

① 《上海市大众工业学校项目验收总结报告》（http：//sfx. tvet. org. cn/sfx _ report. action? schoolId＝8849）。

② 《绍兴县职业教育中心项目验收总结报告》（http：//sfx. tvet. org. cn/sfx _ report. action? schoolId＝8862）。

③ 《成都铁路卫生学校　护理专业数字化资源共建共享》（http：//sfx. tvet. org. cn/sfx _ dxal1. action? swfdocId＝2743）。

间和空间，并且满足了学生个性化学习的需要。

## 二　校本课程开发中存在的主要问题

（一）行业企业参与课程开发的程度仍然有限，致使职业分析环节不到位

课程开发的质量始终影响着课程改革实施的进度和效果。20世纪90年代以前，我国的职业教育课程开发基本上沿用的是普通教育的学科课程的开发方法。尽管21世纪以来，行业企业开始参与职业学校的课程开发，但参与程度仍然有限。

相关研究表明[①]：尽管几乎所有的职业学校都表示，行业企业参与学校的课程开发，但参与程度却大不相同。除了部分国家示范性职业学校外，绝大多数职业学校的课程开发仍然是以专业教师为主体，行业企业人员主要以参加专业建设指导委员会或课程建设委员会的形式，对学校制定的人才培养方案进行论证，提出修改建议；或者以行业企业专家的身份对教师开发的课程标准进行审定，提出修改意见。也就是说，行业企业人员并不直接参与具体的课程开发，只是对教师们开发的人才培养方案或课程标准提出修改建议。造成这种状况的原因一是职业学校很难请到行业企业人员来参加4—5天的课程开发工作会；二是职业学校经费不足，没有能力支付行业企业人员进行课程开发的费用。

职业分析环节是课程开发的关键环节，是进行课程设置的基本依据，职业分析的质量在很大程度上决定了课程开发的质量。由于行业企业参与程度有限，致使职业分析结果的科学性、有效性受到质疑，甚至出现针对同一个专业开展的职业分析，不同的职业学校得出完全不同结果的现象。

（二）职业学校教师的素质不能满足课程开发的需要，致使课程开发质量难以保证

尽管21世纪以来国家高度重视职业学校师资队伍的建设，实施职业学

---

① 徐涵：《山西省职业能力建设调研报告》，2014年。

校教师素质提升计划，通过国家级和省级师资培训项目为职业学校教师提供了大量的接受培训的机会，这在很大程度上提高了广大教师的理论素养和实践能力，但总体而言，职业学校教师的素质仍不能满足课程开发的需要，主要体现在以下两个方面：

一是职业学校教师普遍缺乏行业企业背景，实践经验不足。相关研究表明：职业学校教师的构成主体是高校毕业生，主要从普通高等学校毕业生中直接聘用，从行业企业引进的教师数量非常有限，多数职业学校仅有不到10％的教师具有行业企业背景。[①] 由于教师缺乏行业企业经验，对企业的生产过程、技术工艺了解有限，很难保证职业分析结果能全面准确地反映职业要求。

二是多数职业学校教师缺乏课程开发与教学设计能力，不掌握课程开发的技术与方法，很难根据专业教学的需要，开发具有教育意义的学习情境或教学项目。

（三）缺乏课程专家的有效指导，致使在课程开发过程中遇到困难

要突破传统的学科化课程体系，开发具有职业教育特色的课程，不仅需要行业企业专家的支持与参与，还需要课程专家的技术支持，而目前多数职业学校进行的校本课程开发缺乏课程专家的伴随式指导，致使在课程开发过程中遇到困难，主要体现在一是在将职业分析结果进行课程转换的过程中遇到困难，从表4-2可以看出：尽管学校进行了典型工作任务分析，但护理专业设计的课程与典型工作任务并没有直接的联系，课程的设置并不是以典型工作任务分析为依据的。二是在将职业分析结果转化成课程标准开发过程中，由于课程开发人员对能力本位的课程理解不深，不能把握基于学习产出和评价标准的课程标准的开发方法，致使开发的课程标准仍然是基于学习内容，而不是基于学习成果的。

---

① 徐涵：《山西省职业能力建设调研报告》，2014年。

表 4 - 2 某职业学校护理专业的典型工作任务与课程结构分析①

| 阶段划分 | 工作年限 | 典型工作任务 | 素质、知识、能力要求 | 对应课程设置 |
|---|---|---|---|---|
| 适应期 | <2 年 | 1 适应医院环境 | 熟悉科室常用物品、仪器、药品的使用；与本科室人员建立和谐、合作的人际关系 | 护理药理学人际沟通 |
| | | 2 为一般病人制定护理计划 | 熟悉正常人体的结构、功能特点；熟悉异常人体的结构、功能变化；熟悉成人各系统疾病及妇女、老年人、儿童常见疾病的身体、心理、社会变化；熟悉运用相应护理技术，遵照医嘱为病人实施整体护理 | 正常人体结构与功能、异常人体结构与功能健康评估、基础护理学、成人护理学、母婴护理学、儿童护理学、老年护理学、传染病护理学 |
| | | 3 临终关怀 | 熟悉临终病人的生理及心理变化，做好临终关怀及尸体料理 | 心理学、生命伦理 |
| | | 4 急危重症病人的抢救 | 观察急危重症病人的病情变化，配合医生实施抢救及生命支持 | 急救护理学 |
| 成长期 | 3 年 | 1 实施新技术 | 有学习、尝试临床护理新理论、新方法和新技术的创新意识 | 思想道德修养，卫生法规，人际沟通，护理人文修养、护理伦理 |
| | | 2 妥善处理护患矛盾 | 养成慎独、严谨的工作态度，遵守护士行为规范；对待病人热情、主动、礼貌、关心体贴，建立良好的护患关心；对不同人群给予跨文化护理，对病人的疑问给予合理解释，尊重病人，以正确的态度对待护患纠纷 | |
| | | 3 带教实习生 | 实习生的临床带教、管理及评价 | 护理教育 |
| | | 4 为疑难、重症病人制定护理计划 | 可以独立完成疑难、危重病人的病情监测、设计护理方案并评价效果 | 急救护理学 |
| 成熟期 | 5 年 | 1 进修专科技术 | 有学习、尝试临床护理新理论、新方法和新技术的创新意识，促进学科及自身职业发展；有自主学习的能力 | 职业生涯规划 |
| 专家期 | >10 年 | 1 妥善处理科室人员的分配与协调<br>2 科学管理和使用科室物资 | 具有对护理资源（人力、物力、财力等）管理及配置的能力 | 护理管理 |
| | | 3 开展科研课题 | 具备查阅文献、资料收集、数据统计、撰写论文等科学研究能力；具有严谨的科研者素质 | 文献检索，护理研究，护理统计 |

① 李为华、左凤林：《典型工作任务分析在护理专业人才培养中的实践研究》，《护理研究》2013 年第 6 期。

# 第五章　我国中等职业学校课程改革实施现状分析与评价

　　为了了解我国中等职业学校课程改革的实施情况，分析课程改革中存在的问题，我们设计了中等职业学校教师问卷、学生问卷和企业问卷，并于 2013 年 5 月至 9 月期间在辽宁省、吉林省、广东省、山东省、陕西省的部分中等职业学校进行了问卷调查，共发放教师问卷 190 份、学生问卷 800 份、企业问卷 130 份，回收有效教师问卷 181 份、学生问卷 775 份、企业问卷 115 份。

## 第一节　被调查对象的基本情况

### 一　教师的基本情况

（一）性别分布

　　在教师的性别分布上（见图 5－1），男教师 108 人，占总数的 59.67%；女教师 73 人，占总数的 40.33%，男教师所占比重高于女教师。

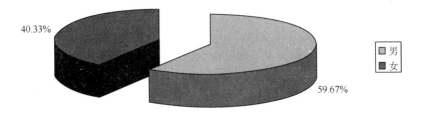

40.33%

59.67%

男
女

图 5－1　教师的性别分布

（二）教师所在学校的类型

被调查的 181 名教师（见图 5-2），主要来自技工学校和普通中专，其所占比重分别为 42.54％和 39.78％；另有 11.60％与 1.10％的教师来自职教中心和职业高中，还有 4.42％的教师来自其他类型的学校。

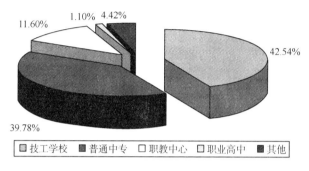

图 5-2　教师所在学校的类型

（三）从教时间分布

在工作时间的分布上（见图 5-3），工作 10 年以上的教师数量最多，有 63 人，占总数的 35.00％；工作 1—3 年、3—5 年和 5—10 年的教师比重分别占 18.89％、17.22％和 22.22％，工作时间不到 1 年的仅占总数的 6.67％。

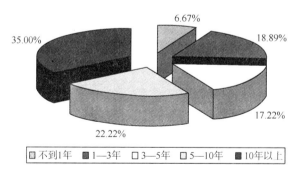

图 5-3　教师从事教学工作的时间分布

（四）企业工作经历

从教师在企业从事专业技术工作的经历来看（见图 5-4），其中，有在企业从事专业技术工作经历的教师，占总数的 59.32％，没有相应企业工作经历的教师，占总数的 40.68％。有企业工作经历的教师所占比重略高，这一方面表明，中等职业学校正逐渐改变从学校到学校的进人方式，积极引进具有企业工作经历的高级人才到中职学校工作；另一方面也说明国家推行的教师到企业实践制度取得一定的成效。

图 5-4　教师是否有在企业从事专业技术工作的经历

从教师在企业工作时间的分布情况来看（见图 5-5），工作时间少于一年的教师所占比重为 30.69％，企业工作时间在 1—3 年、3—5 年和 5 年以上的教师所占比重分别为 24.75％、18.82％和 25.74％。

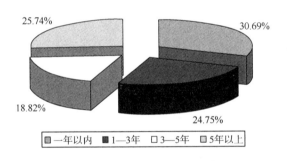

图 5-5　教师在企业工作时间的分布情况

## 二　学生的基本情况

（一）性别分布

在所有参与调查的学生中，男生 516 人，占总数的 67％，女生 259 人，占总数的 33％，这主要是由于大多数被调查的学生来自工科专业的缘故。

（二）学生就读学校的类型

从学生就读学校的类型来看（见图 5-7），大多数学生就读于普通中专和技工学校，所占比重分别为 56％和 34％；另有 7％和 2％的学生就读于职

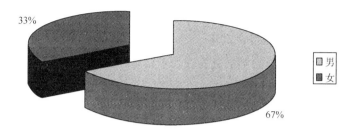

图 5-6 学生的性别分布

教中心与职业高中。

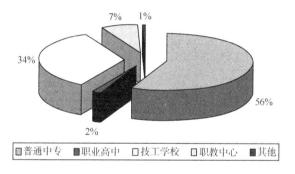

图 5-7 学生就读学校的类型

（三）入学前的学历

从学生入学前的学历情况来看（见图 5-8），有 72.1％的学生为初中毕业生，另有 26.3％的学生已经高中毕业。这表明，目前中等职业学校的生源主要来自初中毕业生，但也逐渐吸引了部分高中毕业生进入中职学校学习专业知识和技能。

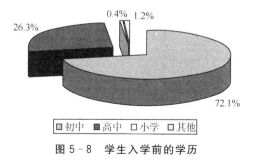

图 5-8 学生入学前的学历

（四）年级分布

关于学生就读的年级，其中，二年级的学生最多，占到总数的 46%，另外，一年级和三年级的学生分别占总数的 31% 和 23%。

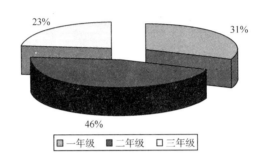

**图 5 - 9　学生的年级分布**

## 三　企业人员的基本情况

（一）性别分布

在所有参与调查的企业人员中，男性共 64 人，占总数的 55.65%，女性共 51 人，占总数的 44.35%，男性数量略高于女性。

**图 5 - 10　企业人员的性别分布**

（二）职位分布

在所有参与调查的企业人员中，一线技术工人占总数的 34.65%，工程技术人员占总数的 25.88%，中层管理人员占总数的 24.12%，企业领导占总数的 4.82%。数据显示，此次调查涉及企业不同层次的岗位人员，涉及面较广（见图 5 - 11）。

（三）工作年限

在本次调查中，企业人员的工作年限主要集中在 1—5 年、6—10 年和

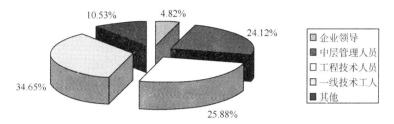

图 5 - 11　企业人员的职位分布情况

11—15 年三个阶段，所占比重分别为 42.48％、29.65％和 15.93％；另外，有少数人员工作 15 年以上，仅占总数的 11.96％（见图 5 - 12）。

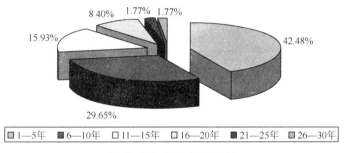

图 5 - 12　工作年限分布

（四）工作单位的性质

参与调查的企业人员所在工作单位的性质包括国有企业、合资企业、外国独资企业和私营企业四种类型，所占比重分别为 38.89％、17.59％、32.87％和 10.65％（见图 5 - 13）。

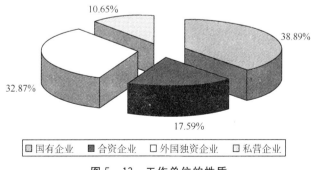

图 5 - 13　工作单位的性质

## 第二节　我国中等职业学校课程改革实施现状分析

### 一　教师素质与培训

（一）教师素质

调查数据表明：教师对自身素质的评价均值[①]处在 4.19—4.59 之间（见表 5 - 1），与最高值"5"较为接近，这表明，教师对自身素质的评价较高。然而，学生对教师素质的评价均值处在 3.55—4.07 之间（见表 5 - 1），与最高值"5"之间存有一定的差距，这表明，学生对教师素质的认可度一般，当前中职学校的教师尚未达到学生心中理想的程度。

表 5 - 1　　　　　教师与学生对教师素质评价的均值及比较

| | 教师均值 | 学生均值 | 二者之差 |
| --- | --- | --- | --- |
| 具有丰富的专业理论知识 | 4.53 | 4.05 | 0.48 |
| 具有较好的职业实践能力 | 4.51 | 4.07 | 0.44 |
| 对企业的现状有较好的了解 | 4.19 | 3.70 | 0.49 |
| 能较好地与企业里的师傅沟通合作 | 4.25 | 3.70 | 0.55 |
| 在教学设计和实施的过程中能与其他教师很好地沟通 | 4.59 | 4.06 | 0.53 |
| 在教学中能考虑到学生的兴趣 | 4.54 | 3.74 | 0.80 |
| 设计的教学过程有趣 | 4.35 | 3.55 | 0.80 |
| 能很好地调动学生的学习积极性 | 4.51 | 3.68 | 0.83 |
| 关心每一个学生 | 4.48 | 3.88 | 0.60 |

通过对比发现：教师对自身素质的评价明显高于学生对教师素质的评价，特别是在关于"在教学中考虑到学生的兴趣""设计的教学过程有趣""能很好地调动学生的学习积极性"和"关心每一个学生"四项内容上体现得尤为明显，分值相差 0.60 至 0.83。这主要在于教师对学生缺乏了解，对中职学生的心理特征和对职业教育的教学规律把握不够，尚未真正了解中

---

① 计算出的数值代表对教师素质的认可程度："1"代表"不赞同"；"2"代表"基本不赞同"；"3"代表"部分赞同"；"4"代表"基本赞同"；"5"代表"赞同"。

职学生的需求。另外，关于教师"具有丰富的专业理论知识""较好的职业实践能力"和"在教学设计和实施过程中能与其他教师很好地沟通"三项内容上，虽然教师与学生之间的评价均值存在差距，但两者的评价均值都处在 4.0 以上，这表明，在这三项素质上，教师和学生均持比较满意的态度。

（二）教师培训

"十一五"以来，国家和省级政府高度重视职业教育师资培训，每年投入大量的专项资金用于教师培训。调查数据显示（见图 5 - 14）：有 93.82% 的中职教师参加过培训，可见，在职业学校，师资培训的覆盖面较广。

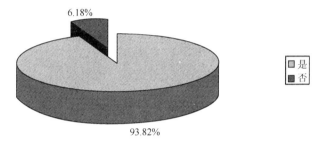

图 5 - 14　教师是否参与过培训

从教师参与培训的级别来看（见图 5 - 15），校本培训和省级培训是主体，所占比重分别为 55.09% 和 48.50%；其次为市级和国家级培训，所占比重为 21.56% 和 26.95%。

从我们现场调研结果看，专业带头人和骨干教师有更多的机会参加国家级或省级培训，普通教师外出学习机会相对较少，主要以校本培训为主。

从教师参与培训的形式来看（见图 5 - 16），培训为主流，所占比重为 91.62%，也就是说，目前，教师参与培训是以接受新知识或新技能的学习为主要形式。

从教师近三年参与培训的次数来看（见图 5 - 17），参加过 1 次和 3—4 次的教师，分别占 31.29% 和 54.60%。参加过 5 次以上的教师占总数的 12.89%。可见，有 2/3 左右的教师参加过两次及以上的培训，说明近年来中职教师有较多的接受培训机会。

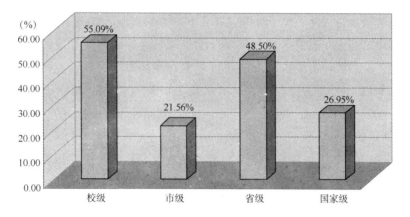

**图 5 - 15　教师参与培训的级别**

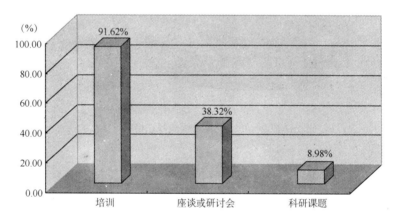

**图 5 - 16　教师参与培训的形式**

　　从教师参与培训的内容来看（见图 5 - 18），"职业教育理论""教学方式方法"和"专业技能"是中职教师接受培训的主要内容，所占比重分别为 53.29％、55.09％和 53.29％；其次为"课程开发技术"和"专业理论"，所占比重分别为 32.34％和 35.93％。主要原因在于：一是中职教师已经逐渐接受职业教育的理念，并认为学习职业教育理论有助于提高教学与课程改革的效果；二是课程与教学一直是职业教育改革的核心，是提高职业教育质量的关键；三是丰富的专业理论知识和技能是教学质量得以保障的前提，是提高教师理论素养和实践能力的关键所在。

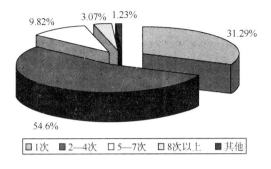

图 5 - 17　教师参与培训的次数

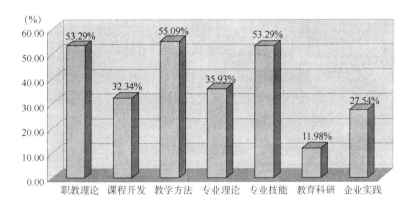

图 5 - 18　教师参与培训的内容

　　相比之下，教师参与企业实践和教育科研培训的比例偏低，仅为 31.29% 和 11.98%。这一方面在于当前教师进企业实践培训的制度尚不完善，企业接纳教师实践的意愿较低；另一方面在于职业学校对教师的教育科研能力的重视程度不够，这也是造成中职教师科研能力普遍较低的原因之一。

　　从教师参与培训的效果来看（见图 5 - 19），有 45.46% 的教师认为帮助"比较大"和"非常大"；有 44.24% 的教师认为"有一定帮助"；仅有 10.30% 的教师认为培训效果"较小"或"非常小"。这表明，绝大多数的教师在各级各类的培训中都能有一定的收获，对培训效果持基本肯定的态度。另外，从我们的现场调研情况看，职业学校的教师对培训有更高的期望，认为现有的培训项目的针对性还不是很强，参与式、互动式、体验式的培训项目较少。

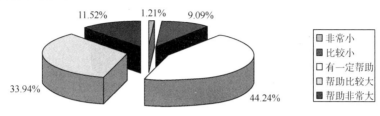

11.52%　　　1.21%　　9.09%

33.94%　　　　　　44.24%

- 非常小
- 比较小
- 有一定帮助
- 帮助比较大
- 帮助非常大

图 5-19　教师参与培训的效果

## 二　企业要求与学生素质

企业对生产一线技术工人的各项素质要求的均值①处于 3.25 至 4.66 之间（见表 5-2），总体要求较高，主要体现在：重视一线技术工人的安全生产意识、工作态度、敬业精神、质量效益意识、责任感和法纪观念等基本的职业素质；以及注重技术工人的专业知识和操作能力、独立工作和协调合作等能力方面的要求。

表 5-2　企业对生产一线技术工人的素质要求和对中职毕业生的素质评价

|  | 对生产一线技术工人的素质要求 | 对中职毕业生的素质评价 | 二者之差 |
|---|---|---|---|
| 工作态度 | 4.45 | 3.99 | 0.46 |
| 敬业精神 | 4.36 | 3.92 | 0.44 |
| 安全生产意识 | 4.66 | 4.02 | 0.64 |
| 质量效益意识 | 4.46 | 3.80 | 0.66 |
| 环保意识 | 3.90 | 3.50 | 0.40 |
| 责任感 | 4.48 | 3.87 | 0.61 |
| 积极好学 | 3.91 | 3.51 | 0.40 |
| 法纪观念 | 3.96 | 3.36 | 0.60 |
| 文化知识与人文素养 | 3.57 | 3.16 | 0.41 |
| 相关专业知识 | 3.90 | 3.49 | 0.41 |

①　计算出的均值代表企业对生产一线技术工人的素质要求："1"代表"很差"；"2"代表"较差"；"3"代表"一般"；"4"代表"较高"；"5"代表"很高"。

续表

| | 对生产一线技术工人的素质要求 | 对中职毕业生的素质评价 | 二者之差 |
|---|---|---|---|
| 对技术资料的记录、归档、评估和技术表达的能力 | 3.25 | 3.08 | 0.17 |
| 对设备的操作和器具的使用能力 | 4.26 | 3.89 | 0.37 |
| 处理合同任务的能力 | 3.36 | 3.09 | 0.27 |
| 独立工作的能力 | 4.10 | 3.53 | 0.57 |
| 协调合作能力 | 4.02 | 3.36 | 0.66 |
| 创造性地解决问题的能力 | 3.36 | 2.92 | 0.44 |

　　企业对中职毕业生素质评价的均值[1]处于 2.92 至 4.02 之间（见表 5 - 2），其中对毕业生安全生产意识、工作态度、敬业精神、质量效益意识和责任感以及在对设备的操作能力方面评价较好；在其他方面，如积极好学、法纪观念、专业知识与人文素养以及独立工作和协调合作等能力方面的评价较为一般；对毕业生创造性地解决问题能力的评价最差。总体而言，企业对中职毕业生的素质评价不高。

　　企业对生产一线技术工人的素质要求明显高于对中职毕业生的素质评价，除了"对技术资料的记录、归档、评估和技术表达的能力"这项的均值差别仅为 0.17 之外，其余各项素质的均值之差处于 0.27 至 0.66 之间，其中"安全生产意识、质量效益意识、责任感、法纪观念、协调合作能力"这五项的均值之差超过 0.6，最高为 0.66；另外，"独立工作能力"的差值也达到 0.57。这表明，中职毕业生的素质与企业的要求之间还存有较大的差距。职业学校的课程改革应更加关注对学生的职业态度、职业意识、责任感等职业基本素养，尤其是创新能力的培养。

## 三　人才培养方案和课程开发

（一）人才培养方案的制订或修订

中等职业学校具有服务区域经济发展的独特性，其人才培养目标会依

---

　　[1] 计算出的均值代表企业对中职毕业生的素质评价："1"代表"很差"；"2"代表"较差"；"3"代表"一般"；"4"代表"较高"；"5"代表"很高"。

据经济社会发展的需求来定位。调查数据显示（见图5－20）：中等职业学校专业人才培养方案的制订或修订由专业教师独立完成的比例占40.90%；由专业教师和校外职教专家共同完成的比例占27.27%；由专业教师、企业师傅和校外职教专家三者共同完成的比例占21.02%；由专业教师和企业师傅共同完成的比例占6.25%。

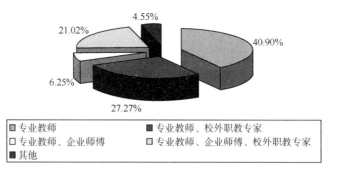

图5-20　专业人才培养方案制订或修订的主体

这表明，当前专业教师是中等职业学校专业人才培养方案制订或修订的主体，而校外职教专家和企业师傅参与的程度不高，致使中等职业学校制定的专业人才培养方案不能很好地反映经济社会发展对劳动者的素质要求。实质上，专业人才培养方案的制订或修订，既需要校外职教专家提供理论指导，更需要企业师傅提供岗位工作对劳动者提出的知识和技能方面的需求情况。因此，在课程改革过程中，职业教育主管部门和职业学校都应采取积极措施，加大校外职教专家和企业师傅参与制定或修订人才培养方案的力度。

（二）校本课程开发

从教师是否参与过校本课程开发的情况来看（见图5－21），曾参与过校本课程开发的教师比重达到46.33%，近一半的教师参与过校本课程的开发，这表明随着中等职业学校课程改革的推进，特别是国家级及省级示范校建设的推进，课程改革在中等职业学校逐渐推开，教师特别是骨干教师逐渐成为课程开发的主体。

46.33%

53.67%

■参加过
■没有

**图 5 - 21 教师是否参与过校本课程开发**

从教师参与校本课程开发的形式来看（见表 5 - 3），各种形式的均值①均不高，处于 2.23 至 3.29 之间。其中以教师们互相合作开发的形式为主，行业企业专家参与的程度较低。可见，当前中职学校和企业在课程开发方面形成的合作关系并不乐观。

表 5 - 3　　　　　　　　　教师参与校本课程开发的方式

|  | 均值 |
| --- | --- |
| 独立开发 | 2.51 |
| 基本不自己开发，主要选用他人开发好的课程 | 2.67 |
| 与其他教师共同开发 | 3.29 |
| 与行业、企业专家共同开发 | 2.23 |
| 与其他教师、行业企业专家共同开发 | 2.56 |

## 四　教学组织与实施

（一）课程准备和教师团队

在教师以团队的方式完成教学方面（见图 5 - 22），有 22.47% 的教师表示"从不"，有 55.62% 的教师表示"有时"或"很少"，仅有 21.91% 的教师表示"经常"或"几乎总是"。这表明，在中职学校，以教师团队的方式共同完成教学任务已经成为教学组织方式之一，但这种方式尚未占据主体地位。

---

① 计算出的均值代表教师参与此种形式校本课程开发的频率："1"代表"从不"；"2"代表"偶尔"；"3"代表"一般"；"4"代表"经常"；"5"代表"几乎总是"。

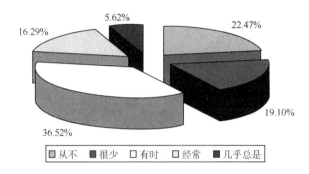

图 5‑22　授课时，您尝试过"两名或以上教师共同完成教学"的方式吗？

　　在学习任务或教学项目的设计方面，计算出的均值[①]处于 2.07 至 3.36 之间（见表 5‑4），可见，在这五种设计学习任务或教学项目的方式中，教师参与任何一种方式的频率均不高，在现有的参与方式中，以教师独立设计或与其他教师一起设计为主要开发方式，这表明目前学习任务的设计仍是以教师为主体，同时教师们逐渐意识到团队合作的重要意义，教师合作共同设计学习项目也成为主要的开发方式，教师们的工作方式逐渐由个体走向合作。此外，现有的调查数据也表明：教师与企业师傅共同开发学习项目的程度并不高，企业师傅参与学习项目的设计程度有限。

表 5‑4　　　　　　　　　　　学习任务或教学项目的设计情况

|  | 均值 |
|---|---|
| 独立设计 | 3.36 |
| 基本不自己设计，主要选用他人设计好的任务或项目 | 2.46 |
| 与其他教师一起设计 | 3.06 |
| 与企业师傅一起设计 | 2.07 |
| 与其他教师、企业师傅共同设计 | 2.23 |

　　（二）教学资料库

　　教学资料库是教师收集并创设的学习情境或教学项目等资料的集合，

--------

　　① 计算出的数值代表教师参与设计的程度："1"代表"从不"；"2"代表"偶尔"；"3"代表"有时"；"4"代表"经常"；"5"代表"几乎总是"。

是教师设计教学过程中宝贵的资源财富，既能够为教师团队实施教学提供便利，也能够满足学生学习的需要。

当教师被问及"在您的工作部门有关于学习任务或教学项目的资料库吗?"，有 54.02% 的教师表示"有";有 33.33% 的教师表示"没有";另有 12.64% 的教师表示"不知道"。

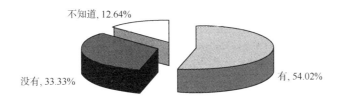

图 5 - 23　您所在的工作部门是否有关于学习任务或教学项目的资料库?

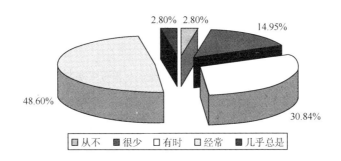

图 5 - 24　您在备课时利用现有的这些任务或项目的资料库吗?

当教师被问及"在备课时利用现有的这些任务或项目的资料库吗?"，有 45.79% 的教师表示"有时"或"很少";另有 51.4% 的教师表示"经常"或"几乎总是"，仅有 2.8% 的教师表示"从不"。

调查数据显示:仅有半数左右的专业具有学习任务或教学项目的资料库，在现有资料库的利用方面，也仅有半数的教师会经常使用。这主要表明:一是当前中职学校教学资料库的建设尚未普及，致使学习任务或教学项目的资料存在匮乏现象;二是现有资料库的利用率不高。事实上，资料库的建设同教师团队的合作紧密相连，只有教师间经常一起合作，分享备课成果，才能使资料库越来越丰富，从而充实教学资源。

（三）教学与学习方法

调查结果显示：当被问及"教师在教学过程中采用各种教学方法的使用频率"时，学生与教师反馈的结果存在一定的差异（见图 5-25 和图 5-26）。具体如下：

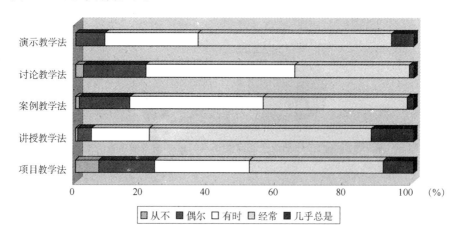

**图 5-25　教师在教学中对各种教学方法的使用频率情况——教师反馈**

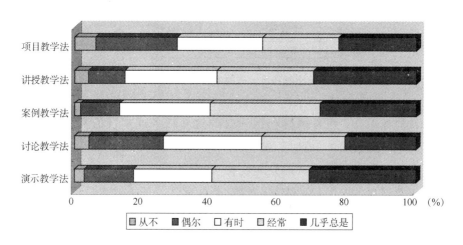

**图 5-26　教师在教学中对各种教学方法的使用频率情况——学生反馈**

关于讲授式教学方法的使用频率，学生与教师认为"经常"或"几乎总是"使用的比例分别为 58.18% 和 77.78%；认为"有时"或"偶尔"使

用的比例分别为 37.60% 和 21.63%；认为"从不"使用的比例分别为
4.22% 和 0.58%。虽然学生与教师的反馈结果存有差异，但总体而言，调
查数据可以反映出讲授式教学法的使用频率较高。

　　关于案例教学法和讨论教学法的使用频率，学生与教师认为"经常"
或"几乎总是"使用的比例分别为 60.00%、45.06% 和 44.44%、35.09%。
学生认为教师采用案例教学法和讨论教学法的频率均高于教师。

　　对于项目教学法和演示教学法，学生和教师认为"经常"或"几乎总是"
使用的比例分别为 45.01%、59.57% 和 48.25%、63.59%。教师认为采用项
目教学和演示教学法的频率均高于学生。

　　上述数据表明，传统的讲授式教学法仍占据主体地位，其次为演示教
学法和案例教学法，而讨论教学法和项目教学法的使用频率相对较低，尤
其是项目教学法仍未普及。究其原因：一是中等职业学校的教师主要来自
综合类院校的毕业生，受传统教学观念的影响，这些教师在教学中也会
"顺理成章"的采用讲授式的教学方法，同时讲授式教学法在系统传授知识
方面具有一定的优势，也便于教师课前准备；二是项目教学法与工作过程
的联系最为紧密，需要创设一定的教学情境，目前中职学校能够熟练运用
这种教学方法的教师并不普遍；三是中职学校现实的教学条件无法满足项
目教学的要求。

　　事实上，在实践中，项目教学法受到了绝大多数学生的欢迎。当学生
被问及"您对通过完成项目的方式来学习持怎样的态度？"时（见图 5 -
27），有 83.1% 的学生表示"很感兴趣，参与积极"或"比较感兴趣，参与
较积极"；仅有 1.9% 的学生表示"比较厌烦，基本不参与"或"非常厌烦，
排斥"。这表明，绝大多数学生对项目教学法持肯定的态度。可见，项目教
学法能够激发学生的学习兴趣。因此，在职业教育课程改革中，职业学校
应该加大教学条件的建设力度和对教师进行项目教学法的培训力度，以便
于项目教学的顺利开展。

　　在训练学生职业技能方面，学生对校内三种训练方式的评价均值[①]处于

----

　　① 计算出的均值表示学生训练职业技能的频率："1"代表"从不"；"2"代表"偶尔"；"3"
代表"有时"；"4"代表"经常"；"5"代表"频繁"。

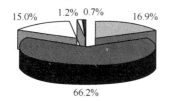

15.0%　1.2% 0.7%　16.9%

66.2%

- ▨ 很感兴趣，参与积极
- ▦ 比较感兴趣，参与较积极
- ☐ 不感兴趣，偶尔参与
- ☐ 比较厌烦，基本不参与
- ■ 非常厌烦，排斥

**图5-27　学生对通过完成项目的方式来学习所持的态度**

2.83至3.35之间（见表5-5），与代表最高值的"5"差距较大。这一方面表明，就总体而言，职业学校的学生在校内进行职业技能训练的机会并不充足，可能的原因在于：由于资金短缺的缘故，职业学校的实训设备和设施不能完全满足学生职业技能训练的需要。同时调查数据也表明学生在校内进行职业技能训练的主要场所是校内基本技能训练基地和校内模拟仿真实训基地，而校内生产性实训基地较为缺乏。

表5-5　　　　　　　　学生通过下列方式训练职业技能的频率

| 训练职业技能 | 校内基本技能训练基地 | 校内模拟仿真实训基地 | 校内生产性实训基地 |
|---|---|---|---|
| 均值 | 3.35 | 3.07 | 2.83 |

在学生了解职业实践的方式方面，学生所作出的评价均值[①]处于2.23至2.49之间（见表5-6），评价较低。这表明，学生到企业进行参观或实习的机会较少。这与企业的意愿有关，接受职校生进企业参观或实习会对企业的正常生产和运作产生影响，尤其是学生进企业实习，企业不仅需要安排有经验的技术人员给予指导，而且需要支付实习报酬和为实习生购买保险，基于企业追求利益最大化的原则，当前企业参与职业教育教学的积极性较低。

表5-6　　　　　　　　学生通过下列方式了解职业实践的频率

| 了解职业实践 | 企业认知学习 | 企业教学实习 | 企业顶岗实习 |
|---|---|---|---|
| 均值 | 2.23 | 2.49 | 2.49 |

---

① 计算出的均值表示学生了解职业实践的频率："1"代表"从不"；"2"代表"偶尔"；"3"代表"有时"；"4"代表"经常"；"5"代表"频繁"。

（四）教学内容

当学生被问及"您对职业学校的专业学习内容感兴趣吗?"（见图 5－28），有 53％的学生持肯定态度，表示"比较感兴趣"或"很感兴趣"；另有 39％的学生表示"部分感兴趣"；仅有 8％的学生持否定态度，表示"不感兴趣"或"很少感兴趣"。这表明，当前职业学校的专业学习内容具有一定的吸引力，主要原因在于部分职业学校在课程改革过程中推行并实施学习领域或项目课程，这类课程围绕工作任务设置课程，课程内容与职业实践活动密切相关，多数以技术知识或工作过程知识为主，具有较强的实践性。

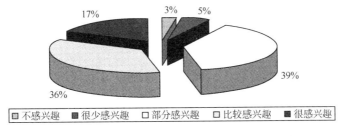

17%　　　　　3%　5%

36%　　　　　　　　　　39%

■不感兴趣　■很少感兴趣　□部分感兴趣　□比较感兴趣　■很感兴趣

**图 5－28　学生对职业学校的专业学习内容感兴趣情况**

当学生被问及"职业学校专业学习的内容，对您而言有难度吗?"（见图 5－29），有 17％的学生认为难度"较大"或"很大"；有 66％的学生认为"难度一般"；另有 17％的学生认为难度"较小"或"很小"。数据显示：有 2/3 的学生认为专业学习内容的难度适中，这进一步表明，当前中职学校在课程内容的选取和难易程度的设置上考虑到了学生的自身情况，较好地把握了专业学习内容的难度。

关于职业学校的教学内容是否有助于学生解决企业中的工作任务与问题方面，教师与学生的态度基本一致（见图 5－30）。教师和学生认为"比较有帮助"或"非常有帮助"的比例分别为 38.67％和 45.82％；认为"部分有帮助"的比例分别为 51.93％和 42.82％；认为"几乎没有帮助"或"很少有帮助"的比例分别为 9.39％和 11.36％。这表明，教师和学生对教学内容的实用性和实践性持较为乐观的态度，职业学校的教学内容在一定程度上能够帮助学生解决企业中的工作任务和遇到的问题。主要原因在于：近年来，一方面，随着职业分析在职教课程开发中的应用，职教课程内容

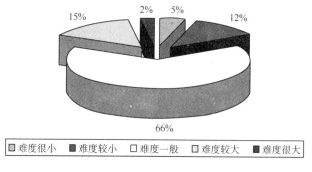

图 5-29　职业学校专业学习内容对学生的难易程度

与职业世界中的工作任务的联系越来越紧密，在课程开发中，课程内容的实用性和实践性受到了较为广泛的关注；另一方面，随着职教师资培训力度的加大，教师进企业实践的机会有所提升，这加深了教师对职业实践的了解，设计出的学习任务或教学项目能够与工作世界相联系。

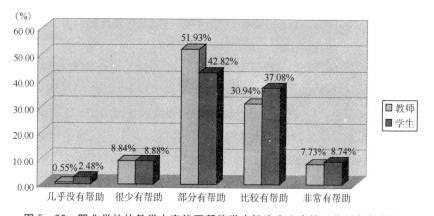

图 5-30　职业学校的教学内容能否帮助学生解决企业中的工作任务与问题

（五）课程改革中遇到的主要问题

在课程改革的困境方面，除了学生的学习基础较差的均值[①]为 4.24 之外，教师遇到其他几项困难的频率均值处于 2.60 至 3.41 之间（见表 5-7）。

---

　　① 计算出的均值为教师在课程改革中遇到困难的频率程度："1"代表"从未遇到"；"2"代表"偶尔遇到"；"3"代表"有时遇到"；"4"代表"较常遇到"；"5"代表"经常遇到"。

可见，学生原有的学习基础较差已经成了教师在课改中遇到的最大难题。其次，工作压力大和缺少相应的教师培训是教师在课程改革中遇到的主要困难之一。因为，课程改革给教师带来了工作量的增加，加大了教师的工作压力，新的课程模式，如项目课程或学习领域课程，在实施时需要教师创设与工作环境相似的情境，这势必需要教师在课前花费更多的时间和精力去准备，同时新的课程模式的实施，需要相应的教师培训来支持，尽管近年来教师培训的力度不断加大，但仍不能满足课改的教学需要。再次，学校缺少教学设备，也是教师在课改过程中遇到的困难之一。目前职业学校都在推行理实一体化的课程，而这类课程的实施需要理实一体化的专用教室。近年来，尽管职业学校的实训教学条件不断得到改善，加强了理实一体化的专用教室的建设，但仍不能满足教学的实际需求。除此之外，教师在其他几项中也遇到了困难，但频率并不高。

表5-7　　　　　　　　　　教师在课程改革中遇到的困难情况

| | 均值 |
| --- | --- |
| 教学和学习资料不充足 | 2.98 |
| 学校缺少教学设备 | 3.14 |
| 缺少相应的教师培训 | 3.19 |
| 工作压力加大 | 3.41 |
| 学生的学习基础较差 | 4.24 |
| 教师的素质和能力不足 | 2.68 |
| 教师之间缺乏交流与合作 | 2.55 |
| 教学内容很难与企业的实际工作相联系 | 3.13 |
| 难以评价学生的学习成绩 | 2.63 |
| 教学课时的分配遇到困难 | 2.60 |
| 学校的教学管理不配套 | 2.80 |

（六）教学效果

当教师被问及"与传统的专业系统化教学相比，您怎样评价'项目课程'或'学习领域课程'的教学效果（见图5-31）?"有42.78%的教师表示"较好"，有46.67%的教师表示"稍好"，有9.44%的教师表示"没有明显差别"，仅有 1.11％的教师表示"稍差"。可见，绝大部分教师对项目课程或学习领域课程的教学效果都给予了肯定的评价。

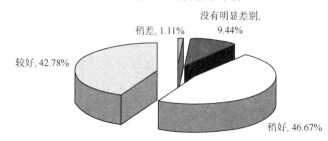

图 5-31　教师对"项目课程"或"学习领域课程"的教学效果的评价

## 五　教师对课程改革的态度与评价

在被问及"贵校是否有鼓励教师参与课程改革的政策或措施?"时（见图 5-32），有 73.72％的教师表示学校有相应的鼓励政策或措施，有 4.57％的教师表示学校没有相关的政策或措施，另有 21.71％的教师表示不清楚学校是否有相关的鼓励政策或措施。数据表明，尽管大部分学校制定了鼓励教师参与课程改革的政策措施，但仍有部分学校没有任何激励措施与政策。中职教师本身的教学任务繁重，工作压力大，如果缺少支持性的政策措施，教师将难以积极地参加课程与教学改革。

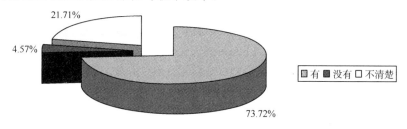

图 5-32　贵校是否有鼓励教师参与课程改革的政策或措施

从教师对课程改革所持的态度来看（见图 5-33），有 50.86％的教师表示"非常支持，积极参与"；有 41.72％的教师表示"比较支持，尽可能参与"；另有 5.71％的教师认为无所谓；仅有 1.71％的教师表示反对。这表明，绝大多数的教师对课程改革持积极态度。近年来，随着项目课程或学习领域课程改革的推行，职业学校的课程内容更加强调职业能力的培养，课程内容的实践性受到了更多的关注，这一方面提高了学生的学习兴趣和动力；另一方面也提高了职业学校毕业生的就业率。而这些正是教师积极参与课程改革的动因之一。

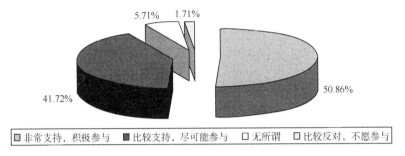

图 5-33　教师对课程改革所持的态度

从教师对其所教授专业课程改革情况的评价来看（见图 5-34），有51.33%的教师表示所教授的专业课程已经打破了原有的学科课程体系，并尝试建构如项目课程、学习领域课程等新的课程模式，但仍在探索中，尚不成熟；有 12.67%的教师表示原有的课程体系和结构并未产生根本性的改变，只是在原有的学科课程体系框架下对教学内容进行适当的增减；另有26.67%的教师表示课程改革的理念已经被教师们所普遍认同，但尚未体现在课程改革的方案中；仅有 7.33%的教师表示课程改革尚未纳入学校的工作日程。

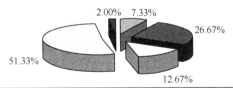

图 5-34　教师对所教授专业课程改革情况的评价

数据表明，课程改革的理念已经得到了教师们的普遍认同，但当前中职学校的课程改革进展情况并不理想，传统的学科课程体系在中职学校的专业课程中仍占据主体地位。虽然，有半数的专业课程已经推行了项目课程或学习领域课程等新的课程模式，但由于缺乏校外职教专家的有效指导，课程改革仍处于摸索阶段，尚未成熟。可见，课程与教学改革依然是职业学校工作的重心，且任务繁重。

## 六 企业参与人才培养

校企合作是提高人才培养质量的关键，虽然通过集团化办学推进了校企合作的广度与深度，但目前企业参与职业学校人才培养的程度仍然有限。

从企业参与职业学校的人才培养情况来看（见图 5 - 35），有 25.97% 的企业表示"较常参与"或"经常参与"，有 36.28% 的企业表示"有时参与"，有 25.98% 的企业表示"很少参与"，另有 11.77% 的企业表示"从不参与"。这表明，企业参与职业学校人才培养的积极性仍不高。主要原因在于：企业参与职业学校的人才培养需要投入相应的人力和物力成本，而人才培养具有周期性，通常需要三年才能为企业所用；同时，职业教育的成果具有外溢性，即毕业生可以通过劳动力市场选择另一家企业，为了回避风险和追求经济利益的最大化，企业一般不愿意参与职业学校的人才培养。

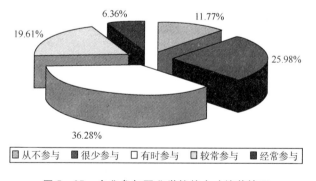

图 5 - 35　企业参与职业学校的人才培养情况

在企业参与职业学校人才培养工作的方式方面，企业对下列七种方式给出的均值①处于 2.07 至 3.67 之间，教师给出的均值处于 2.10 至 3.26 之间（见表 5-8），与代表"经常"的最高值"5"之间存有较大的差距，企业以下列七种方式参与职业学校人才培养的频率较低。数据表明，教师与企业人员所持的态度基本一致，企业主要是以接纳学生顶岗实习的方式参与职业学校的人才培养，其他参与方式频率较低。这进一步说明，企业参与人才培养的积极性较差，情况不容乐观。

表 5-8    企业参与职业学校人才培养工作的方式

| 参与方式 | 参与制定人才培养方案 | 参与课程开发 | 参与校内实训基地建设 | 参与实践教学 | 接纳学生顶岗实习 | 为学校提供兼职教师 |
|---|---|---|---|---|---|---|
| 企业均值 | 2.19 | 2.07 | 2.36 | 2.84 | 3.67 | 2.25 |
| 教师均值 | 2.46 | 2.22 | 2.47 | 2.49 | 3.26 | 2.10 |

从企业参与职业学校人才培养方面所发挥的作用来看（见图 5-36），仅有 27.96％的企业持肯定态度，认为发挥的作用"较大"或"很大"；另有 58.06％的企业认为发挥的作用"一般"或"较小"；同时，还有 13.98％的企业认为"没有发挥作用"。这表明，企业在职业教育中所发挥的作用还非常有限。这主要是因为国家和地方政府缺少促进企业参与职业教育的法律法规，目前还只停留在政策层面的倡导上。

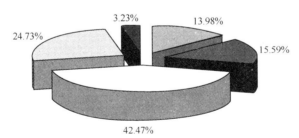

图 5-36    企业在参与职业学校人才培养方面所发挥的作用

在企业对顶岗实习学生的使用情况方面（见表 5-9 和表 5-10），首先，

① 计算出的均值代表企业和教师对企业参与职业学校人才培养工作的频度："1"代表"从不"；"2"代表"偶尔"；"3"代表"有时"；"4"代表"较常"；"5"代表"经常"。

关于企业对顶岗实习学生进行简单的岗前培训后，作为熟练的工人使用方面，教师和企业人员所持的态度并不一致，给出的均值分别为 3 和 2.5；这表明教师认为企业有时将学生作为熟练工人使用，而企业人员认为企业偶尔将学生作为熟练工人使用。其次，关于企业视顶岗实习学生为学徒，指派专门的师傅予以指导方面，教师、学生和企业人员的态度基本一致，给出的均值分别为 3.12、3.51 和 3.65，这表明，企业有时候会指派师傅指导学生，但并不经常。再次，关于企业视顶岗实习学生为负担或廉价劳动力，只允许做些简单的劳动方面，教师、企业人员和学生给出的均值分别为 2.18、1.83 和 3.51，这表明教师、企业人员和学生的意见并不一致，存在较大差异。教师认为在某些情况下企业将顶岗实习的学生视为负担或作为廉价劳动力使用，企业人员认为只在极少情况下企业将顶岗实习的学生视为负担或作为廉价劳动力使用，而学生则认为很多情况下企业将顶岗实习的学生视为负担或作为廉价劳动力使用。

表 5-9　　　　　　　　　　　企业对顶岗实习学生的使用情况

|  | 简单岗前培训后，作为熟练的工人使用 | 视为学徒，指派专门的师傅，在师傅指导下参与生产活动 | 视为负担，出于安全和经济考虑，只允许学生做简单的体力劳动 |
|---|---|---|---|
| 企业均值 | 2.5 | 3.69 | 1.83 |
| 教师均值 | 3 | 3.12 | 2.18 |

表 5-10　　　　　　　　　　　学生对企业顶岗实习的看法

|  | 顶岗实习与所学专业有直接联系 | 有专门的企业师傅负责，并予以指导 | 被企业视为廉价劳动力，做些简单的劳动 | 顶岗实习对职业技能和能力的形成帮助很大 | 顶岗实习期间，职业学校指派专门教师负责 |
|---|---|---|---|---|---|
| 学生均值 | 3.14 | 3.55 | 3.51 | 3.64 | 3.82 |

总体而言，企业对顶岗实习学生的使用情况并不理想。这主要原因在于：校企双方在签订接受学生顶岗实习的协议时，对实习内容并未作出明确规定，通常只是一些原则性的要求，如学生的安全与管理等，而企业基本上也是根据生产情况安排学生的实习，多数情况下学生会被安排在与学生所学专业关联度并不高的固定岗位上，从事些简单的劳动，因此实习的

效果也并不理想。

## 第三节 我国中等职业学校课程改革实施评价

### 一 从课程开发与课程设计看

（一）专业教师仍是课程开发的主体，行业企业参与课程开发的程度有限

问卷调查结果表明：中等职业学校专业人才培养方案的制订或修订主要由专业教师独立完成或者由专业教师和校外职教专家共同完成，行业企业参与课程的开发程度有限。

现场调研结果也进一步支持这一结论。在现场调研中我们发现，虽然所有的职业学校都表示，行业企业参与学校的课程开发，但参与程度有限。只有少部分课程改革推进比较好的学校，特别是国家示范校建设单位，行业企业参与课程开发的程度较深，直接参与人才培养方案或课程标准的制定。如有的学校表示，由校企合作共同开发人才培养方案，首先"由企业人员进行岗位能力分析，再由专业教师进行归纳，确定任务领域，校企合作共同转化为学习领域课程"。还有的学校表示"课程专家组织企业专家，召开岗位能力与职业能力分析会，确定专业课程体系，专业带头人与专业建设团队拟定人才培养方案，企业专家参与教学指导委员会论证人才培养方案"。

除了国家示范性职业学校，绝大多数学校的课程开发仍然是以专业教师为主体进行的，行业企业人员主要以参加专业建设指导委员会或校企合作理事会的形式，对学校制定的人才培养方案进行研讨，提出修改建议；或者以行业企业专家的身份对教师开发的课程标准进行审定。一方面由于行业企业的人员仅限于来自有合作关系的企业；另一方面参加专业建设指导委员会或校企合作理事会的企业人员一般都是中高层的管理者，对生产一线的技能型人才的素质要求了解有限，因此，他们一般只能给出一些方向性和普遍性的建议，很难针对一线技能型人才培养的特殊要求提出具体的意见，所以，以这种方式参与课程开发很难客观全面地反映企业的要求。

（二）学习领域课程和项目课程已成为课程改革的主流模式，但学校对二者的理解与把握还不到位

从目前我国的职业教育课程改革实践看，主要有学习领域课程和项目课程，或者是对这两种课程模式的改造，前者是源于德国的职业教育课程模式，后者是在借鉴能力本位教育经验的基础上，我国学者提出的本土化的课程模式，两种模式均致力于突破传统的学科课程，建立基于职业能力培养的课程体系，二者既有共性的特征，但也存在着明显的不同特点。从现场调研情况看，多数职业学校对两种模式认识模糊，甚至将二者混为一谈，对两种课程模式的内涵、课程内容的建构方式等基本问题并不理解，造成教师的认识混乱，很多教师都是根据自己对学习领域课程或项目课程的理解去进行实践探索，结果出现尽管大家都在谈学习领域课程改革或项目课程改革，但实际上每个人对它们的理解都不一样，人们是在谈论同一名词下的不同事物，结果造成课程改革实践中的混乱。

（三）人才培养方案与课程标准体现了职业教育的特色，但仍存在一些问题

人才培养方案与课程标准是职业学校进行人才培养的依据。现场调研表明：学校都制定了相关专业的人才培养方案，部分学校，特别是国家示范学校建设单位也制定了相应的课程标准。从国家示范校建设单位提供的人才培养方案和课程标准的文本看，反映了示范校的课程改革成果，主要体现在：

1. 注重职业分析的结果，依据典型工作任务进行课程设计，使得课程设置与课程内容更加贴近职场实际。

2. 学习领域课程成为主要的课程类型，打破了传统的学科体系，以典型工作任务为依托整合理论与实践教学内容，注重职业能力的培养。

3. 将职业资格证书的相关内容融入到课程体系中，如矿井通风与安全专业，将通风工、测风工、瓦检工、测尘工等职业资格证书的相关要求纳入到课程内容中。

虽然近年来课程建设取得了一定的成果，但通过对人才培养方案和课程标准的文本分析，我们发现仍然存在一些不足和问题，需要进一步完善：

1. 各学校对学习领域课程的理解和把握不一，有些学校在如何将典型工作任务转化为学习领域课程这一环节遇到困难。虽然将课程称为学习领域课程，但有些课程名称和课程内容与传统的学科课程没有区别，这种现象在专业基础课中表现得尤为明显。

2. 现有的课程标准基本上是以学习内容为核心的教学文件，学习产出不明确，并缺乏相应的评价标准。

## 二　从课程实施过程看

（一）以学生为主体的教学方式方法被教师普遍认同，但在实践中的运用并不广泛

问卷调查表明：传统的讲授式教学法仍占据主体地位，以学生为主体的教学方式方法虽然被教师普遍认同，但在实践中的运用并不广泛。现场调研的结果同样支持这一结论：几乎所有的被访学校都表示，在推进教学方式方法的改革过程中，倡导"做中学，学中做"，以学生为主体的行动导向教学方式，但只有少部分专业带头人和专业骨干教师能够在教学中运用以学生为主体的教学方式与方法（如项目教学、案例教学等），大多数教师还停留在理念接受层面，也就是说在理念上认同并接受以学生为主体的教学方式与方法，但在实践层面，如何具体运用这些方法，进行教学设计存在困难。以教师为中心的讲授法仍然是职业学校教师所使用的最普遍的方法。

（二）只有少部分企业参与职业学校的人才培养，且以接纳学生实习为主要方式

问卷调查表明：只有四分之一的被访企业表示经常或较为经常参与学校的人才培养，而且参与的方式以企业接纳学生实习为主，虽然也有一些其他的参与方式，如：参与学校的课程开发、参与学校的实训基地建设、派兼职教师到学校上课等，但这些参与方式的普遍性并不高。企业在接纳学生实习的过程中，部分企业把学生视为学徒，指派专门师傅指导学生；大部分企业在对学生进行简单的岗前培训后，将学生作为熟练劳动力使用或者把学生实习视为负担，仅允许学生做一些简单的体力劳动。

## 三 从课程资源的建设看

（一）与课程改革相配套的教材逐渐增多，但仍不能满足教学需要

近年来，随着课程改革的推进，教材市场上项目化教材逐渐增多，这类教材突破了按照传统的知识体系编写教材的框架，采取按照典型职业工作任务设计教学项目的方式编写教材，使教学内容与工作实践更好地结合，教材的实用性大大提高。例如"建筑装饰装修构造"这部教材以建筑装饰装修工程为载体，以建筑装饰装修构造技术为主线，基于"项目引入、项目解析、项目探索与实战、项目提交与展示、项目评价"五个完整的项目实施过程，按照六个项目（楼地面装饰装修构造；墙柱面装饰装修构造；轻质隔墙与隔断装饰装修构造；顶棚装饰装修构造；梯的装饰装修构造；门窗装饰装修构造）整合了理论与实践教学内容。

**表 5 - 11　　　　　　　"建筑装饰装修构造"教材目录节选**

项目 A 楼地面装饰装修构造
项目引入
项目解析
A1 整体式楼地面装饰装修构造
A2 板块式楼地面装饰装修构造
A3 木、竹楼地面装饰装修构造
A4 特种楼地面装饰装修构造
A5 楼地面特殊部位的装饰装修构造
项目探索与实战
实战项目一 某中学化学实验室地面构造设计
实战项目二 某生活服务中心舞厅地面装饰装修构造设计
项目提交与展示
项目评价

现场调研结果表明：尽管项目化的教材逐渐增多，但这类教材的质量参差不齐，高质量的项目化教材并不多见，尚不能完全满足教学的需要。

（二）网络教学资源逐渐丰富，但利用率不高

现场调研我们发现，很多学校都在进行网络化的教学资源建设，如：网络课程、网络学习平台等，但利用率并不高，有的网络课的点击率区区几百次，远没有达到优质网络资源共享的目的。

## 四　从课程实施条件看

（一）尽管教师素质不断提高，但仍不能满足课程改革的需要

问卷调查表明：教师对自身素质评价较高，但学生对此并不完全认同，特别是对教师的教学设计能力，如何调动学生学习积极性等方面，学生的评价不高，这说明教师的教学能力与学生的期望还有很大的距离。现场调研的结果也支持这一结论：许多教师反映在如何进行项目化教学设计、如何让学生参与整个学习过程，使学生对学习内容产生兴趣等方面感到束手无策。

尽管问卷调查表明：教师和学生对教师的职业实践能力的评价都比较高，但现场调研结果却表明，教师对职业实践的了解还是非常有限的，90％以上的教师是普通高校毕业后直接应聘到学校任教，并没有行业企业的工作经历，对职业实践的了解主要是通过带学生到企业实习的方式实现的，大部分教师还不能以准员工的身份真正参加到企业的生产经营过程中，因此，教师对企业的了解，对生产经营的理解还是非常有限的，职业实践能力有待提升。

（二）职业学校的实训条件只能满足基本技能的训练，缺乏生产性的实训基地

问卷调查表明，学生在校内进行实践技能训练的场所主要是校内的基本技能训练基地，而模拟仿真实训基地、特别是生产性的实训基地较为缺乏。现场调研结果也表明，多数学校只能在校内对学生进行基本的技能训练，只有少部分办的比较好的学校校内的生产实训条件较为完善，通过引企入校、校企共建实习场所等方式建立生产性的实训基地，使学生在校就有机会接触真实的生产环境。但总体而言，生产性实训基地较为缺乏，不能满足实践教学的需要。

# 第六章 德国中等职业教育课程政策

20 世纪 70 年代以来德国有过两次规模大且影响深刻的职业教育课程改革。一次发生在 20 世纪 70 年代，这次改革的基本特征是职业教育课程改革与当时德国的整个教育改革融为一体，以要求实现教育机会均等，促进职业教育与普通教育融合为目的；另一次发生在 20 世纪 90 年代中后期，并一直延续至今，以实现"双元制"职业教育中两个学习地点的教学内容更好地协调一致，提高职业教育质量，以满足经济界对高素质技术技能人才的需求为目的。

## 第一节 20 世纪 70 年代德国中等职业教育课程政策

20 世纪 60 年代末，随着德国经济、技术的发展，对技术工人的素质要求越来越高。为了培养高素质的人才，20 世纪 70 年代德国进行了一场职业教育改革活动，这次改革是与当时德国整个教育领域的改革融为一体的。

这场改革的根本原因在于，科技革命和联邦德国经济发展的形势与落后教育之间的矛盾。德国经济经过"阿登纳时代"[①]（Ara Adernauner），出

---

[①] "阿登纳时代"是指康拉德·阿登纳执政时期。康拉德·阿登纳是一位跨世纪的人物，他经历了德意志帝国、魏玛共和国、第三帝国和联邦德国等四个重大历史时期。在他的领导之下，德国在政治上从一个二战战败国到重新获得主权，进而成为西方国家的一个平等伙伴；经济上医治了战争的创伤，并通过实施社会市场经济，创造了德国的"经济奇迹"。作为德国公认最杰出的总理，他在德国现代史上已深深地打上了阿登纳的印记。他的影响至今仍随处可见。为此，人们把这一时期称之为"阿登纳时代"。

现了经济奇迹,科学技术日新月异。而当时德国的教育远远落后于阿登纳时代之后迅速发展的政治与经济,不能适应这一时期的时代要求,主要表现为:受教育的机会不平等;个人对教育的追求与社会的要求之间的矛盾愈加突出;各州之间的教育水平落差加剧;缺乏足够数量和一定质量的高中毕业生,等等。① 皮希特(Picht)在《德国的教育灾难》一书中一针见血地指出:"教育困境就是经济困境。如果我们缺乏有质量的后继力量,那么,迄今为止的经济高涨就会土崩瓦解。技术时代没有他们,生产体制则将一事无成。教育事业失灵,整个社会生存就将受到威胁。"② 面对这种形势,人们意识到,增加智力投资,改革教育就成为迫在眉睫的任务,因此,20 世纪 70 年代初,包括职业教育在内的整个教育领域的改革迅速在德国各联邦州掀起。这一时期的职业教育课程政策主要体现在以下几个方面:

## 一　推行职业基础教育

在 20 世纪 70 年代初德国开展了一场广泛而深入的关于职业基础教育的教育政策与教育理论方面的讨论。

德国推动职业基础教育的实施与发展的主要教育政策与法规有:《职业教育法》(1969)、《教育结构计划》(1970)、《教育总体计划》(1973)、《联邦政府关于职业教育改革要点》(1973)以及《关于职业基础教育年的框架协定》(1973)。这些教育政策与法规较为全面地反映了职业基础教育的目标与任务。

(一)德国关于职业基础教育的内涵

职业基础教育在德国《职业教育法》(1969)中是这样定义的:"职业基础教育的第一阶段应该视为为进一步实施的职业专业教育打下宽广基础的阶段,向受教育者传授尽可能广泛的职业活动领域所共同具有的基本技能,基本知识和行为方式,从而为从事多样的职业活动做准备。"③ 这一表

---

① 参见张华、石伟平、马庆发《课程流派研究》,山东教育出版社 2000 年版,第 545 页。
② 同上书,第 548 页。
③ BbiG,§ 26(2).In:Bundesministerium für Bildung,Wissenschaft,Forschung und Technologie(Hrsg.):*Ausbildung und Beruf*.Bonn,Anhang,1997,S. 4 - 32.

述是德国职业教育史上从法律上首次确立了职业基础教育。但是在《职业教育法》中并没有阐述职业基础教育的形式及其在教育及职业教育体系中的地位。特别是缺少关于职业基础教育的广度，它与其他教育层次之间的关系以及它的实施地点等方面的表述。①

在德国的《教育结构计划》（1970）中关于职业基础教育的设想是与德国 20 世纪 70 年代初的整个教育改革方案融为一体的。职业教育课程应该在为努力实现的职业教育与普通教育一体化的框架内进行设置。"职业教育应该为通向更高水平（层次）的不同的专业化的道路打下宽广的专业与文化教育的基础"。②

《教育结构计划》把职业基础教育年作为职业教育的第一年进行推行，其进入的前提条件是中等教育第一阶段十年级毕业。"对所有在中等教育第一阶段结束后离开普通教育学校的学生，在第十一年实施必需的职业基础教育年"。③ 面向职业领域的基础教育进一步明确了职业基础教育的基本结构特征。面向职业领域的基础教育不应该仅作为针对专业教育的一个必然的阶段来设计。在《教育结构计划》中这样阐述道："在确定职业基础教育年的目标与内容时要确保它与职业教育前的学校教育和随后的职业专业教育的内在联系。④"中等教育第一阶段的普通文化课和职业课（Berufskund）在职业基础教育年中继续实施，它应该使有目标的职业选择成为可能。《教育结构计划》进一步明确了职业基础教育在教育及职业教育体系中的地位、职业基础教育的广度以及它的职业选择功能，但是对职业基础教育的教育理论和教学法的基础并没有相应的论述。

联邦职业教育委员会 1971 的《论纲》对职业基础教育的发展产生了影响。联邦职业教育委员会主张职业基础教育年是职业教育的第一年，并按照职业领域的划分原则进行划分。⑤ 职业基础教育年的普通文

---

① 徐涵：《德国关于职业基础教育的教育理论与教育政策的讨论》，《职教论坛》2004 年第 4 期。

② Deutscher Bildungsrat, *Empfehlungen der Bildungskommission：Strukturplan für das Bildungswesen.* 4. Auflage 1972, S. 182.

③ Ibid. , S. 183.

④ Ibid. , S. 183 - 184.

⑤ Bundesausschuss für Berufsbildung, a. a. O. , Ziffer 1. 1, 1. 2.

化课，专业理论课和专业实践的教育内容在体现职业领域特征的同时要符合教育学和教学法的要求。① 关于职业基础教育年的实施地点在《论纲》中是这样阐述的，职业基础教育年"既可以在全日制学校也可以在双元制教育中实施"。②

在《关于职业基础教育年的框架协定》（1973）中，为适应"由于经济、技术和社会发展而产生的职业世界和劳动世界的变化"③，把职业教育划分为与职业领域相关的基础教育和建在之上的专业教育。与联邦职业教育委员会的论纲相一致，规定了职业基础教育的两种方式，即："全日制的学校式和合作式的双元制"④。在《框架协定》中针对全日制的学校式职业基础教育做了进一步阐述，指出：学校式职业基础教育的核心任务把"通用的（跨职业的）及针对职业领域的专业理论和专业实践作为职业基础教育的教学内容进行传授"。⑤

综上所述，20 世纪 70 年代初影响职业教育的各方力量关于职业基础教育的设想基本上是一致的。在普遍提倡职业基础教育的前提下，关于职业基础教育的目标并不明确，直到 20 世纪 70 年代中期，经过对职业基础教育及其目标的广泛而深入的讨论，影响职业教育的各方力量才基本形成了关于职业基础教育的主要目标：

1. 避免过早的专业化，使培训的第一阶段更系统化和教育化，脱离依赖企业的培训条件；

2. 提高职业的灵活性；

3. 改善职业选择，职业基础教育结束后确定所学职业；

4. 传授职业领域范围内的基本的职业知识和职业技能；

5. 平衡职业教育体系内的质量差别；

6. 提高专业理论和普通文化课的教学内容的比例，重新确定理论教育与实践教育之间的关系以及职业教育和普通教育之间的关系；

---

① Bundesausschuss für Berufsbildung, a. a. O. , Ziffer 1. 1, 1. 3, 1. 4.

② Ibid. , 2. 1, 3. 1, 3. 2.

③ KMK, Rahmenvereinbarung über das BGJ 1973. S. 154.

④ Ibid.

⑤ Ibid.

7. 通过获得中等教育毕业的可能性，进一步提高学生的一般素质；

8. 促进个体的发展，改善教学方法和学习组织。①

（二）德国关于职业基础教育的政策

纵观德国 20 世纪 70 年代关于推行职业基础教育的政策与法规，可以看出职业基础教育被视为提高职业的灵活性与适应性的方案；改善受教育机会的教育政策与教学方案；促进受教育者从学校向职业过渡的方案。

1. 职业基础教育作为提高就业的灵活性和适应性的方案

实施职业基础教育的必要性首先是由于就业体系的变化趋势，在《关于职业基础教育年的框架协定》中指出："由于经济技术和社会发展而产生的职业世界和劳动世界的变化，有必要确定职业教育的新规章。同时将职业教育按照职业领域划分为职业基础教育和建在之上的职业专业教育是很有意义的"。这种观点德国工会关于职业教育问题的科学咨询委员会表达得更为鲜明："技术与经济的变化要求职业教育必须作出相应的反应。"② 在很多阐述职业基础教育的文献中都或多或少论述了就业体系的发展趋势要求从业人员应具有更高的素质。简而言之，就是要提高从业者的总体素质水平，推迟职业的专门化以及提高职业的灵活性。

职业基础教育在一定程度上构建了新型培训模式的核心。希望通过实施职业基础教育提高从业人员的职业素质，从而满足未来的就业体系的需要。通过实施职业基础教育提高职业教育的有效性，使职业教育更加系统化、理论化，避免过早的专业化，确保未来从业人员通用能力的拓展。

2. 职业基础教育作为改善教育机会的教育政策和教学方案

除了素质要求，实施职业基础教育也是德国教育政策的结果。"联邦州的基本法和宪法确保个性的自由发挥权利，法律面前平等权利和自由选择职业的权利。……确保这些权利的决定性的前提必须通过教育来实现。……最终

---

① Dehnbostel, Peter. *Grundbildung zwischen Schule und Beruf*, 1988, S. 117.

② Stellungnahme des Wissenschaftlichen Beratkreises des DGB für Fragen der beruflichen Bildung zu Fragen der Berufsgrundbildung, in: *Berufliche Bildung* 22, 1971, S. 235 – 240.

的社会政治目标是避免在不同的生活领域和生活阶段的机会不等。特别是教育事业不允许加深现已存在的机会不等，而应该为铲除不平等作出贡献"①。"从民主社会的法治国家的基本法及由基本法引出的义务要求，面向所有学习者的公共教育必须具有共同的基本特点。……使国家公民对教育的同等要求能够以不同形式，不同的要求层次得以实现。因此，基础教育、职业教育和继续教育都面临着新的任务"②，铲除教育机会的不平等是教育改革的中心目标。由此而引导出，职业基础教育被视为改善教育机会均等的一个措施。

机会平等的范畴是众所周知的非常清晰的范畴，人们以不同的方式使用。一方面强调，必须平衡"双元制"职业教育的地区与产业间的机会不等，每个青年不依赖他的居住所在地，"在职业基础教育里通过同样的较好的教育为他个体的职业愿望打下相应的基础"③。与这一要求紧密相连的是为所有青年提供必需的基本职业素质，这是迄今"双元制"所没有注意到的教育政策的原则。④ 另一方面，职业基础教育被视为避免普通教育和职业教育之间多种的机会不等的所必需的方案。通过实施职业基础教育使所有的教育课程相互衔接成为可能，从而使职业教育与普通教育两个体系地位逐渐等同。所以职业基础教育的教育政策的价值就在于它被视为实现职业教育与普通教育一体化的措施。这一目标对德国20世纪70年代的职业教育政策具有重要的意义。

3. 职业基础教育作为从学校进入职业的过渡方案

从教育学和发展心理学的角度，职业基础教育被视为从学校到职业的相应的过渡阶段。一方面，接受"双元制"培训的青年其职业成熟度还不

---

① Deutscher Bildungsrat. *Empfehlungen der Bildungskommission: Zur Neuordnung der Sekundarstufe II, Konzept für eine Verbindung von allgemeinem und beruflichem Lernen*, Bonn, 1974, S. 33 - 34.

② Deutscher Bildungsrat. *Empfehlungen der Bildungskommission: Strukturplan für das Bildungswesen*, 4. Auflage 1972.

③ Materialen zur Berufsgrundbildung, Teil I: *Stellungnahmen und Äußerungen zur Berufsgrundbildung* (Manuskriptdruck, Berlin 1976).

④ vgl. Bund-Länder-Kommission für Bildungsplanung: *Stufenplan zu Schwerpunkten der beruflichen Bildung*, Stuttgart 1975, S. 30.

够，因此有必要延长在校的学习期限。① 另一方面学生从被照顾的学校生活进入复杂的真实的职业世界，他必须为他作出的人生的重要决定——职业选择，做相应的准备。也就是，通过有步骤、有计划的教育学的指导进入一个错综复杂的变化的职业与劳动世界。

以此看来，职业基础教育被赋予了职前教育和专业教育之间的"连接"功能。

为了达到上述目标，20 世纪 70 年代德国在倡导职业基础教育的同时，设计了职业基础教育的模式（方案）并在实践中实施。其中最有影响的是职业基础教育年和综合中学中与重点（Schwerpunkt）相联系的基础教育模式。从今天的角度看，尽管这两个模式没有完全实现预期的目标或者说只是有限地实现了预期目标，但是对德国职业教育的改革却产生了深刻的影响，现在"双元制"职业教育模式中的职业基础教育阶段就是 20 世纪 70 年代职业基础教育改革的痕迹。

## 二　强调科学导向的教学原则

"科学导向"的教学原则是在 20 世纪 60 年代末 70 年代初德国的职业教育改革政策的重要内容，对德国 20 世纪 70 年代至 80 年代的职业教育课程的改革与发展产生了深刻的影响。

（一）科学导向教学原则的内涵

20 世纪 70 年代德国教育改革的一个典型特征就是强调教育，包括职业教育要以"科学为导向"。这里的"科学导向"与传统的文理中学中一直倡导的"科学导向"具有不同的内涵。"科学导向"在传统上体现为"反映教学"，也就是说课程内容被视为科学的反映。主要体现为两个特点：一是所设的课程指向相应的科学。学习目标和学习内容的选择和排序都是指向科学的学科的。在教学计划、教科书、教学媒体及考试题目中体现出来的课程内容，无论是在学习目标结构和学习内容结构上，还是在排序上都指向

---

① vgl. H. -J. Röhrs. *"Die Diskussion über das Problemeiner Berufsgrundbildung nach dem zweiten Weltkrieg im Spiel der berufspädagogischen Zeitschriften"*, *Die Deutsche Berufs und Fachschule* 67, 1971, S. 691 - 713.

于某个科学。二是教学内容是按照专业的系统性构建的。学习目标的内容组成是与所谓的学科逻辑相一致的。把教学计划和相关的教科书进行比较就会发现，科学的系统性是以等级的概念结构的形式表现出来的，概念的抽象性等级和复杂性等级是引人注目的。

在 20 世纪 70 年代初德国教育改革中倡导的"科学导向"与传统的科学导向在内涵上有很大的不同，这主要反映在当时德国教育改革的主要文件——《教育结构计划》中。

在《教育结构计划》中确立了"科学导向"的原则，强调面向各类学校和所有学生的教学内容及其传授必须确保其科学性。它指出："教育的最终目标是实现人人具有个体的和社会的生活能力，实现宪法所赋予的自由。……在基本法中所称的基本权利，代表人类所有的基本权利，是以同样的方式适用于所有人的。每个人应该能够履行这些基本权利并且能够理所当然地帮助社会的其他成员履行同样的基本权利。为此从基本法中引出相应的义务。所以，使每个公民能够履行他的权利并承担相应的义务，必须成为教育的总目标"①。由此引导出："现代社会的生活条件要求，教学和学习过程以科学为导向。这并不意味着，教学以科学的活动或研究为目标，也不意味着，学校应该直接地传授科学。……教学的科学导向指的是，教育的对象，无论它是否属于自然、科学、语言、政治、宗教、艺术或科学领域，应通过科学认识它的局限性和确定性，并相应地进行传授。学习者能够逐步地意识到科学的确定性，以自身的生活经历批判地接受它。……学习对象和学习方法的科学导向适用于各级学校的所有教学。……学习的科学确定性是与教学的基本原则相适应的。……由教学的科学导向而引出的学习能力的促进，也由社会、科学技术和经济的发展速度及生活状态和劳动关系的改变而进一步促进"②。

从上述引文中可以得出，在《教育结构计划》中对科学导向的阐述具有以下三方面的内涵：

---

① Deutscher Bildungsrat. *Empfehlungen der Bildungskommission*：*Strukturplan für das Bildungswesen*. 4. Auflage 1972，S. 29.

② Ibid.，S. 30 - 33.

首先，在教学内容上，科学导向指的是，那些在科学上没有根据的教学内容不允许传授。同时要本着批判的原则探寻知识的来源。

其次，科学导向被作为履行民主的基本权利和相应义务的前提条件来理解。教学的科学导向并不意味着，学校的教学，包括文理高中的教学，应该为从事科学的活动，科学的职业及科学的研究做初步的准备，也不包含把学校理解为为科学及相关机构培养后备力量的场所。

最后，教学的科学导向也不意味着，教学应该直接传授科学、科学成果和科学方法，而应该通过对传授内容和主题的选择及处理方式引导学生的一般理解力，并促进学生的概括归纳的能力。这种理解力使学生从科学的角度理解世界成为可能。

（二）"科学导向"教学原则的影响

"科学导向"的教学原则深刻地影响着德国20世纪70年代职业教育的改革实践。职业基础教育年和综合中学的改革实践便是这种政策的具体实现。

职业基础教育年是职业教育的第一年，不仅向学生传授某一职业领域所需的宽广的理论知识和实践技能，同时还必须向学生传授与职业领域相关联的和跨职业领域的普通文化知识。通过实施职业基础教育年避免过早的专业化，提高职业的灵活性，改善职业选择，平衡职业教育体系内的质量差别，促进个体的发展，改善教学方法和学习组织。

综合中学是促进普通教育与职业教育一体化的改革措施，通过这种新型学校试图消除传统的精英教育与职业教育之间的分明界限，为学生提供更多的发展机会。综合中学肩负着双重的任务，即为学生进入高校继续深造和进入职业领域从业做准备，这种准备通过获得双重资格——进入高校学习的资格和某种职业资格得以实现。

为实现上述改革目标，科学导向的教学原则在职业基础教育年和综合中学的教改实践中作为教学的指导思想加以倡导和推行。但在改革实践中，人们对科学导向的理解被大大地简化了。在综合中学中，科学导向及科学预备被理解为"专业学科导向"，理论的教学内容同样是按照传统的学科体系构建的，并为今后继续深造做准备。在职业基础教育年中，科学导向意味着，根据今天的科学认识程度，那些被认为错误的东西，不允许教授和学习。科学方法、科学态度以及科学的政治和社会的前提——这些科学导向思想的核心内涵在职业基础教育年和综合中学的改革实践中很少被考虑到，人们对科学导向的理解在很大程度上还停留在传统的文理中学中一直在倡导的科学导向。[①]

## 三　推行职业教育与普通教育一体化

职业教育与普通教育一体化是 20 世纪 60 年代末 70 年代初德国教育改革政策的重要内容，对德国 20 世纪 70 年代至 80 年代的教育实践产生了深刻的影响，主要通过在中等教育第一阶段建立综合学校和在中等教育第二阶段建立综合高中来推行该政策。与职业教育改革密切相关的是综合高中的建立。

建立综合高中的目的，是要取消中等教育第二阶段上普通教育与职业教育的划分，使中等教育第二阶段上两个平行的教育体系通过课程一体化结合起来，以求实现真正的教育机会均等。

综合高中也是完全中学高级阶段的改革。它打破了传统完全中学固定的学科体系（在一定意义上说，这种学科体系也是维护少数人教育特权的工具），采用灵活组合的课程制（Kurssystem）。学生可以根据本人的志趣、能力等条件，自由选择学习内容，形成自己的学习重点。综合高中有多种多样的入学条件、多种多样的培养目标和毕业时达到的多种多样的学历资格。学生可根据自己的个人条件，选择合适的教育途径。根据自己确定的目标，获得各自不同的资格和出路，包括各种高等学校入学资格和职业资格。通过实施综合高中实现"实质上的"教育机会均等。

在联邦范围内，综合高中的实验模式有多种多样，其中北莱茵—威斯特法伦州综合高中实验模式比较典型，实验的规模最大，也比较成功。

北莱茵—威斯特法伦州于 1970 年宣布进行综合高中模式实验，目的在于使主体学校和实科学校毕业生在分化的课程条件下，有可能做好从事职

①　Xu Han. *Berufliche Grundbildung im Spannungsverhaeltniss zwischen Wissenschafts und Arbeitsorientierung in Deutschland und China*，Bremen：Shaker Verlag，2003，S. 84.

业活动和进入高等院校修业两种准备。该模式是由北莱茵–威斯特法伦州当时的教育部长弗里茨·霍尔特霍夫（Fritz Holthoff）任命的"北莱茵–威斯特法伦综合高中计划委员会"提出的，由明斯特大学哲学和教育学教授赫尔维希·布兰克尔茨（Herwig Blankertz）任该委员会主席。他对综合高中进行了长期的理论上和实践上的探讨，同一批综合高中的倡导者一起提出了实验的框架，进行了长期的跟踪研究。[①]

（一）设立综合高中的理论根据

布兰克尔茨（Herwig Blankertz）及其同行们在模式实验方案里对设立综合高中提出了社会政策方面和教育理论方面的根据，其中最主要的论点有：

1. 综合高中有助于实现教育民主化，因为它招收一切社会阶层的青少年。

2. 综合高中有助于为青少年提供平等地接受教育的机会，消除联邦德国传统的分轨制教育结构。

3. 综合高中有助于消除职业学校过于实用主义和太缺乏学术性的弱点。

4. 综合高中可以消除普通教育与职业训练之间地位上的高低贵贱之分，促进普通教育与职业教育的等值。

5. 综合高中有助于学生为继续求学和就业做准备。科学技术的进步加强了应用科学门类的划分（如技术科学、经济科学、社会科学）。在中学里的面向应用、结合实际操作的学习最有利于为大学里修习这些门类的科学做好准备。而中学里具有学术倾向的学习也需要通过职业能力的获得来实现。在综合高中里，为攻读大学学术课程的准备是联系职业的，而职业训练是在科学预备教育的要求下实现的。

6. 通过普通教育与职业教育内容的结合和通过分化教程的提供，中等教育第二阶段便会更开放、更灵活，并能对劳动和职业的变化以及地区性需要更好地作出反应，同时又可以缓解学生在教育阶段之间过渡和向职业活动过渡上存在的现实问题（例如高校定额招生、完全中学毕业生接受职

---

① 孙祖复、金锵：《德国职业技术教育史》，浙江教育出版社 2000 年版，第 121—130 页。

业训练者比重的增加、青年失业等问题）。

（二）综合高中的组织结构

1. 教学组织

综合高中取消班级组织，用开放的、可灵活组合的课程体系（Kurssystem）取代班级教学，并实行导师制，以代替班级组织的某些作用。该课程体系是以教学组织的高度灵活性为前提的，这种灵活性有助于学生在学习上按不同的能力和倾向发展。以课程的形式组织的教学是根据不同的课题、方法和要求的难度区分的。学生从这些角度出发选择学习材料，安排个人的学习计划以及各自的修业目标。

由于综合高中没有班级组织，学生选择的课程可以组合和灵活调整，所以不会有留级和跳级现象，修业期也可以因学生学习速度和他要获得的资格不同而有相应的增减，短至一年，长至四年，但通常提供普通高校入学资格的课程为三年。

综合高中设若干"专业领域"（Fachbereich），负责课程的开设，在内容和方法上相关的专业领域结合为"部"（Abteilung）。一所完善的综合高中可以有以下几个部：①数学—自然科学—技术部；②经济—社会科学部；③艺术—艺术创作部；④教育科学—社会教育—家政及保育部；⑤语言部；⑥历史—社会科学部；⑦哲学和神学部。

职业训练的课程主要由前4个部的专业领域开设。

2. 教程和重点

在综合高中里，青少年是在以普通教育与职业教育一体化为目标的各种教程（Bildungsgang）里学习，每一种教程是由它的专业方向（Fachrichtung）决定的。教程有各自特有的课程表，有各自要求的入学条件和学生在修完课程后可取得的资格。

每一种教程从属于十七个重点之一。这些重点把相近科学的各种专业方向和从属于专业方向的培训职业结合在一起。这十七个重点是：

第一重点：数学、哲学、信息学；

第二重点：自然科学；

第三重点：原料、材料；

第四重点：电工学；

第五重点：机器制造技术；

第六重点：纺织与服装加工技术；

第七重点：纸张与印刷技术；

第八重点：交通技术；

第九重点：建筑技术；

第十重点：生活资料技术；

第十一重点：医学；

第十二重点：农业与家政；

第十三重点：经济科学；

第十四重点：法律与管理；

第十五重点：教育与社会生活；

第十六重点：语言与文学；

第十七重点：艺术、音乐、造型。

重点的建立，考虑到了有关科学与培训职业之间合理的联系，考虑到了初始职业教育尽可能完全并确保接受进一步的职业训练的可能性。

由于在一个重点里往往有若干教程在其提供毕业资格上可能有各种不同的水平，如专科高中入学资格、应用科技大学入学资格、普通高校入学资格等，所以这些教程就会有许多变体，然而一个重点的所有各种教程都有一个共同的基础教育课程（Grundbildungskurs），基础教育课程以外的其他内容则组成各种半年制的专门课程（Fachkurs）。在组织这些专门课程时，要求考虑到这些课程尽可能是多阶的，以便它们在各种不同的毕业成绩里都有计算分数的可能性。有的教程提供单一的资格，或是达到中等教育第一阶段毕业的资格，或是达到进入高校修业的资格（包括应用科技大学入学资格或普通高校入学资格）。在一个教程里有两种毕业资格相互联系在一起的，称为双重资格（Doppelqualifikation），例如电信工人加应用科技大学入学资格、工业部门办事员加应用科技大学入学资格或电工助理技术员加普通高校入学资格。这种双重资格对于普通教育与职业教育一体化来说，具有特别重大的意义。

综合高中的目的在于促进普通教育与职业教育一体化，一方面使普通教育加强与生活、职业实践的联系，为社会培养既能动脑也能动手的真正有用的人才；另一方面使职业教育立足于扎实的普通教育基础上，加强职业基础教育，增加理论训练成分，避免过分的专业化，以适应当今科技发展的新形势对职业人才的要求。

## 第二节 20 世纪 90 年代以来德国中等职业教育课程政策

20 世纪 90 年代中期针对德国传统的"双元制"职业教育与真实的工作世界相脱离的弊端以及企业对生产一线技术技能型人才提出的"不仅要具有适应工作世界的能力，而且要具有从经济的、社会的和生态的负责的角度建构或参与建构工作世界的能力"的要求，1996 年德国各州文教部长联席会议建议在"双元制"一元的职业学校用学习领域课程取代传统的以分科为基础的综合课程，开启了新一轮的职业学校的课程改革，随后联邦各州开展了广泛的学习领域典型试验，并在多年试点经验的基础上于 2003 年起，在所有的培训职业全面推行学习领域课程。分析 20 世纪 90 年代中期以来的德国职业教育课程改革的动因，重要体现在：

一是传统的双元制职业教育的弊端，也就是说职业教育越来越远离生产实际，引起了广大的企业界、经济界的不满。主要体现为：在教学内容上，学校一元的教学内容指向于专业理论，侧重自然科学原理和工程理论的传授，企业的实际工作任务没有纳入到教学范畴之中。学校一元的职业教育不能很好地与企业一元的培训相协调。正如 2011 年德国各州文教部长联席会议关于编制职业学校框架教学计划指南中所指出"引进学习领域课程的目的正是经济现状所要求的理论和实践的紧密结合"。

二是随着技术的进步、工作方式的变革和工作组织形式的变化，企业的管理由传统的以分工为基础的多层管理向扁平化的知识管理转变，企业的竞争能力也由传统的对资源的占有转为对知识的占有和知识的创新能力，在这种变化下，企业对员工，包括生产一线的技术技能型人才提出了更高的素质要求，为了满足经济界的需求，作为培养人才的教育，特别是培养一线技术技能人才的"双元制"职业教育必须作出相应的回应。

分析 20 世纪 90 年代中期以来德国职业教育课程改革政策主要体现在以下几方面：

## 一　关注学生建构工作世界的能力

20 世纪 80 年代以前，企业基本上采取的是传统的科学管理模式，在这种管理模式下的企业具有严格的多层的管理机制，技术工人只需按照上级的指令完成工作任务即可，因此传统的职业教育注重培养学生对企业、对工作岗位的适应能力。但随着现代企业制度的发展，企业的管理模式呈现扁平式的发展趋势，许多过去由中层管理者承担的任务下放至基层，成为技术工人的业务范畴，这就对技术工人提出了更高的素质要求，仅有适应工作世界的能力是远远不够的，还必须具有一定的解决现场问题的能力、创新精神和社会责任感等。因此，德国在职业教育的过程中开始关注学生综合素养的培养。在相关的政策文件中明确提出：职业学校的教育任务一方面是传授职业行动能力；另一方面则是对普通教育的补充。这样一来，职业学校既能够完成对学习者在职业中所需能力的培训，同时也承担了在工作世界和社会生活中的责任。

2011 年，德国各州文教部长联席会议关于编制职业学校框架教学计划指南中指出：职业学校是一个独立的学习地点，它是以针对职业学校的框架协议为基础的。职业学校与其他职业培训机构具有同等权利，它们共同合作致力于职业教育，其目标是向学生传授职业相关的和关键的职业行动能力，促进学生以经济和生态负责的视角参与建构工作世界和社会的能力，这样就可以从以下三个方面促进年轻人的能力：一是个人的和结构性的反思；二是伴随终身的学习；三是从欧洲共同成长的角度促进职业以及个人的应变能力与思想灵活性。[1]

---

[1]　KMK. *Handreichung für die Erarbeitung von Rahmenlehrplänen der Kultusministerkonferenz für den berufsbezogenen Unterricht in der Berufsschule und ihre Abstimmung mit Ausbildungsordnungen des Bundes für anerkannte Ausbildungsberufe*，2011，S. 14 - 16.

## 二　培养学生的职业行动能力

"职业行动能力"是在德国探讨最多的、意见最为一致的概念，其被认为是职业学习过程的目标，并且在课程层面上，已经被明确的引入到双元制中的一元——职业学校的课程中。在"双元制"职业教育体系中，德国各州文教部长联席会议负责制定职业学校一元使用的框架教学计划。20 世纪 90 年代中期以来，培养学生的职业行动能力被德国各州文教部长联席会议"关于编制职业学校框架教学计划指南"确立为职业学校教育的根本任务。曾多次明确提出：职业学校的核心目标就是要全面促进学生行动能力的发展。

根据德国各州文教部长联席会议关于编制职业学校框架教学计划指南，行动能力可以被理解为个人在职业、社会和私人情景中能够合理周全地，并且是对个人和社会负责地处事意愿与能力。行动能力是在专业能力、个人能力和社会能力这三个维度中展开的。

专业能力以专业知识和能力为基础，能够以目标为导向在方法论的引导下恰当地、独立地完成任务，解决问题并对所得的结果给予评价的意愿和能力。

个人能力可以被理解为个人认清、思考和评价其人格发展在家庭、工作以及公共生活中的机会、要求和限制，发展个人才能，安排并实现生活规划的意愿和能力。它包含了个人的独立性、批判能力、自信心、可靠度和责任心等品质，尤其是价值观的发展。

社会能力是指建立社会关系并在社会中生存，理解并掌握人与人之间的相互关照与张力关系，而且能够与他人理性地、负责地探讨问题并相互谅解的意愿与能力。这里尤其要指出的是社会责任感和团结能力的发展。

## 三　推行跨学科的学习领域课程方案

20 世纪 90 年代中期以来德国职业教育课程改革的根本动因，源于经济技术的发展对技术工人提出的高素质要求，而传统的双元制职业教育却远不能满足经济界的需求，主要体现在：一是"技术至上"的职业学校教学难以将普适的人格养成教育与"社会的"对职业教育的功能性要求进行整合；二是职业学校教学与企业教学之间的分离问题长期没有得到很好的解决。职业学校传统的任务是通过在职业学校的理论学习来补充和提高在企业里的实践学习。这种二元分离的学习方式，造成了职业学校的教学内容、教学方式脱离于企业的工作实际，不能很好地与企业一元的培训相协调。同时，随着企业管理方式的变革，技术与劳动的内容和形式上的变化也要求对职业学校的课程内容进行变革。因此，1996年德国各州文教部长联席会议建议将学习领域课程引入职业学校。

学习领域不是以分科为导向，而是源于职业行动领域的教学单元。2011年德国各州文教部长联席会议关于编制职业学校框架教学计划指南中明确提出：学习领域的课程的出发点不再是通过尽可能多地讲述实例来理解专业知识理论，它更多地是以职业的问题情境为出发点，这些问题情境都是由职业行动领域得出并经过教学法处理。

学习领域是从职业行动领域中发展而来，是以包括工作过程的职业任务为导向的，并从职业行动领域中的工作过程出发并作出相应的教学组织安排。行动领域将职业、社会和个人要求联系在一起，是以现在和未来的职业实践为导向的。

根据德国各州文教部长联席会议的定义，学习领域是一个由学习目标描述的主题学习单元，由能力描述的学习目标、任务陈述的学习内容和总量给定的学习时间所构成。目标描述表明该学习领域的特性，任务陈述则使学习领域具体化、精确化。目标描述的任务是学生通过学习领域的学习所获得的结果，用职业行动能力来表述；任务陈述具有细化课堂教学内容的功能；总量给定的学习时间作为基准学时，可以灵活安排。

从学习领域课程方案的结构看，每个培训职业的课程一般由10—20个学习领域构成，具体数量由每个培训职业的具体情况而定。从学习领域课程方案的内容看，每个学习领域是源于该培训职业相应的行动领域。

学习领域课程在设计上解构了传统的学科课程，以源于企业的行动领域的典型工作任务为载体整合理论与实践教学内容，使得学校一元的教学更好地与企业一元的培训相协调。

## 四  继续实施行动导向教学

"行动导向"教学并不是一种具体的教学方法，而是以行动或工作任务为导向的一种职业教育教学指导思想与策略，主张根据完成某一职业活动所需的行动以及行动产生和维持所需要的环境条件与从业者的内在调节机制来设计、实施和评价职业教育的教学活动。20世纪70年代在德国教育整体改革的背景下，引发了德国社会对职业教育发展的大讨论，呼吁加强学生实践性职业能力的培养，在联邦政府的研究资助机构及工业企业的支持下，当时德国开展了一系列有关职业教育的教学改革试点项目，推动了不同形式的行动导向教学活动，特别是促进了项目教学法在不同培训职业、培训机构中的广泛应用。20世纪80年代初通过对《培训规章》的变革，行动导向教学逐渐形成并确立下来，成为迄今为止德国职业教育教学的主导思想。

20世纪90年代中期以来，学习领域课程成为德国职业学校新的课程范式，但教学的指导思想与策略并没有发生变化，仍然推行行动导向教学。因为，职业行动能力的培养要求在教学中推行行动导向教学。2011年德国各州文教部长联席会议关于编制职业学校框架教学计划指南中明确提出：对于有效的、终身的学习而言，必须要强调行动关联和情景关联（Handlungs-und Situationsbezug）以及对由自己负责的学习活动。在学习领域课程中，行动导向教学可以有效地促进相应知识的获得、系统导向的相互联系的思考与行动，以及复杂和典型任务的解决。

行动导向教学与专业系统化教学不同，强调遵循行动系统结构。在设计行动导向教学时，除了考虑学习理论和教学法外，还需要注意以下几点：

1. 教学法的参考点是对职业实践至关重要的情境；

2. 学习是在完整的行动中实现的，并且要尽可能独立完成或者至少要在思想上能够领会；

3. 行动能够促进对职业现实情况的整体掌控，例如技术、安全技术、经济、法律、生态和社会等方面；

4. 行动要考虑学习者的经验，并反映其在社会方面的影响；

5. 行动还要考虑一些社会因素，例如利益声明或者冲突解决方案，以及对职业规划和生活规划的不同观点等。

# 第七章 德国职业学校典型课程模式：学习领域课程

1996 年，德国各州文教部长联席会议建议以学习领域课程取代以分科为基础的综合课程，随后各州开展了广泛的学习领域课程试验，2003 年在总结典型试验经验的基础上，学习领域课程在德国全面推开，成为德国"双元制"职业教育中学校一元的新的课程范式。

新的课程范式的确立必然要求教学体系的转变。柏林教学论认为课堂教学体系中存在一个形式上恒定不变、内容上易变的要素结构体系。该教学体系由人类—心理学条件、社会—文化条件两大条件域要素和教学目标、教学内容、教学方法、教学媒体四大决策域要素所组成，并共同构成课堂教学的基本框架，其中决策域要素是教师进行教学设计所需考虑的具体要素。我们将以课程教学系统中的教学目标、教学内容和教学方法三大决策域要素为逻辑线索，在综合德国职业教育研究成果的基础上，重点阐释德国学习领域课程如何从学科体系为导向到以工作过程为导向的教学范式的转变。

## 第一节 学习领域课程的教学目标

对职业教育目标的理解是确立学习领域课程的教学目标的出发点。职业教育目标主要体现在两个方面：一方面是指与其他教育形式相同的以发展个性为最主要教育任务的目标，例如各级各类教育都强调人的全面发展；另一方面是职业教育区别于其他教育形式的独特性，亦即职业教育与就业系统、经济、工作世界之间密不可分的联系。长期以来,职业教育一直在寻求主观的个性发展要求和客观的就业系统需求之间的平衡点。个性发展的要求在当下的职业教育中被诠释为能力①,这种能力被定义为有效的应对具体(职业)情境的(认知、情感和动作技能)行为方式并能够合理应用这种行为方式的状态。②就业系统的需求是由职业资格具体体现的,这里的职业资格是指包括工作设计和组织两方面内容的职业工作行动。③从教育的概念来看,教育过程是由主体与文化以及世界之间的互动和交流决定的。因此,在职业教育的背景下,客观的职业资格的获得促进或者说实现了主观的能力发展。

能力维度是定义和理解学习领域课程教学目标的一个重要参照系。当然,职业教育中对能力的理解不仅仅局限于与职业活动有关的能力、技能、知识和行为方式,个性、社会视角的能力即跨专业的能力也扮演着重要角色,正如德国社会教育学者梅腾斯(Mertens)所提出的"关键能力"概念。④德国知名学者巴德(Bader)以豪斯(Roth)的观点"教育就是通过发展专业能力、社会能力和个性能力来促进行动能力的发展"⑤为基础,进一步发展了对能力和能力模型的理解,他定义了职业行动能力的概念,并将其界定为"专业能力、个人能力和社会能力"三个维度⑥。巴德(Bader)

---

①　Reetz,L.;Seyd,W. "Curriculare Strukturen beruflicher Bildung." In Arnold,R.;Lipsmeier,A.(Hrsg.):Handbuch der Berufsbildung. 2. ueberarbeitete und aktualisierte Auflage. Wiesbaden:VS Verlag fuer sozialwissenschaften,2006,S. 241.

②　Zabeck,J. "Didaktik kaufmaennisch verwalteter Berufsbildung." In:Arnold,R.;Lipsmeier,A.(Hrsg.):Handbuch der Berufsbildung. Opladen:Leske+Budrich,1995,S. 81.

③　Rauner,F. *Qualifikations-und Ausbildungsorderungsforschung.* In:Rauner,F.(Hrsg.):Handbuch Berufsbildungsforschung. 2. aktualisierte Auflage. Bielefeld:W. Bertelsmann,2006,S. 241.

④　Mertens,D. "Schluesselqualifikationen:Thesen zur Schulung fuer eine moderne Gesellschaft." *In:Mitteilungen aus der Arbeitsmark-und Berufsforschung.* Heft 1,1974,S. 36－42.

⑤　Roth,H. Paedagogische Anthropologie,Band II:*Entwicklung und Erziehung—Grundlage einer Entwicklungspaedagogik.* Hannover:Schroedel,1971,S. 446ff.

⑥　Bader,R. "Handlungsfelder-Lernfelder-Lernsituationen. Eine Ahteilung zur Erarbeitung von Rahmenlehrplaenen sowie didaktischer Jahresplanungen fuer die Berufschule." In:Bader,R.;Mueller,M.(Hrsg.):*Unterrichtgestaltung nach dem Lernfeldkonzept.* Bielefeld:W. Bertelsmann,2004,20 ff.

所界定的职业行动能力的内涵被德国各州文教部长联席会议通过以法律条文的形式确定为德国学校职业教育的根本目标。根据德国各州文教部长联席会议，职业行动能力是指：在职业、社会和个人情境中合理地思考并且对个人和社会负责的行动的意愿和能力。行动能力可以划分为专业能力、个人能力和社会能力三个维度。

专业能力：基于专业知识和能力，有目标的、运用适当方法独立的、合理的完成任务和解决问题并对所得的结果给予评价的意愿和能力。

个人能力：作为独立的个体理解、深入思考和评价家庭、职业和公共生活中的发展机遇、要求和困难，并安排和实现人生规划的意愿和能力，它包含了个人的独立性、批判能力、自信心、正直和责任心等素质，尤其是价值观的发展。

社会能力：处理社会关系、理解奉献与冲突及与他人理性相处和相互理解的意愿和能力。这里尤其要指出的是社会责任感和团结意识。

方法能力、沟通能力和学习能力是专业能力、个人能力和社会能力的内在组成部分。①

总而言之，职业教育的目标是多维度的，它既涉及了专业能力，也涵盖个性能力与社会能力等跨专业能力。学习领域课程的教学目标是职业教育目标的一种具体体现，显而易见，它必然要以能力的全面发展为教学目标。

工作过程导向是职业教育的课程范式从学科原则过渡到情境原则的一种体现。② 在此背景下，促进能力的全面发展作为学习领域课程的教学目标，外在则通过在某个职业工作的典型情境中正确合理地实施职业行动体现出来。在课堂上构建的情境按照教学论原理合理再现了职业的典型工作过程和行动领域，包含交织职业、社会和个人等多方面内容的问题。可见，能力就被定义为特定情境中的行动—表现（Performance），具体体现在学习

---

① KMK. Beschluss der Kultusministerkonferenz vom 12.05.1995 i. d. F. vom 20.09.2007： *Rahmenvereinbarung ueber die Ausbildung und Pruefung fuer ein Lehramt der Sekundarstufe II (berufliche Faecher) oder fuer die berufliche Schulen (Lehramtstyp 5)*，2007，S. 15.

② Reetz, L.； Seyd W. "Curriculare Strukturen beruflicher Bildung." In Arnold, R.； Lipsmeier, A. (Hrsg.)： *Handbuch der Berufsbildung. 2. ueberarbeitete und aktualisierte Auflage.* Wiesbaden：VS Verlag fuer sozialwissenschaften，2006，S. 227 - 259.

产品和完成任务的过程中①。这种整体性的理念转变对职业教育课程的教学组织也提出新的要求，即必须能够促进学生能力在各个维度上的均衡发展。

## 第二节　学习领域课程的教学内容

如何确定学习领域课程的教学内容，这里要从课程原则（curriculare Prinzip）出发。瑞茨和赛耶德（Reetz & Seyd）提出②，课程原则是教学目标和教学内容的选择和合理化的依据。从教学体系决策域三个要素之间相互依赖的关系来说，课程原则无论是对于学校和课堂的组织还是教学过程设计都具有重要意义。瑞茨和赛耶德（Reetz & Seyd）提出三种课程原则：

### 一　科学原则

科学原则强调课程结构应根据科学及其结构体系进行设计。在职业教育语境中，科学原则始终与"学科体系"紧密相连，主要包含三个特点：一是教学内容的选择要遵循知识点，知识点是一个确定的教学科目的组成部分，被公认为对特定职业群具有重要意义，对学生及其所要完成的学业来说抽象和难易程度适中；二是课堂组织（教室分配、课时安排等）和教师评分都要遵循学科原则。职业资格、教师能力以及师资授课工作量也要按照公认的学术性的学科和科目来确定；三是教学内容根本上是按照抽象程度和学习心理学原理（从简单到复杂、从部分到整体、从特殊到普遍等）进行排序，教学内容的排序和传授同样遵循学科体系原则。③

---

① Prandini，M. *Persoenlichkeitserziehung und Persoenlichkeitsbildung von Jugendlichen：ein Rahmenmodell zur Foerderung von Selbst-，Sozial und Fachkompetenz.* Paderbom：Eusl，2001，S. 84.

② Reetz，L.；Seyd W. "Curriculare Strukturen beruflicher Bildung. " In Arnold，R.；Lipsmeier，A.（Hrsg.）：*Handbuch der Berufsbildung.* 2. ueberarbeitete und aktualisierte Auflage. Wiesbaden：VS Verlag fuer sozialwissenschaften，2006，S. 228.

③ Clement，U. "Curricula fuer die Berufsbildung—Faechersystematik oder Situationsorientierung?" In：In Arnold，R.；Lipsmeier，A.（Hrsg.）：*Handbuch der Berufsbildung.* 2. ueberarbeitete und aktualisierte Auflage. Wiesbaden：VS Verlag fuer sozialwissenschaften，2006，S. 261.

按照德国学者沙腾（Schelten）提出的行动知识——一种能够直接指导职业工作实践的知识理论[①]，基于科学原则建构的课程体系主要传授与职业工作相关的科学知识：事实知识（关于"什么"的事实—解释性知识）和论证知识（关于"为什么"的解释—因果性知识）。在明确了事实知识和论证知识后，课堂教学的主要任务就是传授对胜任职业工作具有重要意义的程序知识（关于"怎样"的过程性知识）和应用知识（关于"什么时候"的条件性知识）。这种教学理念在职业教育中被称为教学简化。格润讷（Grüner）[②] 总结了教学简化的两个方向：垂直教学简化和水平教学简化。它们都是用于设计联系职业实践的职业教学过程。基于教学简化思想的教学设计过程，教师以按学科科目排序的课程体系为基础，首先进行条件分析和学情分析，按照步骤完成教学简化，确定该堂课的具体教学目标，然后再进行教学法设计。[③] 可见，教学简化是学科体系主导的职业教育教学设计的核心工作。

## 二　情境原则

根据瑞茨和赛耶德（Reetz 和 Seyd）提出的理论，所谓情境原则是指课程建构的过程是基于主观和客观的情境条件。史莱门特（Clement）则将这一理论引入到了职业教育课程研究中："情境导向的课程体系完整的呈现职业实践的经营过程和工作过程，在该课程学习中学习者可以提前体验和熟悉未来将要面对的职业情境"。[④] 这种把情境作为课程开发和课程内容排序的基准原则的课程理论包含以下三个特征：一是"教学内容是基于对未来职业工作活动的分析得出并按照职业活动的行为逻辑进行排序。教学内容的

① Schelten，A. Einfuerung in die Berufspaedagogik. 4. Ueberarbeitete und aktualisierte Auflage. Stuttgart：Franz Steiner. 2010，S. 188.

② Gruener，G. "Die didaktische Reduktion als Kernstueck der Didaktik." *Die Deutsche Schule*，Heft 59，1967，S. 414 – 430.

③ Tenberg，R. "Lernfeldddidaktik—immer noch eine Herausofrderung." *Berufsbildung*，Heft 124，2010，S. 4.

④ Clement，U. "Curricula fuer die Berufsbildung—Faechersystematik oder Situationsorientierung?" In：In Arnold，R.；Lipsmeier，A. （Hrsg.）：*Handbuch der Berufsbildung*. 2. uebcrarbeitete und aktualisierte Auflage. Wiesbaden：VS Verlag fuer sozialwissenschaften，2006，S. 263.

选择标准是所学内容对基于'职业'定义的未来职业工作行为的重要性"①。
二是"情境导向的课程并不是按照学科性的教学科目划分的，而是根据行动
情境划分的。课程结构脱离了学科结构，模块课程模式成为可能。在模块
课程中，每个行动情境都是相对独立的体系，每个模块中的知识技能都可
单独进行考核鉴定。随着情境导向课程的引入，知识技能的考核测试过程
也发生改变。考试的结果并不是体现专业学习的效果，而是证明学生完成
某个特定职业行为的能力"②。三是"完整的实施问题情境中的行动成为教
学过程的焦点。这样的教学过程要求对复杂的、典型的职业情境进行深入
挖掘，而不再是系统地、逐步地传授知识"③。

　　职业教育中以情境为导向的教育理论包含两个至关重要的概念：经营
过程和工作过程。巴德（Bader）④ 认为经营过程由在业务关系范畴中旨在
形成约定或者交易结果的一系列相互关联的行为构成。"一个经营过程就是
企业中为达成企业目标而进行的一系列内在关联的活动"。要描述一个经营
过程首先应该确定其目标、子任务、资源、流程顺序以及时间、地点和过
程控制等方面内容。"借助工作过程我们可以对经营过程加以区分和具体
化"。"订单过程"就是一个典型的经营过程，即包含一个"从客户到客户"
或者"顾客服务"或"原料物流"的流程。⑤ 工作过程是指为了实现特定目
标而进行的具有特定程序的生产和服务活动。一般来说，技术职业领域的
工作过程都是指向实物货物的生产过程，而在从事商业活动的公司企业的

---

　　① Clement，U. "Curricula fuer die Berufsbildung—Faechersystematik oder Situationsorientier-
ung?" In：In Arnold，R.；Lipsmeier，A.（Hrsg.）：Handbuch der Berufsbildung. 2. ueberarbeitete
und aktualisierte Auflage. Wiesbaden：VS Verlag fuer sozialwissenschaften，2006，S. 264.

　　② Ibid.

　　③ Ibid.

　　④ Bader，R. "Handlungsfelder-Lernfelder-Lernsituationen. Eine Ahteilung zur Erarbeitung
von Rahmenlehrplaenen sowie didaktischer Jahresplanungen fuer die Berufsschule. " In：Bader，R.；
Mueller，M.（Hrsg.）：*Unterrichtgestaltung nach dem Lernfeldkonzept.* Bielefeld：W. Bertels-
mann，2004，S. 14.

　　⑤ KMK. Veroeffentlichung der Kultusministerkonferenz vom 23. 09. 2011；*Handreichung fuer
die Erarbeitung von Rahmenlehrplaenen der Kultusministerkonferenz fuer den berufsbezogenen Un-
terricht in der Berufsschule und ihre Abstimmung mit Ausbildungsordnungen des Bundes fuer aner-
kannte Ausbildungsberufe*，2011，S. 31.

工作过程则就是经营过程。鉴于两者之间的区别，职业教育教学论中经常会用到"工作过程—经营过程导向"这个组合名词。

如何定义技术职业领域的工作过程？它包含哪些结构要素？技术职业领域中的工作过程代表社会技术行动系统的过程结构，它是人类技术性的思考和行动系统重构的结果，是人类使用物质工具对环境进行有目的性的改造（参见图 7-1）。

借助科学技术对环境的改造过程始于设计理念和方案，然后是制造、仪器、机器和设备的使用，再到垃圾的清除或回收利用。科学认知和方法使用是环境改造活动的基础。基于这一理解方式，我们就可以得出结论：职业行动能力体现在主体在计划、开发、制造、分配、使用和处理等阶段技术性的思维和行动中，特别是在技术实践及其理论解释证明过程中得到发展。这种从社会技术角度对工作过程的理解方式告诉我们，与技术体系相关联的职业行动根植于社会条件和基本目标，是以特定目标为导向的在将现状与目标进行比较的持续评价过程中得以实现。因此技术职业领域的工作过程就可以用由六个阶段组成的社会技术行动系统结构进行归纳解释，该结构体系就可以作为技术职业领域工作过程导向的学习领域教学体系的分析和开发的参考体系。

具体的工作过程该用什么样的结构来描述呢？从具体的理解出发，一个职业工作过程是为完成企业工作任务而进行的一个完整的工作进程，它以某一工作成果为目标，潘格劳斯和克努次（Pangalos & Knutzen）将工作过程的几个重要因素总结为：劳动者、工作方法、工作产品以及工作活动（参见图 7-2）。

由此我们可以看出，在特定的工作环境中，这些要素共同作用的空间和时间顺序对于一个工作过程能否实现其所期望的工作成果是很重要的。工作成果是指具体的产品或服务产出。对工作过程的评价主要看它所产生的使用价值。所以每一个职业工作过程都是从工作任务出发到各个要素最后再到工作成果。通常情况下从时间角度来说，每个工作过程都要经历四个阶段——"计划、实施、检查与评价"，在此过程中每一个阶段的工作活动都各不相同。图 7-2 清楚地展现了具体的工作过程的结构要素，同时也

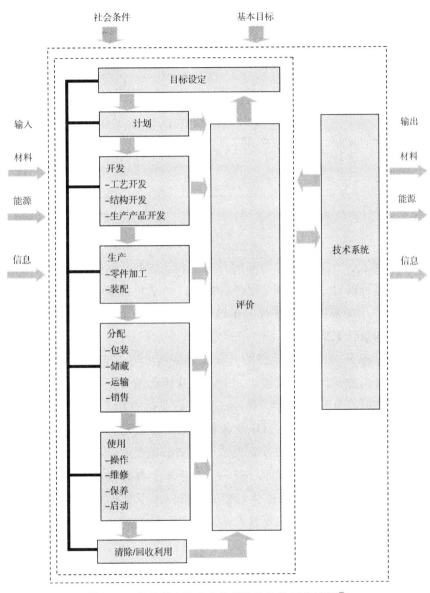

图 7 - 1　基于社会技术行为系统结构的工作过程①

①　Bader，R. "Handlungsfelder—Lernfeld—Lernsituation. Eine Anleitung zur Erarbeitung von Rah-menlehrplanen sowie didaktischer jachresplanungen fur die Berufsschule. " In：Bader，R.；Muller，M (Hrsg)：Unterrichtsgestaltung nach dem lernfeld konzept. Bielefeld：W. Bertelsmann，2004，S. 17.

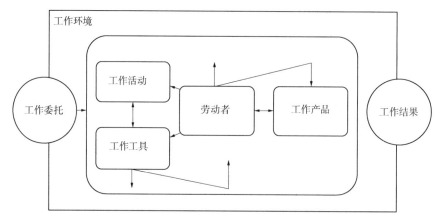

**图 7-2　工作过程的一般结构**①

为大家展现了一个工作过程内部的行动流程。因此，利用工作过程要素和行动流程就可以对一个工作过程进行描述。对于技术职业领域的工作过程导向的课程开发来说，这种对工作过程的要素定义就可作为重要的引导、分析和结构设计工具。

　　工作过程导向的课程传授的是什么知识呢？克莱门特（Clement）指出：情境导向的课程将经验知识、个人以及社会能力等与职业知识和技能的获取放在同等重要的位置上。② 经验对于职业化的专业工作的重要意义很早之前就被学术界所关注，而职业教育研究更多讨论的是知识与经验的内在联系，而不是二者的区别分立关系。在知识类型中，职业教育研究的核心概念是所谓的工作过程知识——一个对于职业教育过程设计和职业科学的教学与研究的核心领域。工作过程知识首先由库尔斯（Kruse）③ 在 1985年作为一种知识类型引入职业教育学和社会学研究中。工作过程知识被认

　　① Pangalos，J.；knutzen，S. "Moglichkeiten und Grenzen der orientierung am Arbeitsprozess fuer die berufliche Bildung. In：pahl J.-P.；Ranner，F.；Spottl，G.（Hrsg.）：Berufliches Arbeitspro-zesswissen. Ein Forschungsgegenstand der Berufsfeldwissenschaffen. Baden—Baden：Nomcs，2000，S. 110.

　　② Clement，U. "Curricula fuer die Berufsbildung—Faechersystematik oder Situationsorientier-ung?" In：In Arnold，R.；Lipsmeier，A.（Hrsg.）：*Handbuch der Berufsbildung*. 2. ueberarbei-tete und aktualisierte Auflage. Wiesbaden：VS Verlag fuer sozialwissenschaften，2006，S. 264.

　　③ Kruse，W.："Neue Technologien，Arbeitsprozesswissen und soziotechnichesche Grundbil-dung." *In*：*Gewerkschaftliche Bildungspolitik*，Nr. 5，1985，S. 150－152.

为是一种能力,更是固化在职业工作中的专业能力的关键要素。费舍尔
(Fischer)① 基于实证研究的成果提出了工作过程知识的定义:

"——它是一种在工作过程中直接需要的知识（与学科系统化知识
不同）;

——它通常只能在工作过程中通过经验学习来获得,但并不排除专业
理论知识的应用;

——它包含一个完整的工作过程,即企业工作流程中的确定目标、计
划、实施和评价自己的工作。"

费舍尔（Fischer）强调了在工作过程中学习对于掌握工作过程知识的
重要性:"在工作过程中学习是一种媒介,利用这种媒介可以将实践性的行
动知识和理论知识联系起来融合成技术工人典型的工作过程知识。在工作
过程中学习对职业能力发展过程的两个阶段是必不可少。一是从经验到认
知的过程。我们应该积累与科学知识有关的经验,这样才能理解它们对于
个人能力发展的重要意义;二是从知识到能力的过程。理论知识需要在工
作环境中与实践行动融合在一起。"②

费舍尔（Fischer）对工作过程知识给出了明确的定义,并指出实践
知识、理论知识与工作过程知识三者之间的关系,但在其模式中没有明
确地解释工作过程中的学习所对应的认知发展过程,即他所指出的两种
知识形式是如何融合为专业技术工人所具备的典型工作过程知识。认知
心理学认为,专业化的行为是建立在科学性的知识和思考过程,以及表
现为基于经验的行为图式的专业实践上,而借助专业知识对经验的分析
和反思对专业能力发展具有至关重要的作用。行动知识和理论知识的融
合过程与反思有着千丝万缕的联系,反思对于能力的发展起着决定性作
用。因此,反思过程能够很好地解释工作过程知识的形成过程（参见图

①　Ficher,M. "Arbeitsprozesswissen." In:Rauner,F. (Hrsg):*Handbuch Berufsbildungs-
forschung*. 2. aktualisierte Auflage. Bielefeld:W. Bertelsmann,2006,S. 308 – 315.

②　Ficher,M. "Die Entwicklung von Arbeitsprozesswissen durch Lernen im Arbeitsprozess-
theoretische Annahmen und empirische Befunde." In:Fischer,M.；Rauner,F. (Hrsg):*Lern-
feld:Arbeitsprozess. Ein Studienbuch zur Kompentenzentwicklung von Fachkraeften in gewerbliche-
technischen Aufgabenbereichen*. Baden-Baden:Nomos,2002,S. 76.

7-3）。劳耐尔（Rauner）也同样指出，工作过程知识来源于反思性的职业实践[1]。从对工作过程知识的概念理解，我们也能很容易得出一些在教学法方面的启示，例如基于经验的学习，行动导向以及以学生为中心的学习形式，它们虽然不是促成工作过程知识形成的唯一形式，但显然是重要的形式。

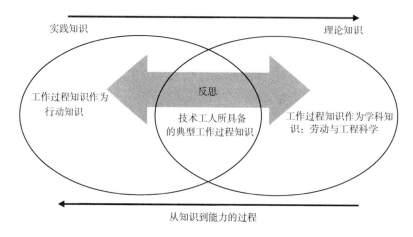

图 7-3　职业工作过程知识的模式[2]

## 三　个性原则

个性原则是指课程结构的设计是以个人的教育需求和个性发展为基准[3]。

---

[1]　Rauner, F.: "Die Bedeutung des Arbeitsprozesswissen fuer eine gestaltungsorientierte Berufsbildung." In: Fischer, M.; Rauner, F. (Hrsg) *Lernfeld: Arbeitsprozess. Ein Studienbuch zur Kompentenzentwicklung von Fachkraeften in gewerbliche-technischen Aufgabenbereichen.* Badn-Baden: Nomos, 2002, S. 25 - 52.

[2]　Fischer, M. "Die Entwicklung von Areitsprozesswissen durch Lernen im Arbeitsprozesstheoretische Annahmen und empirische Befunde." In: Fischer, M.; Rauner, F. (Hrsg): *Lernfeld: Arbeitsprozess. Ein Studienbuch zur Kompetenzenentwicklung von Fachkraften in gewerblichetechnischen Aufgabenbereichen.* Baden-Baden: Nomos, S. 77.

[3]　Reetz, L.; Seyd W. "Curriculare Strukturen beruflicher Bildung." In Arnold, R.; Lipsmeier, A. (Hrsg.): *Handbuch der Berufsbildung.* 2. ueberarbeitete und aktualisierte Auflage. Wiesbaden: VS Verlag fuer sozialwissenschaften, 2006, S. 227 - 259.

以个性发展为教育目标在职业教育中主要体现为强调主体的能力发展。个性原则在课程开发过程中与情境原则和科学原则相互协调共同发挥作用。学生个性发展的需求则指出了情境原则和科学原则在课程开发过程的应用方向，并赋予其内在意义。

图 7-4 对上述的讨论做了总结。近年来，不管是职业教育研究还是职业教育教学实践都呈现出从科学原则到情境原则的范式转变。与此同时，很多学者也分析了单方面过分强调情境原则，而忽视科学原则的弊端。事实上还存在另外一种可能性，学科导向与情境导向原可以不站在对立面上，而是成为互补的整体紧密联系在一起。亦即专业理论知识联系应用情境，在应用的情境中传授专业理论知识[①]。事实上，科学原则和情境原则两者之间的平衡观点也得到很多学者的支持。

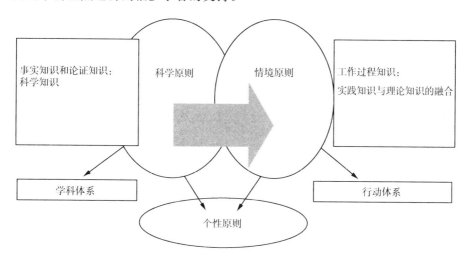

图 7-4  职业教育中情境原则的应用

---

① Sloane，P. F. E Schulnahe Curriculumentwicklung. In：bwp@4/2003（http：//www. bw-pat. de/ausgabe4/sloane _ bwpat4. shtml）.

## 第三节　学习领域课程的教学方法

在上述关于教学内容的讨论中已经指出，行动导向和基于经验的学习方式与工作过程导向的课程有着必然的联系。沙腾（Schelten）从课程模式对教学方式影响的视角详细地阐释了科学导向的传统教学方式与行动导向的教学方式之间的联系（参见图 7-5）："科学导向的教学主要关注的是所要传授的主要源自于专业科学的职业理论，而行动导向教学则重视主要源自于职业资格要求的理论知识。"[1]

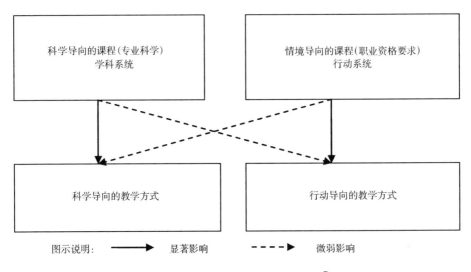

图 7-5　科学导向和行动导向教学[2]

因此，从这一角度来说，行动导向教学对基于行动系统的职业教育课程有着更为显著的影响。沙腾（Schelten）强调："高质量的职业教育教学过程不仅要联系与其相关的专业学科，也要关注职业工作的内在要求。当某个学科知识内容有助于解决某个来源于职业实践的工作任务的时候，行

①　Schelten. A. *Einfuerung in die Berufspaedagogik. 4. Ueberarbeitete und aktualisierte Auflage.* Stuttgart：Franz Steiner，2010，S. 186.

②　Ibid.

动导向教学并不排斥科学导向的教学。反过来亦如此,对教学内容进行教学简化的时候同样要联系职业工作实践。"①

如何具体实施经营过程——工作过程导向的学习领域课程,巴德(Bader)也认为:行动导向是该课程模式教学法的核心原则,因为该课程内容的选择和排序并不是以学科科目而是以行动领域为导向。② 此外,行动导向教学突出根植于情境导向课程的经验学习理念。因此,行动导向和情境导向课程之间的必然联系是显而易见的。

除了上文所述的课程——教学内容之间的密切关系外,行动导向与技术职业领域的专业教学目标——职业行动能力也具有紧密的内在联系。巴德(Bader)认为职业行动能力作为职业教育课程的教学目标只有通过以职业行动为导向的方式——行动导向教学——才能够得到极大的发展和促进。③因此哪些典型的行动导向教学方法能够促进职业行动能力的发展就成为一个至关重要的问题。这个问题我们可以从各种教学方法对组成职业行动能力的不同能力维度的促进作用的关系上找到答案。④ 典型的行动导向教学方法有:项目教学法、模拟教学法、图上演练、角色扮演、案例教学法以及引导文教学法,等等。与传统的教学方法,如讲授法、课堂讨论、四阶段教学法或者分组教学等相比,行动导向教学法对组成职业行动能力的不同能力维度的整体发展具有显著的积极影响(参见表 7-1)。这样,我们就可以明确得出行动导向教学方法与职业行动能力的教学目标和工作过程导向的教学内容之间的密切的内在关系。

职业教育中的行动导向教学将对职业工作具有重要意义的、复杂的、包含问题的行动情境作为教学的出发点,以学生职业行动能力的发展作为最终目标。行动导向教学有以下几个特点:

---

① Schelten. A. *Einfuerung in die Berufspaedagogik*. 4. *Ueberarbeitete und aktualisierte Auflage*. Stuttgart: Franz Steiner, 2010, S. 186.

② Bader, R. "Handlungsorientierung als didaktische-methodisches Konzept der Berufsbildung." In: Bader, R.; Mueller, M. (Hrsg.): *Unterrichtgestaltung nach dem Lernfeldkonzept*. Bielefeld: W. Bertelsmann, 2004, S. 67.

③ Ibid., S. 61.

④ Bonz, B. *Methoden der Berufsbildung. Ein Lehrbuch*. 2. neubearbeitete und ergaenzte Auflage. Stuttgart: Hirzel, 2009, S. 251.

表 7 - 1　　　　　　　　　　教学方法与职业行动能力维度的关系①

| 教学方法 | 能力维度 | | |
|---|---|---|---|
| | 专业能力 | 社会能力 | 方法能力 |
| 讲授法 | A | | |
| 教学软件 | A | | |
| 四阶段教学法 | A | | |
| 课堂讨论 | B | A | |
| 分组教学 | A | A | A |
| 项目教学法 | A | A | A |
| 模拟教学法 | A | C | C |
| 图上演练 | A | B | A |
| 角色扮演法 | B | A | B |
| 案例教学法 | A | A | C |
| 引导文教学法 | A | C | A |
| A 显著意义 | B 较有意义 | C 视不同情况意义不同 | |

　　一是学习发生在完整的行动中，并尽可能独立完成该行动或者至少能够理解该行动，体现了学习过程的独立自主性；

　　二是行动促进对职业实践的全面理解，例如技术、劳动安全、经济、法律、生态和社会等方面，体现了整体性学习；

　　三是行动使学习者积累经验，并促使他们反思其社会影响，体现了反思性学习；

　　四是学习过程中交织着社会交际和合作过程，体现了合作性学习；

　　五是行动促进社会性学习，例如利益关系或者解决冲突以及职业规划和生涯计划。

　　行动导向教学过程的中心和焦点不再是教师而是学生。教师不再只是知识的传授者，还同时扮演着学生学习过程的伴随者和咨询者。因此，为了激发和促进学生的交流和互动，相对于传统的教学方式，教师面临着更大的挑战，他们需要在开放的教学过程中对学生的表现根据当时情况现场

　　① Bonz，B. *Methoden der Berufsbildung. Ein Lehrbuch.* 2. neubearbeitete und ergaenzte Auflage. Stuttgart：Hirzel，2009，S. 253.

作出反应，不再是按部就班的按照备课计划进行教学。

　　从教学方法设计的角度来说，教师的主要任务是选择适宜的行动导向教学方法和设计行动情境。教师必须重点关注行动情境中的问题和任务设置，制定行动目标，概括性的描述学生学习过程所实现的行动产品。事实上，上述教师的任务已经包含了校本课程的开发工作。此外，行动导向教学中教学媒体也不可或缺，教师需要根据所设计的行动情境和选择的教学方法开发诸如工作页等材料，准备必需的教学辅助用具。[1] 从教学法设计的角度来说，行动导向教学赋予教师工作新的内涵。与传统教学方式相比，教师面临新的工作挑战。

　　例如：电工电子专业所有课程的共同特点是学生都要与"电"这种看不见、摸不着的物质打交道，无法通过直接的感官获得经验。这给以形象思维为主的职业学校学生造成巨大的理解困难。因此，电工电子专业课程教学的难点是如何让抽象的"电"现象变得形象易懂。由此，实验学习、教学媒介设计以及实验实训室的规划成为电工电子专业的教学研究的核心问题。随着电力电子系统的复杂程度不断上升、软硬件的日趋融合，电工电子职业工作的抽象程度也随之加深，系统思考能力和分析能力更成为电工电子职业能力的核心要素之一。[2] 从职业工作分析的角度来说，电工电子专业典型的就业范围包括：生产制造、能源电力、家电维修行业、IT 通信，等等。电工电子职业工作的重点和典型的工作过程可概括总结为：

| 领　　域 | 职业工作的重点和典型的工作过程。 |
| --- | --- |
| 生产制造 | 电子电力设备和仪器的生产、安装、调试运行、测试、维护和维修。 |
| 能源电力 | 配电设备和网络的维护和维修；建筑和能源行业中电力电子设备的安装、维护、检测和维修。 |
| 家电维修 | 家用电器的设计、安装、调试运行、维修和维护。 |
| IT 通信 | IT 和通信设备的设计、安装和维护。 |

---

[1] Bonz，B. *Methoden der Berufsbildung. Ein Lehrbuch*. 2. neubearbeitete und ergaenzte Auflage. Stuttgart：Hirzel，2009，S. 118.

[2] Jenewein，K. "Berufliche Fachrichtung Elektrotechnik." In：Pahl，J.-P.；Herkner，V. (Hrsg.)：*Handbuch Berufliche Fachlichtung*. Bielefeld：W. Bertelsmann，2010，S. 428.

总体来说，电工电子相关职业的典型工作过程是对电力电子系统和设备的设计、装配、安装、运转、维持、维修、诊断和优化改造等。帕尔 (Pahl)[①] 将行动导向教学理论与电工电子的典型职业工作过程和工作行动整合为一系列教学方案（参见图 7 - 6），如设计任务、装配任务、安装任务，等等，可作为电工电子专业的特有教学模式。

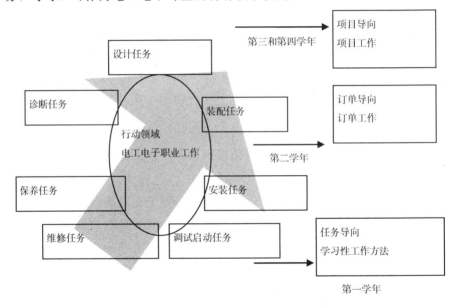

**图 7 - 6    电工电子技术职业教育中的教学方案**

图 7 - 6 所描述的是基于典型工作过程的电工电子技术领域的教学方案。从能力发展的系统性来说，三个学年的专业课程教学可以将教学方法按照以下的原则和顺序进行安排：第一学年中普教课程和专业课程教学注重运用侧重掌握基础知识和技能的学习性工作法（任务导向），紧接着在第二学年中让学生完成来源于职业工作实践的工作订单，职业教育最后一个阶段的核心是项目工作（项目导向），这样学生就有机会将所有掌握的知识和技能在跨专业的项目工作中得到运用。每种教学方法都对学习者的知识和能

---

① Pahl, J.-P. *Ausbildung und Unterrichtsverfahren：ein Kompendium fuer den Lernbreich Arbeit und Technik*. Bielefeld：W. Bertelsmann，2005.

力基础提出了要求，随着能力的发展学生在第三学年才具备完成复杂项目的能力。

工作过程导向的专业教学体系建立在学习理论的基础上，在内容上涵盖旨在促进职业行动能力发展的目标层面、以工作过程为导向的内容层面和行动导向的教学法层面，这三者之间相互依存（参见图 7-7）。

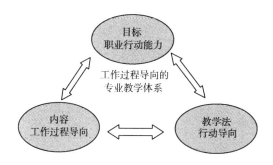

**图 7-7　工作过程导向的专业教学体系**

根据之前的讨论我们可以总结出两种职业教育理念的区别与联系（参见表 7-2）。这里仍然要强调的是两种理念之间并不存在对立关系，而是可以互补融合成为一个有机的整体：专业理论知识联系应用情境，在应用的情境中传授专业理论知识。

表 7-2　　传统职业教育理念与工作过程导向职业教育理念的对比

|  | 传统理念 | 工作过程导向理念 |
|---|---|---|
| 目标 | 掌握与职业工作相关的知识和技能 | 综合职业能力发展<br>（专业能力和跨专业能力） |
| 内容 | 组织与传授经过教学简化的学科系统化的教学内容 | 在应用情境中组织与传授工作过程系统化的教学内容 |
| 教学法 | 以教师为中心，与情境无关的线性教学过程 | 学生主动的，以问题和情境为导向的学习（行动导向） |

# 第八章 德国学习领域课程方案的应用

## 第一节 工作过程导向的学习领域课程方案的执行

自从 1996 年德国各州文教部长联席会议把学习领域方案作为对职业学校课程开发设计具有普遍约束力的基本框架以来，德国职业学校的课程更加趋向于职业工作过程导向。从 1996 年起德国新颁布的培训职业（相当于我国的专业）的课程方案均采用了学习领域课程。根据德国各州文教部长联席会议的观点，基于工作过程和经营过程的学习领域方案能够支持在职业教育过程中实现以行动为导向的学习[①]。与传统的专业系统化的课程相比，学习领域课程方案的教学理念发生了根本性的变化：学习领域课程的出发点不再是专业科学理论，而是职业的问题情境，因为对专业科学理论的理解是靠对尽可能多的实例讲解获得的，而职业的问题情境是从职业行动领域发展而来并经过了教学法处理。[②] 学习领域课程的实施是以下要素和概念为基础的：行动领域、学习领域和学习情境。

工作过程导向的专业工作是职业教育课程开发的重要依据和出发点。就此而言，行动领域与职业活动领域是没有区别的，职业活动领域是真实发生在专业工作人员的工作过程中。对于职业教育课程设计来说，我们

---

[①] KMK. Veroeffentlichenung der Kultusminsterkonferenz vom 23. 09. 2011：*Handreichung fuer die Erarbeitung von Rahmenlehrplaenen der Kultusminsterkonferenz fuer den berufsbezogenen Unterricht in der Berufsschule und ihre Abstimmung mit Ausbildungsordnungen des Bundes fuer anerkannte Ausbildungsberufe*，2011，S. 32.

[②] Ibid.，S. 10.

首先要尝试的是根据对教育的理解和促进能力发展的真实情况来全面地制定方案。在职业教育过程中关于课程开发已经制定了很多不同的方案，尽管如此，几乎所有的职业分析和工作分析的第一个步骤仍然是要在职业特征的意义上确定出一个职业规格（Berufsbild）。对此德国各州文教部长联席会议进一步指出："行动领域是指向工作过程和经营过程中与职业相关的任务。行动领域使职业要求、社会要求和个人要求结合在一起。"①

学习领域是构成学习领域课程方案的核心。根据德国各州文教部长联席会议（2011）的观点，学习领域课程是通过具体化的行动能力和时间参考值来描述的主题学习单元。学习领域是从各个职业的行动领域发展而来，它指向与工作过程和经营过程相关的职业任务。从以发展行动能力为目标的角度来看，学习领域应该将职业、社会和个人这三个对职业教育至关重要的方面联系起来。学习领域的数量取决于以行动领域为基础的工作过程和经营过程中的职业任务的数量，同时它还取决于职业行动领域和工作过程的结构。通常情况下学习领域课程方案是由 12 到 18 个学习领域组成。②

学习情境是学习领域课程方案的构成要素，其目的是为学校教学过程设计学习性任务。所以学习情境可以被视为学习领域范围内的较小的主题单位，是把在学习领域内描述的职业任务和行动过程进行教学法和方法论的处理。学习情境遵循把获取全面的行动能力作为职业教育的主导目标这个原则，并尽可能地支持所有能力维度的同时发展。③ 德国各州文教部长联

①　KMK. Veroeffentlichenung der Kultusminsterkonferenz vom 23. 09. 2011；*Handreichung fuer die Erarbeitung von Rahmenlehrplaenen der Kultusminsterkonferenz fuer den berufsbezogenen Unterricht in der Berufsschule und ihre Abstimmung mit Ausbildungsordnungen des Bundes fuer anerkannte Ausbildungsberufe*，2011，S. 31.

②　Herrmann，G. -G.；Illerhaus，K. "Zur Entwicklung der Lernfeldstruktur der Rahmenlehrplaene der Kultusminsterkonferenz fuer den Unterricht in der Berufsschule. " In：Lipsmeier，A；Paetzold，G. （Hrsg. ）：*Lernfeldorientierung in Theorie und Praxis*. Zeitschrift fuer Berufs und Wirtschaftspaedagogik，Beiheft 15，2000，S. 105.

③　KMK. Veroeffentlichenung der Kultusminsterkonferenz vom 23. 09. 2011；*Handreichung fuer die Erarbeitung von Rahmenlehrplaenen der Kultusminsterkonferenz fuer den berufsbezogenen Unterricht in der Berufsschule und ihre Abstimmung mit Ausbildungsordnungen des Bundes fuer anerkannte Ausbildungsberufe*，2011，S. 32.

席会议突出强调的一点是，在以行动为导向的学习情境中，学习领域的课堂应用是每个职业学校教师团队的任务。[1]

巴德和晒菲尔（Bader & Schäfer）[2]对行动领域和学习领域之间的相互联系以及通过开发学习情境实施学习领域课程进行了具体的说明（参见图 8 - 1）。

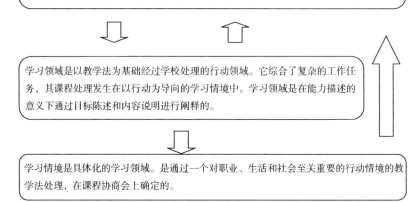

行动领域是属于同一整体的、对职业、生活以及社会都很重要的行动情境的综合体，这种行动情境应该是可以完成的。行动领域总是多维的，因为它们总是将职业、社会和个人的问题情境联系起来。在这里每个维度的分量可以略有变化。

学习领域是以教学法为基础经过学校处理的行动领域。它综合了复杂的工作任务，其课程处理发生在以行动为导向的学习情境中。学习领域是在能力描述的意义下通过目标陈述和内容说明进行阐释的。

学习情境是具体化的学习领域。是通过一个对职业、生活和社会至关重要的行动情境的教学法处理，在课程协商会上确定的。

**图 8 - 1  行动领域、学习领域和学习情境[3]**

这里我们以建筑系统和基础设施系统的电子工程人员的职业培训为例，为大家介绍学习领域的框架教学计划（参见表 8 - 1）。例如前四个学习领域——"电气工程系统的分析与功能检测""电气化设备的规划与实施"

①　KMK. Veroeffentlichenung der Kultusminsterkonferenz vom 23. 09. 2011：*Handreichung fuer die Erarbeitung von Rahmenlehrplaenen der Kultusminsterkonferenz fuer den berufsbezogenen Unterricht in der Berufsschule und ihre Abstimmung mit Ausbildungsordnungen des Bundes fuer anerkannte Ausbildungsberufe*，2011，S. 11.

②　Bader，R.；Schaefer，B. "Lernfelder gestalten. Vom komplexen Handlungsfeld zur didaktisch strukturierten Lernsituation" *Die berufsbildende Schule*，Heft 50，1998，S. 228 - 234.

③　Bader，R. "Handlungsfeld—Lernfeld—Lernsituation. Eine Anleitung zur Erarbeitung von Rahmenlehrplanen sowie didaktischer jahresplanungen fuer die Berufsschule." In：Bader，R.；Muller，M. (Hrsg)：Unterchtigestaltung nach dem lernfeldkonzept. Bielefeld；W. Bertelsmann，2004，S. 28.

"电气化控制系统的分析与调整"以及"信息技术系统的准备与使用",这对于所有电气化职业来说在第一学年都是统一的。

表 8-1　建筑系统与基础设施系统电子工程人员培训职业的学习领域①

| 编号 | 学习领域 | 时间参考值 | | | |
|---|---|---|---|---|---|
| | | 第一学年 | 第二学年 | 第三学年 | 第四学年 |
| 1 | 电气工程系统的分析与功能检测 | 80 | | | |
| 2 | 电气化设备的规划与实施 | 80 | | | |
| 3 | 电气化控制系统的分析与调整 | 80 | | | |
| 4 | 信息技术系统的准备与使用 | 80 | | | |
| 5 | 生产设施电能供给与安全的保障 | | 80 | | |
| 6 | 建筑技术设备的检测 | | 60 | | |
| 7 | 实现顾客可定制的建筑技术设备 | | 80 | | |
| 8 | 向企业管理方面扩展建筑技术系统 | | 60 | | |
| 9 | 系统一体化与第三方服务的安排 | | | 100 | |
| 10 | 按照顾客意愿处理建筑系统与基础设施系统 | | | 100 | |
| 11 | 建筑系统与基础设施系统的维持与维修任务的分配 | | | 80 | |
| 12 | 对建筑系统与基础设施系统使用转变的计划 | | | | 60 |
| 13 | 建筑系统与基础设施系统的优化 | | | | 80 |
| | 总数（共计 1020 小时） | 320 | 280 | 280 | 140 |

图 8-2 为我们展示了第一学年的学习领域。在这些学习领域中要综合传授数学、自然科学和专业科学的内容以及安全技术、企业管理方面的内容。由此可以得出,行动导向的基本原则——完整的行动——是通过课程单元发挥作用的。

表 8-1 为我们展示的是在学校教育中建筑系统与基础设施系统电子工程人员培训职业在十三个学习领域中的教学计划。在教育时间内每个学习领

①　KMK. Beschluss der Kultusministerkonferenz vom 16. 05. 2003: *Rahmenlehrplan fuer den Ausbildungsberuf Elektroniker fuer Gebaeude und Infrastruktursysteme/Elektronikerin fuer Gebaeude und Infrastruktursysteme*, 2003, S. 8.

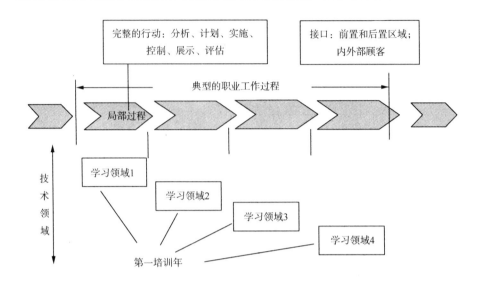

图 8 - 2　第一学年学习领域的构成[①]

域的课时分配是固定的。显然学习领域是基于工作过程和经营过程与职业相关的任务，并且每个学习领域符合于一个典型的职业工作过程。因此以顾客为导向的职业委托和订单处理都具有特殊的重要意义，而且在将学习领域转化为学习情境的过程也要尤其考虑到这两点。[②]

　　在第一学年的学习领域中重点是要学习一个职业领域的基础知识，在典型的职业和跨职业行动过程的环境中，这些知识是所有电气工程培训职

---

　　① BiBB. Aus der Neuordnungsarbeit des BIBB 2003，industrielle Elektroberufe——zum Ausbildungsstart 2003. Bonn（http：//www. bibb. de/dokumente/pdf/a43 _ elektroberufe _ info- industrielle-elektoberufe. pdf），stand：11. 05. 2011，S. 7.

　　② KMK. Beschluss der Kultusministerkonferenz vom 16. 05. 2003：*Rahmenlehrplan fuer den Ausbildungsberuf Elektroniker fuer Gebaeude und Infrastruktursysteme/Elektronikerin fuer Gebaeude und Infrastruktursysteme*，2003，S. 7.

业的基础。通过对合适范例的选择和学校学习情境转换中的任务，我们可以注意到职业特有的方面。[①] 表 8－2 给出的是学习领域的构建以及目标和内容方面的具体描述及其时间参考值。从对目标的描述中我们看出，该学习领域属于以工作为导向的学习领域，因为目标描述包含了从任务及订单接收到任务计划、任务实施直到任务验收的内容。

表 8－2　学习领域 2——建筑系统与基础设施系统的电子工程培训职业[②]

| 学习领域 2：电气化设备的规划与实施 | 第一学年<br>时间参考值：80 课时 |
| --- | --- |
| **目标描述：**<br>　学生要分析机械和设备的能源供给任务。<br>　学生要在考虑到典型网络系统和所需保护措施的情况下设计装备。他们要完成电脑可控的接线图和设备平面图，并且要对零部件进行测量，同时考虑其功能、经济和生态方面的因素进行筛选。学生要学会应用电气安装技术的专业概念。他们要会用英语提取信息的有用部分。<br>　学生要学会在建立设备时设计典型过程。同时他们还要确定完成任务的工作步骤、材料处理和与其他参与者的协调，并选择工作工具，协调工作过程。他们需要计算建立设备所需的费用，生产供货并对顾客进行讲解。<br>　学生要学会安装设备。同时要在电气化设备的工作中考虑到防止事故的规定，遵循安全法规。他们需要了解电流可能存在的危险并注意相关安全条例和保护措施。<br>　学生要学会使用设备、记录工作参数并完成文献资料的汇编。他们要检查设备，找出并修复故障。他们要将设备交付给顾客，为顾客演示设备的功能，指导设备的使用方法。<br>　学生要对其工作结果进行评价以优化其工作组织。<br>　学生需要为他们所处理的任务进行估算。 | |
| **内容：**<br>　任务计划、任务实现<br>　一台设备或者机器的能源需求<br>　安全条例<br>　设备技术<br>　生产设备的特征值<br>　接线图种类<br>　导线尺寸<br>　工作组织<br>　费用计算、供货生产 | |

　　基于学习领域开发的以行动为导向的学习情境作为学校的课程对于学

---

① 　KMK. Beschluss der Kultusministerkonferenz vom 16. 05. 2003：*Rahmenlehrplan fuer den Ausbildungsberuf Elektroniker fuer Gebaeude und Infrastruktursysteme / Elektronikerin fuer Gebaeude und Infrastruktursysteme*，2003，S. 7.

② 　Ibid.，S. 10

校的教学过程具有重要的意义。这些学习情境是由每个学校的教师团队开发的，所以学习情境的开发是职业学校教师开展以工作过程为导向教学的典型任务。下面所要介绍的内容是以工作过程为导向的学习领域方案的应用。

## 第二节　学习领域课程的具体实施方案

如何将学习领域的框架教学计划转化为职业学校的实施计划，是实施学习领域课程方案首先要解决的核心问题。本部分选取了四个案例，旨在分别从不同的角度向读者展示在专业教学层面上学习领域课程的不同实施方案。

### 一　案例一：学校年度教学计划设计

该方案是在北莱茵—威斯特法伦和萨克森—安哈特州由试点协会 SE-LUBA 开展的学习领域课程典型试验的过程中形成的。这项典型试验是以巴德（Bader）的研究为基础。巴德（Bader）在对该项典型试验的科学指导中，首先对学习领域方案的基础性概念进行了深入研究，并概要地描述了学习领域课程的教学法参考点。从教学实施的角度出发，他为框架教学计划委员会和课程协商会就学习领域设计和学习情境的开发设计了一个顺序结构，即：借助引导问题，通过八个课程步骤（参见图 8 - 3）描述设计学习领域和开发学习情境的一个具体行动计划。[①] 从巴德（Bader）的研究出发，北威州 SELUBA 工作团队拟定了学校年度教学计划的草案和学校年度教学计划开发的工作步骤。

依据巴德（Bader）的理论，北威州 SELUBA 工作团队对学习领域课程方案在学年教学计划的宏观层面、学校的课程计划和组织的中观层面以及

---

① Bader，R. "Handlungsfelder-Lernfelder-Lernsituationen. Eine Ahteilung zur Erarbeitung von Rahmenlehrplaenen sowie didaktischer Jahresplanungen fuer die Berufschule." In：Bader，R.；Mueller，M. （Hrsg.）：*Unterrichtgestaltung nach dem Lernfeldkonzept.* Bielefeld：W. Bertelsmann，2004.

多样化的具体的教学准备工作的微观层面上都付出了巨大的努力。每所学校都必须具备课程能力，能够在学校条件下以学习领域的形式将新的课程单元按顺序整理，并且通过学习情境将学习领域具体化，"用生活去充实"学校生活。"学习情境并不是从学习领域中'得出'的，而是从经验中产生的、是在创造性的活动和反思中产生的"，而且"它们必须适合教学，并且可以设计"[①]。巴德（Bader）认为对学校年度教学计划设计最为重要的切入点是：职业学校的教育任务、经营过程和工作过程导向、以行动能力为主要目标和学习领域课程方案。

在这项典型试验中，教师的专业教学法任务是通过学习情境在学校和课堂上将学习领域具体化，如图 8-3 所示。就此而言，"从学习领域到学习情境"这个步骤处于整个顺序结构的核心地位。依据巴德（Bader）的观点，步骤八"在行动领域导向下通过对学习领域的具体化来开发学习情境"在以下三个范畴内都有重要意义：即学习情境的分析、学习情境的设计以及组织和框架条件。

以巴德（Bader）的理论为基础，北威州 SELUBA 工作组针对实际，对学校年度教学计划开发工作的步骤做了详细的介绍，与第八步骤相对应的学习情境，作为学习领域课程的具体化的核心内容。为了确保与企业伙伴的合作，课程协商会由所有的教师（所有在这个班级授课的同事）以及企业培训教师的代表和学生代表所组成。课程协商会的研究结果被作为学校年度教学计划，在微观层面它还是每个教学人员进行具体教学工作的基础，同时也可以作为确定职责和教师团队与企业合作伙伴协调的基础。在年度教学计划中，教育计划工作可以划分为三个阶段：第一个工作阶段包括七个工作步骤，它涉及了年度教学计划的开发；第二阶段的工作是年度教学计划的文献汇编工作；最后一个阶段是从确保质量和标准的角度进行的评估工作（参见图 8-5）。

---

① 　Bader，R. "Handlungsfelder-Lernfelder-Lernsituationen. Eine Ahteilung zur Erarbeitung von Rahmenlehrplaenen sowie didactischer Jahresplanungen fuer die Berufschule." In: Bader，R. ; Mueller，M. （Hrsg.）: *Unterrichtgestaltung nach dem Lernfeldkonzept*. Bielefeld: W. Bertelsmann，2004，S. 11 - 13.

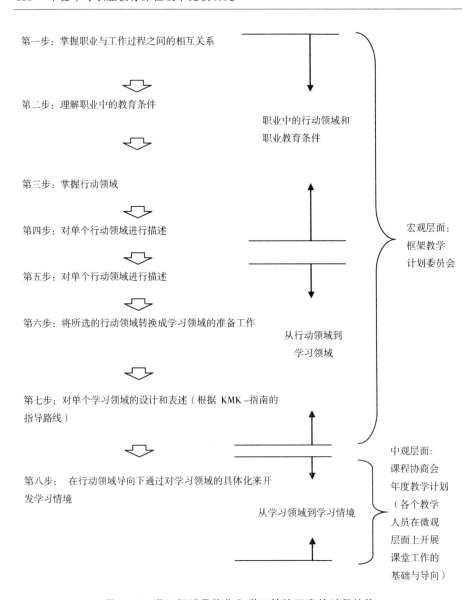

图8-3　学习领域具体化和学习情境开发的过程结构

（一）工作阶段1：年度教学计划的开发

第一步：阐释教学计划的行动系统结构。

对于课程协商会或者课程团队来说，为了能够开发合适、典范和完整的学习情境，这个步骤意味着要具体地开发出行动领域或者说工作过程和经营过程。在这里我们需要将职业关键技能与学习领域的关键能力联系起来。这二者的结合从两个方面促进了教育计划的工作：一方面它能够使学校与企业的合作基础更加明确；另一方面，如果某个学习领域指向中心的职业行动领域、并且它的行动逻辑和专业逻辑的整体结构都很清晰，那么就可以将行动领域简化为学校关于学习情境的计划。

我们可以在学习领域范围中确定以教学法为基础建立的典型的职业行动情境，学校学习情境也可以从中形成。

第二步：学习领域的排序。

各学习领域之间是按照以下原则相互关联的：

学习领域的行动逻辑结构：从简单到复杂的职业任务；

学习领域的专业逻辑结构：从基础知识到专家知识；

学习领域的发展逻辑结构：从初学者到职业专家。

这种相互关系的分析是以教学计划为基础的，它支撑着每一学年的以教学法为基础建立的学习领域安排，并清楚地解释了整个教育计划的学习领域之间的内在联系。

就学习领域的排序有以下三种可能：

学习领域的纵向排列（学习领域按照一个接着一个的顺序排列，并且彼此重叠地建立）；

学习领域的平行排列；

上述两种方式的混合排列（一部分纵向排列，一部分水平排列的混合结构）。

课程选择的排序形式是在教学法的层面上，从上文所说的教学计划分析中得出。在学年计划的具体转换中也要考虑学校组织的框架条件，例如师资的投入规划、教师团队的构建、专业教室的可用性、学校教育模式以及课时计划安排等。

第三步：学习情境的开发。

对于这个步骤来说，单独的学习领域可以说是通过学习情境在教学法的基础上建立的。在学习领域内可以找到对具体的课程很重要的典型学习机会。就这点而言，我们可以回到紧密的学习合作——与企业伙伴的商讨与协定。

在接下来的教学步骤中，我们将检验上述这些可能的学习情境是否适合于学校学习过程。另外还将介绍职业学校的教育任务，学习小组的环境以及在"教学法筛选"（didaktischen Filters）意义下对职业至关重要的标准（参见图 8 - 4）。

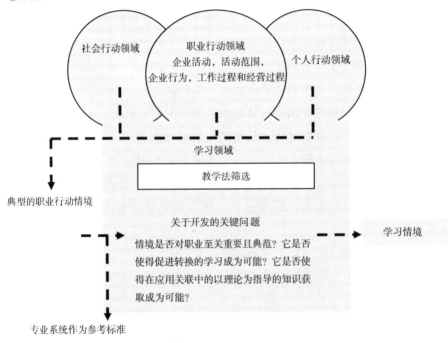

**图 8 - 4　行动领域、学习领域与学习情境之间的相互关系①**

第四步：设计学习情境。

在第三个步骤中所描述的典型的以职业为导向的学习机会是开发学习情境的出发点。学习情境的进一步设计可以将行动结构、专业结构和发展

　　① Arbeitsgruppe in Rahmen des Modellversuches SELUBA—NRW. "Didaktische jahresplanung. Entwicklung der Arbeitsschritte mit exemplarischer konkretisierung, Dokumentation, Evaluation." In: Bader, R. ; Mueller, M. (Hrsg. ): Unterrichtsgestaltung nach dem lernfeldkonzept. Bielcfeld: w. Bertelsmann, S. 201.

逻辑结构相互联系起来，这样可能实现完整的学习过程。

首先，在设计学习情境时，尤其要注意到对跨专业能力的发展，比如在社会、个人或者方法方面。这也就是说，学习情境的设计在内容和方法上都应该是开放的，这就使得在该学习情境中的学生可以得到适合他们发展并检验其学习和工作技能的空间。总体来说，学习情境必须要能促进解决问题的以目标为导向的学习、工作以及成果。

其次，在学习情境中要明确行动逻辑系统和专业体系系统之间的相互关系。行动逻辑结构和专业体系结构的组合改善了课堂教学过程的计划保障。另外，专业逻辑结构和行动逻辑结构的结合也是年度教学计划中以教学法为基础建立的学习情境排序的基础。

学习情境应该尽可能地接近现实环境、职业工作任务、问题情境以及个人的生活环境。这样的学习情境可以让学生在富有意义的应用联系中学习到为什么提出问题和提出什么样的问题，以及如何去以目标为导向解决这些问题，例如通过对真实环境的模拟来建立一个可靠的、接近现实的环境。与企业合作伙伴的学习合作在这里再次起到了重要的作用，通过对问题提出、对工作材料的筛选、对合作项目的强化来加强教学合作。

最后，为了推动和支持独立完整的学习过程，我们应该通过提供资料、专业室的准备，以及对合适方法的选择来考虑学习情境的设计。

第五步：在学习情境中实现学习范围的合作。

为了发展全面的行动能力并支持完整的学习过程，在学习情境中跨职业学习范围的课程贡献是不可或缺的，这里所涉及的是共同目标的设定和与职业相关课程的学习情境的共同准备，从而使学生完成完整的学习过程成为可能。

第六步：学习情境排序。

学习情境贯穿在学习领域的整个学习过程中。为了确保学习小组逐步的能力发展和学习发展，学习情境的建立是彼此叠加的。学习情境的排序支持学习情境之间的相互重叠的关系，并且涉及建立的或者促成转换与其他学习领域的学习情境之间的关系。同时，学习情境的安排还能够让学生在学习领域的整个学习过程中掌握专业逻辑关系，并在规划时应充分考虑到这一点。

第七步：将学习成果检验列入计划。

对于学习成果检验的规划是把以行动为导向的课程目标作为出发点，加强对与过程相关的检验形式的发展与运用。这些检验都应该与过程相关，并且要考虑行动导向的原则，也就是说它们必须：

要以行动目标为基准；

是针对主体的；

在可能的范围内证明一个行动结构或者行动草案是否可行；

拥有一个对象关联，例如行动对象的改变；

能够独立地处理问题；

反映社会的一体化；

促进自我反省。

因此，学习者的自我评价、外界评价、进度报告和学习报告（学习者或者教学者的结构化报告）等几种典型的方法通常被结合起来运用于以过程为导向的学习成果的检验中。

（二）工作阶段2：年度教学计划的文献汇编工作

课程方案的文献汇编工作与年度教学计划为课程的参与者提供了一个课程计划工作的具体概要，而且对于他们来说还可以作为课程准备和课程工作的计划辅助手段，以及课程后续评价的依据。

在课程范围内文献汇编工作有以下两个不同的层面：

一是教学法"宏观结构"的文献汇编工作。包括了对教学计划分析的结果，以综合的学习情境的形式对学习领域的教学安排。

二是教学法"微观结构"的文献汇编工作。包括能力的最低要求、每个学习情境的总课时数和与学习情境相关的科目/专业的（Fächer/fachlichen）职责和内容的分配。另外还涉及对专业教室的需求、师资的投入、合作的协商、学习成果检验以及课堂教学方法等。

（三）工作阶段3：评估

从保证课程质量的角度考虑，对年度教学计划的评估是必不可少的。

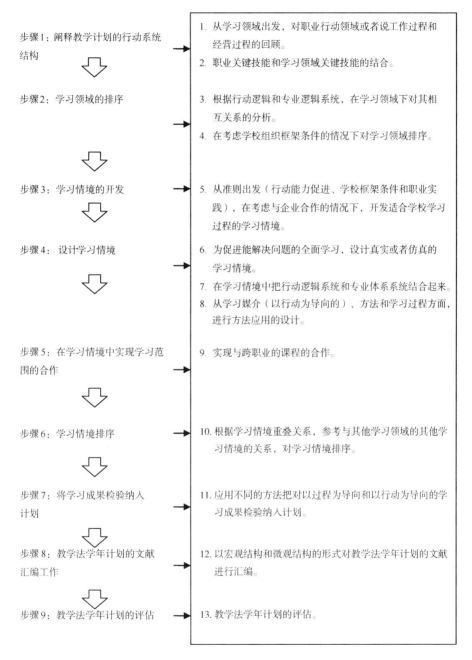

图 8-5　学习领域和学习情境开发的行动步骤

根据评估对象可以总结出以下两个评估思路：一方面把以产品为导向的年度教学计划作为计划工具；另一方面是把合作计划过程和发展过程视为重心。评估方式基本上采用自我评估的模式。

年度教学计划将新的学校组织的框架作为先决条件。课程协商会要求在课程中具有出色的跨专业团队工作。为了成功地规划课程工作，教师必须理解从行动领域到学习领域的教学过程，并且能够从教学能力的角度来评价教学过程。此外他们还必须具备教育学和教学法知识，这样才能够恰当地把握从学习领域到学习情境的设计过程。所以为了理解行动逻辑的学习领域，并建立逼真的职业实践学习情境，他们还要熟悉职业实践和企业行动领域的相关内容。

在教学过程方面值得我们注意的是，在微观的教学设计方面，以学习领域课程为基础的教学设计工作的一部分被转移到了学校层面（中观层面）[1]，而在宏观层面的课程工作同样被转移到学校层面（参见图 8－6）。因此，通过学习领域课程的引入，一个高要求的以工作过程为导向的职业教育基本上是依赖于学校的课程团队工作。

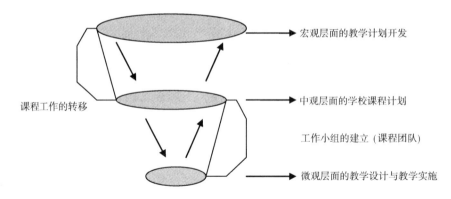

**图 8－6　引进学习领域课程后的学校行动层面[2]**

　　① Sloane，P. F. E Bildungsmanagment im Lernfeldkonzept. Curriculare und organisatorische Gestaltung. Paderborn：Eusl，2002，S. 8 - 25.

　　② Ibid.，S. 14.

## 二　案例二：校本课程开发

"校本课程开发"原则是由斯劳讷（P. F. E. Sloane）和他的团队在指导"NELE"典型试验时提出来的。该应用方案是以对创造性教学计划实施的基本理解为基础的。这要再次追溯到学习领域的创造性的实施过程，在这个过程中，教师根据学习领域的框架教学计划，以他们的经验为前提来开发学校课程。[①] 这涉及对学习领域的教学法方案的解释：学习领域的结构特征、情境关联、过程导向和目标导向。在各个职业学校中由教师工作组组成的课程委员会负责阐明学习领域是一个开放的教学计划。[②]

学习领域课程阐释及学习情境的开发首先应该明确学习情境和措施（Maβnahmen）之间的区别。"措施"可以理解为每个可以想象的有计划的教学法干预，例如专题研讨会、科学报告、考察项目等。课程是一个由这些可以划定界限的措施组成的复杂组合体，其目的是实现教学的预定目标。课程委员会作为实施学习领域课程的教师团队，肩负着设计学习情境和与此相关的与目标群体相应的以及有目的的干预的任务。在学习领域课程中这些计划都是十分开放的，因此课程阐释是措施计划的组成部分。所以"为了支持学习者完成学习情境，教师要计划措施"。[③]

从学习情境和措施之间的差异出发，斯劳讷（Sloane）把课程委员会的工作、学习情境的开发和排序以及一系列措施的采纳都视为"话语"措施计划，因为这些过程都是以教师参与的谈话所得出的论点为基础的。事实上不存在客观正确的学习情境以及相关正确的措施，工作团队确定他们要在什么时候、以什么样的方式和为什么去做什么工作。通常教师应该将开发学习情境的经济效益和效率在自己学校的框架内进行检验。斯劳讷（Sloane）概括出了课程委员会承担的四个领域的任务即：课程阐释、措

---

①　Sloane，P. F. E Schulnahe Curriculumentwicklung. In：bwp@4/2003（http：//www. bw-pat. de/ausgabe4/sloane_bwpat4. shtml. ）

②　Ibid.

③　Ibid.

施计划、资源计划以及对在学校执行的课程工作的评估和审查（参见图
8－7）。

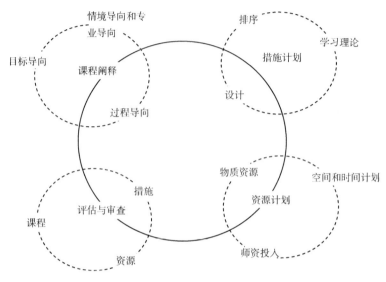

**图 8－7　课程委员会的工作任务**①

校本课程开发主要涉及以下几方面的问题：

1. 过程导向

学习情境的表述应与学习领域相适应，应抓住学习领域中示范性的主
题。所以必须要重建一个行动过程，也就是说要重建学习情境中的职业活
动。对此我们必须把典型的工作过程确立为教学工作的对象。

相应的引导问题如下：

——要选择哪些活动？

——这些活动是否被安排在一个完整的行动关联中？

——这个过程的复杂性是否符合于学习顺序？

——从主观上讲这个过程是否是"有问题的"？换言之：这个过程中是
否存在超越学生已有经验的潜在问题？

①　Sloane，P. F. E Schulnahe Curriculumentwicklung. In：bwp＠4/2003（http：//www. bw-
pat. de/ausgabe4/sloane ＿ bwpat4. shtml.）S. 10.

——重新构建的活动是否与现实接近?

——所选择的活动与作为该学习领域和其他学习领域主题的其他过程之间存在什么样的关系?

2. 目标导向和评价标准

过程导向与学习情境的目标设定并不是完全等同的。首先,目标设定是从重建的活动和行动能力主要目标之间的关系中产生的。在这里必须要阐释的是,学习者的活动是否以及以怎样的方式对行动能力的发展作出贡献。我们必须要明确地把握除了专业能力、个人能力和社会能力之外还应该确切地掌握什么。

相应的引导问题是:

——哪些能力维度应该得到促进?

——在专业能力、个人能力和社会能力方面,重建的过程提出了怎样的要求?

——在教育要求的意义上是否真的提供了行动能力的发展可能?

对于评价来说目标导向也是至关重要的。我们应该从目标设定的"行动能力的发展"出发进行一个全面的评价。

相应的引导问题是:

——学习成果控制是怎样实现的?

——这些控制是否能反映结果或者是否与过程相伴的?

——控制的对象是什么?评价涉及行动能力的哪些部分?

——是否可以实现自我评估?

3. 情境适应性与目标群体适合性 (Zielgruppenangemessenheit)

学习情境必须建立在一个安排好的情境中,这个情境很好地再现了学生的生活环境。另外环境中的语言和问题也要与学生的生活环境相符。相应的引导问题是:

——学习情境是否能激发学生的积极性?

——完成的工作过程是否能够导致与学生的生活经验相矛盾的认知和情感体验?

——重建的活动对学生个人有没有重要意义?

——学生是否能够将原有知识转移到学习情境中? 他们是否能够把原有知识联系起来? 在认知的矛盾方面这些知识是起到了推进作用还是妨碍作用? 这些矛盾是否能够被克服?

从目标群体适合性的要求出发,相应的引导性问题是:

——对于学生来说是否存在学习具体的学习情境的前提条件,而该前提条件在已有的学习情境中是否已经被创建过?

——学生个人的学习先决条件和基础知识或者差异化策略是否受到重视?

——对于差异化的问题是否可以使用不同的进入形式和表达形式?

4. 专业知识的适应性/知识的应用

情境联系强调活动是学习对象,尽管如此我们还是不可以忽略专业的切入点 (fachliche Zugang)。我们必须以对学习理论的思考为基础来确定"在情境相互关系中应该引入什么样的专业概念、范畴、方法等等"①。

对此可能存在以下几个引导问题:

——科学范畴是否能够运用在学习情境中?

——学生能够学到哪些专业知识(科学、专门化知识、职业知识、工作过程知识)?

——学生在工作过程中所学到的知识等与学习情境是否密切相关?

5. 反思

从职业行动重建的角度来说,我们并不应该把与应用相关的学习只视为一个活动过程,它更应该能够不断促进学生的专业能力、个人能力和社会能力的发展。因此,为了实现不同生活情境之间的转换,在教学方法上,我们应该把元认知和元交际的过程引入到完成活动的过程中。

与此相关的引导问题是:

——学生能否将所学知识脱离情境及普遍化? 哪些知识应该被普遍化?

——学生是否受到鼓励去思考工作过程和学习过程?

——学生是否被要求去完成元认知和元交际的过程?

---

① Sloane,P. F. E Schulnahe Curriculumentwicklung. In:bwp@ 4/2003 (http: //www. bw-pat. de/ausgabe4/sloane _ bwpat4. shtml) .

6. 教学材料

为了完成复杂的教学安排，应尽可能地开发贴近现实的学习材料，这么做能够起到双重的作用。一方面它能够推进情境适应性和过程导向；另一方面还能支持应用和反思。

相关的引导问题是：

——学习材料能否反映真实的活动？

——材料中所选择的表达方式与学生在生活情境中常使用的方式能否对应？

——学习材料是否支持学生的反思过程和应用过程？

——学习材料能否引入专题？它能否推动学生努力解决问题？

7. 方法论方案

学习领域课程的教学法原则是行动导向。学习领域课程在微观教学法层面上的转换产生了一系列与要构建和排序的学习情境有关的措施，我们必须把这些措施和总的课程方案统一起来。

与此相关的引导问题有：

——在整个方案中每个措施分别起到了什么作用？

——从学习情境的角度来看这些措施有什么意义？

——与整体方案相联系的这些措施能否推动行动能力的发展？

——通过这些措施能够促进哪些能力维度的发展？

——如果是出于差异、推进均衡发展的原因引进了措施：从课程的总体目标来看这种做法有什么贡献？

8. 资源投入

为了作出切实的计划我们应该关注并考虑资源问题，资源规划包括师资力量的投入、时间和组织工作的划分以及物质资源的分配等。

9. 评估和审核

课程计划工作可以看作是教师的活动领域和学习领域。从对行动理论的基本理解出发，我们必须要根据计划和实施来评价措施，这样就可以审核每个局部任务和学校的总体方案。

斯劳讷（Sloane）的研究集中于从校本课程开发的意义上，阐释学习领域的实施工作，并且再次从学校组织范围也就是课程委员会出发，把课程计划工作视为"创造性的教学计划接纳（Lehrplanrezeption）"，据此学习领域课程的具体化与结构化过程应与学校教师集体工作相符合。学校课程委员会（中观层面）处在教学计划（宏观层面）和具体的课堂教学（微观层面）之间的协调位置。作为教学法计划，该案例的不同之处在于它是以这样的理解为基础：课程计划工作是以谈话的方式进行的，同时学习情境的开发需要大量的论证。因此，除了教学法、教育学和职业实践相关的能力外对教师团队的专业性也有要求："积累经验，以便能民主地透明地以科学为基础去完成他们各自的工作。"斯劳讷（Sloane）认为："前提条件是，教师团队要把他们的行动理解成一项根据实验进行的科学工作，并且把他们自己的工作当作行动研究中的研究对象。"①

　　这项研究首先针对的是学校学习情境的开发工作，它与教学过程和教学计划及其评价都是相互联系的。

　　这项研究的特点是从对专业教学法任务的概念理解出发，对单独的局部任务的研究开始的。"过程导向"致力于职业行动过程的重建。"目标导向和评价标准""情境的适应性和目标群体适合性""专业知识的适应性/知识的应用""反思""教学材料"和"方法论方案"主要是要按照学习理论来进行学习情境的教学法设计。"资源投入"和"评估和审查"被看作是独立的范畴。因此在中观层面上可以概括为四个范畴：

　　范畴1——职业行动过程的重建

　　教师应该以已有的学习领域为基础，确定并重建典型的职业工作过程，因为工作过程是构建学习情境的出发点。

　　范畴2——学习情境的构建和排序

　　教师要联系重新构建的活动，明确地解释行动能力，为掌握确定的能力进行学习成果控制。首先，教师要考虑到情境适应性，从学生生活情境方面描述合适的学习情境，教师要分析构建学习情境的专业切入点并且对学习情境排序。其次，他们还要将行动导向的基本教学原则，以及元认知和元交际学习过程的引入作为出发点，来拟定方法论方案。最后，为了完

　　① Sloane，P. F. E Schulnahe Curriculumentwicklung. In：bwp@4/2003（http：//www. bw-pat. de/ausgabe4/sloane _ bwpat4. shtml）.

成复杂的教学安排，教师还要开发贴近现实的学习材料。

范畴3——学校资源的规划

教师要在考虑到学校框架条件的情况下，根据与每个学习情境相应的教学法计划来规划师资的投入、时间和组织的分配以及物质资源分配等。

范畴4——对措施的评估和审查

在完成了课程计划工作后，教师要对学习领域课程转换的总体措施给予评价和审查。

## 三　案例三：学校应用学习领域课程方案的结构说明

姆斯特-外波斯（Hannelore Muster-Wäbs）和施耐德（Kordula Schneider）研发出了用于对学习领域课程的教学进行分析、计划和评价的广泛务实的"结构说明"。这种"结构说明"是从对运输行商人的学习领域框架学习计划的转换经验中得出的，并在实践中经过多次试验与讨论保留下来的。在他们共同出版的《从学习领域到学习情境》中介绍了设计学校学习情境的基本原则及其行动理论的计划、实施和评估。它使我们系统地认识了以工作过程为导向的教学。

姆斯特-外波斯（Hannelore Muster-Wäbs）和施耐德（Kordula Schneider）研发的结构说明是以德国各州文教部长联席会议对学习领域课程方案的阐释为基础的，例如对行动领域、学习领域和学习情境的概念性解释。这项研究中结构说明的发起者是一个教师团队，因此以此为出发点我们可以得出，学习领域课程方案的转换要求以跨专业教师团队形式的学校组织为前提条件。这样就与前两项研究取得了一致，也就是说学习领域课程方案的转换或者说学习情境的开发，要求重新安排学校的结构和组织。"结构说明"作为授课实践者有效的工具阐释了教学设计的四个核心阶段：

对职业行动领域的分析：在这个阶段中，"结构说明"是分析工具，依据行动过程分析的结果表述学习情境。

教学的设计：在这个阶段中，结构说明是计划工具。

教学的实施：在这个阶段"结构说明"除了作为对课程实施的观察工具，也作为中期总结（Zwischenbilanzen）的工具。

教学的评估：在这个阶段中，"结构说明"是反馈工具，过程和结果通过观察结果反映出来的。这里的结果可以是一个计划的认可或者是一个新构思"。[①]

在姆斯特-外波斯（Muster-Wäbs）和施耐德（Schneider）的文献中，"结构说明"仅作为引导问题、图和例子来详细说明的分析工具和计划工具。教学实施和评价很显然都是从教学计划出发的。

（一）对职业行动领域的深入研究

1. 职业视角

学习领域课程的具体计划是从对框架教学计划中已有学习领域的准确观察开始的，在这个过程中为了设计以职业为导向的学习情境并掌握工作世界中的变化，对与学习领域一致的职业行动领域的回顾分析是必不可少的。在这项研究中，对职业视角的说明与学校视角是相对的。与职业视角相关的工作方法的目标在于，通过对行动和局部行动的划分来区别职业行动领域和重要能力，这些能力被作为教学目标表述的基础。相应的方法如下：

首先，进行职业行动领域的分析。

相应的引导问题是：

——对于预先确定的学习领域来说是如何推导出职业行动领域的？

——会产生哪些职业行动领域？

——在一个职业行动领域中如何能得出独立的局部行动？

——会产生哪些局部行动？

工作步骤：

——确定学习领域：根据框架教学计划中规定的学习领域确定学习目标及其学习内容。

——推导作为完整行动（计划、实施、评估）的职业行动领域并进行资料文献汇编工作。

——确定职业行动领域。

——运用头脑风暴的方法确定属于职业行动领域和完整行动中独立的局部行动，并进行文献资料汇编。

---

① Muster-Wäbs, H.; Schneider, K. *Vom Lernfeld zur Lernsituation: Strukturierunghilfe zur Analsye, Planung und Evaluation von Unterricht.* Troisdorf: Bildungsverlag Eins, 1999. S. 8.

其次，为确定行动类型进行的行动过程分析。

对行动过程分析的主要目的是分析行动的类型。"每一个行动或者说局部行动都是由计划、执行和评估这三个步骤构成的"[1]。行动过程分析法分析了不同的行动类型中的这三个步骤。因此从计划、执行和评估三个层面考虑，可以将行动类型概括为六种：

——在计划层面上产生的是充分考虑了实施和评估的前瞻性行动，这个行动发生在人的大脑中，它与人的思维效率相关。

——从真实行为意义上来讲，在执行层面上有以下几种行动类型：认知行动、客观的物质行动、感情行动和社会交际行动。

——从评估层面看是反思性行动，这种行动也属于认知的。

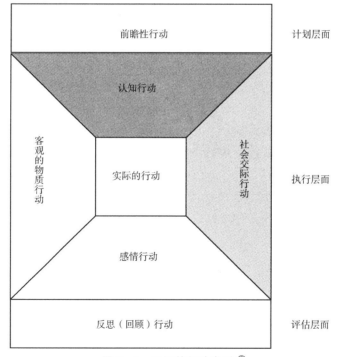

图 8-8 不同的行动类型 [2]

① Muster-Wäbs，H；Schneider，K.*Vom Lernfeld zur Lernsituation：Strukturierunghilfe zur Analyse，Planung und Evaluation von Unterricht*. Troisdorf：Bildungsverlag Eins，1999，S. 16.
② Ibid.

相应的引导问题是：

——如何在局部行动中分析行动类型？

——得出了哪些行动类型？

工作步骤：

——确定局部行动；

——运用行动过程分析法；

——在规定的范畴内对行动类型进行文献资料汇编工作。

最后，对职业行动能力的分析。

对于职业行动能力的分析首先必须要重点对职业行动能力的各个局部能力的行动类型进行分类整理。图 8 - 9 为我们呈现了行动类型和局部能力之间的相互关系。

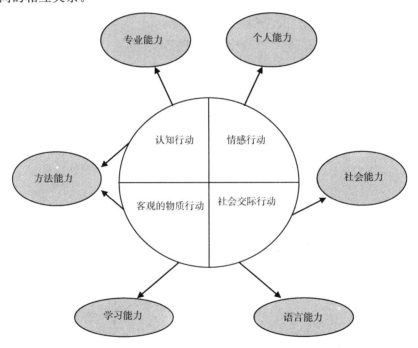

**图 8 - 9　行动类型和局部能力之间的关系**[①]

①　Muster-Wäbs，H.；Schneider，K. *Vom Lernfeld zur Lernsituation*：*Strukturierunghilfe zur Analsye*，*Planung und Evaluation von Unterricht*. Troisdorf：Bildungsverlag Eins 1999，S. 22.

相应的引导问题：

——在所有的行动类型中行动是如何归类局部能力的？

——有哪些归类？

工作步骤：

——确定局部行动；

——将行动类型的所有局部行动归入局部能力并对其进行文献资料汇编。

2. 学校视角

在分析中要习得的能力是由职业视角决定的。它包括了所有在将来的职业活动中所要求的能力。在对学校视角的分析中，首先应该在考虑到学校教育任务的前提下向学生传授在学校中要获得的能力。与在企业中要习得的"企业能力"相对，在这里我们把这种能力称之为"学校能力"。在确定了"学校能力"之后，我们就要开始分析和设计学习情境的工作。同时还要确定学习情境并从行动系统、物质系统或者学习主体系统的角度对其进行描述。紧接着要制定每个学习情境的内容结构、主题结构和处理方法结构。①

首先，进行学校行动能力的分析。

通过学习地点合作或者调查把学校行动能力和企业行动能力加以区分。"学校能力"的确定和在此基础上建立的学习情境是从职业学校的教育任务出发的，据此学校的职业教育是为了扩展个人和社会行动的可能性，而且并不仅仅在于个人的自我发展，还在于企业和社会活动中的政治参与。因此，学习者不仅要为现实的行动情境做准备，同样还要为未来的行动情境做准备，这就会导致一个与职业无关的学习情境的形成。

相应的引导问题是：

——我们应该如何传授学校局部能力？

——有哪些局部能力？

工作步骤：

---

① Muster-Wäbs，H.；Schneider，K. *Vom Lernfeld zur Lernsituation；Strukturierunghilfe zur Analsye，Planung und Evaluation von Unterricht*. Troisdorf；Bildungsverlag. 1999，S. 30 – 41.

——传授企业行动能力；

——平衡企业行动能力与职业行动能力（缺口分析 Lückenanalyse）；

——传授学校行动能力并进行文献资料汇编。

其次，对学习情境的分析。

在对学习情境进行分析时涉及以学校行动能力为基础对学习情境的确定。学习情境的类型划分是由以下的分类标准决定的：

"专业系统化的学习情境：它反映了专业科学。其内容是由学科分类决定的。

行动系统化的学习情境：它反映了行动周期。这里的内容是根据行动制定的。在行动系统中每种情况都包括专业系统，因为没有专业内容就无法执行行动，但是没有行动还是可以制定内容的。专业系统化的实现是在行动的最后一个阶段——反思中完成的。因为专业系统化的编排正是在这个阶段中进行的。

学习主体系统化的学习情境：在这种学习情境中，学习者会确定他们的学习起点或者学习方向。这种学习情境是以学习者的主体获得结构为导向的。内容的编辑可能会非常不同，也可能充满了许多明显的学习弯路。个人根据每个人不同的系统采取行动，这些系统不必与规定的职业任务行动系统保持一致。"[①]

相应的引导问题：

——如何以学校行动能力为基础确定学习情境？

——有哪些学习情境？

工作步骤：

——确定学习情境的类型；

——对选用的学习情境进行描述并做相关的文献资料汇编工作。

最后，内容结构、主题结构和方法结构的分析。

学习情境的结构分析主要有以下几个概念上的区别：

"内容结构是以内容为出发点，并且直观地表达了事实与概念之间的专

① Muster-Wäbs, H.；Schneider, K. *Vom Lernfeld zur Lernsituation；Strukturierunghilfe zur Analsye, Planung und Evaluation von Unterricht*. Troisdorf：Bildungsverlag Eins 1999，S. 32.

业系统联系与相互关系。

主题结构是从主题出发，直观地介绍了事实与概念之间的相互关系。

方法结构同样也介绍了相互关系，但是它涉及的是处理技巧以及知识的分配和运用的途径。"[1]

在分析过程中，我们应该明确学习情境的结构并将其直观地展现出来，以便在内容和方法方面为教学设计做好准备。内容结构和主题结构与方法结构在结构知识方面相互融合，这使得上下文无关的知识应用和知识转换到新的情境中。通过对学习情境的分析试图清楚地总结出这三个结构之间的相互关系，以便于有针对性地促进结构知识的获取。

相应的引导问题：

——如何开发所选学习情境的内容结构、主题结构和方法结构？

——在宏观层面和中观层面上都有哪些结构？

工作步骤：

——在宏观层面和中观层面上至少要分别制定一个内容结构、主题结构和方法结构；

——直观地表达内容结构、主题结构和方法结构。

（二）教学的设计、执行和评估

"结构说明"作为教学的计划工具在这里被称为行动理论的习得教学法（Aneignungsdidaktik）。因此在应用学习领域课程方案的背景下，它被当作职业学校教学的计划工具、实施工具和评估工具。

表 8-3 为我们展示了关于教学计划、教学实施和教学评估的五个阶段。在第一阶段——解释阶段中教师团队规划了教学的构思、组织及其团队工作。下面的三个阶段——准备阶段、实施阶段和评价阶段——与真实课堂中的学习者相关，学习者在这个过程中经历了三个典型的以行动为导向的步骤：自主计划、实施和评价。教学结束后是教师团队中的结束阶段，在这个阶段中教师要总体反思他们的计划和执行过程。

---

① Muster-Wäbs，H.；Schneider，K. *Vom Lernfeld zur Lernsituation：Strukturierunghilfe zur Analsye，Planung und Evaluation von Unterricht.* Troisdorf：Bildungsverlag Eins 1999，S. 36.

表 8 - 3　　　　　　　　　　　　　行动理论的习得教学法①

| 阶段 | 行动步骤 | 目　标 |
|---|---|---|
| 解释阶段 | 评述 | 与学习小组相关：条件分析，例如对于学习水平、学习氛围的分析；对需要促进的能力的说明；开发监测表与评估表。<br>与教师团队相关：对学习理解的协商，共同目标，团队工作的协商（反馈文化，反思），团队工作监测表的协调。<br>与机构相关：团队成员在教学上投入时间的协调，学习者的工作时间。 |
| 准备阶段 | 启动<br>协调<br>流程规划 | 创造学习氛围，以便使在课堂上要学习的内容变得简单一些；激发兴趣和意愿。<br>对共同目标的商定，可能的结果和检验标准。<br>开发一个能够将局部结果统一起来的结构，以便明确它们之间的相互关系。<br>确定内容上的工作步骤、方法上的行为方式（方法结构）和集体会议，制定反馈规则，明确机构组织（空间、材料、其他的学习地点、工作时间、展示时间点等等），协调个人工作和集体工作。 |
| 实施阶段 | 信息采集<br>任务相关的计划<br>决定<br>转换<br>展示 | 为实现预定目标采集信息并提取有用部分。<br>在已有信息的支持下，规划在哪个阶段解决问题，处理任务，达到目的。<br>行动选择方案的研发。<br>为行动选择方案做出经过论证的决定。<br>任务分配的处理；行动计划的执行。<br>在全体大会上展示成果。 |
| 评价阶段 | 评价<br>反思<br>评估 | 讨论并评价成果；将实际产品与预期产品对比。<br>共同反思学习过程（方法程序和合作）；自我知觉和他人知觉的比较。<br>与所有参与者进行元交际；为下一个学习过程得出回顾和展望性的结论。 |
| 结束阶段 | 总体评价 | 参考评价阶段的结果来反思团队工作和教学，对接下来的学习过程有影响的结果评价。 |

　　学校应用学习领域课程方案的"结构说明"源于学习领域课程的应用实践。它为教师团队提供了作为分析工具和计划工具的有效辅助手段，以便于教师根据以工作过程为导向的教学理论逐步地规划教学、实施并评价教学。在整个过程中要求跨专业团队共同计划、协商与反思。

　　与前两个案例相比，这个案例既注重学习情境的开发，同时也关注学

　　①　Muster-Wäbs，H.；Schneider，K. "Umsetzung des lernfeldkonzeptes am Beispiel der handlungstheoretischen Aneignungsdidaktik." In：Berufsbildung in wissenschaft und praxis，Heft 1，2001，S. 48.

校的教学工作。这是因为该项研究同时涉及了两个行动层面——中观层面和微观层面。第一个层面上的工作与职业行动领域的分析和学校层面的解释阶段以及结束阶段相对应，而在准备阶段、实施阶段和评价阶段，是属于微观层面的教学的具体实施。从教育计划的角度来看，这项研究不再仅仅局限于开发学习情境意义下的教学计划，它还依据教学法计划进行了教学实施和教学评价的研究。教学的实施遵循学习领域课程—行动导向的教学法基本原则。这项研究的特点是在开发学习情境时，把以行动理论为基础的工具，应用于教学计划、教学实施和教学评估工作。除了学生的学习过程外，课堂上的教师行为也表现出一个完整的行动过程。所以这项研究以同样的方式展现出了学习领域课程应用的完整概况。

图 8-10 中所介绍的工作阶段和工作步骤在过程描述的意义上展现了其特征。工作阶段 1 到 3 是以描述职业行动能力为目标对职业行动领域的分析；工作阶段 4 把确定学校行动能力当作学习情境的目标；工作阶段 5 和 6 描述了学习情境并作出了系统的分析。这三个阶段综合地介绍了"学习情境的设计"这个范畴。以工作阶段 1 到 6 所得出的结果为依据，进行具体的教学计划。准备阶段、实施阶段和评价阶段涉及了以行动为导向的教学设计。解释阶段和结束阶段主要是关于学情分析、学习成果控制（例如监测表和评价表）以及学校资源规划（例如师资投入、专业教室等）。由此我们共得出了三个范畴：学校资源规划、教学评价和团队工作以及以行动为导向的教学设计（在微观层面上）。学情分析和学习控制设计要与学习情境设计一起开展，因为在教学法理论基础上他们都属于学习情境的教学法设计。因此工作阶段 7 包含了中观层面和微观层面上的教学法工作。由此我们得出了以下五个范畴：

范畴 1——职业行动领域的分析

以规定的学习领域为依据，教师首先要确定一个以完整的行动形式出现的职业行动领域。他们要以职业行动领域为出发点着手行动过程分析，以便于确定相关局部行动的行动类型。为了总结职业行动能力，教师要将行动类型中的所有局部行动归入到局部能力中。

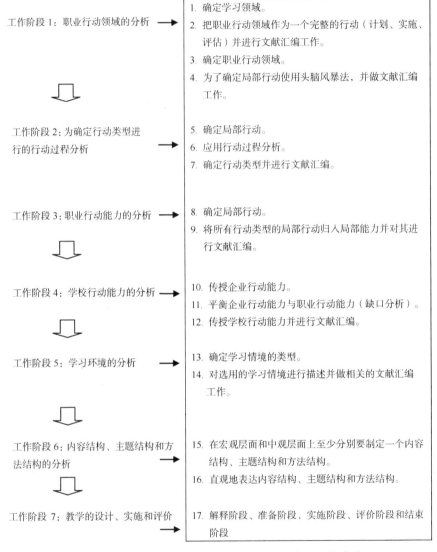

**图 8-10 从学习领域到学习情境的工作阶段和工作步骤**

范畴 2——学习情境的设计

通过对企业行动能力与上述的职业行动能力的缺口分析，确定学校行动能力是学习情境的目标。教师要从"专业系统、行动系统和学习主体系统"这三个分类标准出发确定学习情境的类型；紧接着在内容结构、主题结构和方法结构上分析每个学习情境，以便确定学习情境中专业逻辑和行动逻辑的相互关系。此外教师还要进行学情分析并做好学习成果控制。

范畴 3——学校资源的规划

教师要为学习情境的应用规划课时安排、空间、材料、时间和工作组织等问题。

范畴 4——对课程和团队工作的评估

教师要从对接未来学习过程影响的角度，总体地评估和反思团队工作和课程。

范畴 5——以行动为导向的教学设计（微观层面）

教师要根据学习情境表述拟定以行动为导向的教学准备阶段、实施阶段和评价阶段。

## 四　案例四：学习领域课程的教育计划工作的教学法方案

《学习领域课程教育计划工作的教学法方案》这项研究是由汉堡—哈尔堡工业大学的技术、工作过程和职业教育研究所的成员贝尔本（Thomas Berben）开展的，并且以此作为他博士论文《职业学校中以工作过程为导向的学习情境及课程开发》（2008）的核心组成部分。关于方案的建立，贝尔本（Berben）的工作主要是要真实地了解在职业学校中学习领域框架教学计划的实施。以教学法相关体系和主题为基础，该教学法方案是以电子技术培训职业的能源与建筑技术专业方向为例进行的具体化，并且在汉堡第十职业中学进行了试验。

该教学法方案首先被运用于电子技术职业领域中的手工业专业中。但是贝尔本（Berben）指出：为了确保可比性，研发者可以将其延伸到相关的职业科学的资格研究中，因为否则的话"教育计划工作会变得困难得多"，"这个方案应该被运用到其他职业中，可能的话还应该将其扩展到其他职业规格（Berufsbilder）中去"。[①]

教学法框架是开发教学法方案的基础，它也可以被用于教育者的教育

---

① Berben，T. *Arbeitsprozessorientierte Lernsituationen Curriculementwicklung in der Berufsschule.* Bielefeld：W. Bertelsmann. 2008，S. 571.

计划工作中，贝尔本（Berben）介绍了以下三个方面[①]：

一是学习领域课程的教学法参考点。

学习领域课程是以五个教学法参考点为基础的：职业学校的教育任务、作为主要目标的行动能力、行动导向、工作过程导向和学习过程的个性化。

二是已有的学习领域课程的应用方案。

从对已有的应用方案的分析中，可以总结出一些开发教学法方案的建议。

三是框架教学计划作为核心的设计基础。

从框架教学计划的结构及其所包含的对教学法参考点的思考与说明出发，对能源与建筑科技专业方向的电工职业的框架教学计划进行分析[②]。

教育计划工作由四个任务领域及其所属的行动步骤组成，这里的任务不可以被理解为线性完成的工作步骤，而是需要考虑到它们的相互依赖性。这项研究中的任务范围与行动步骤（参见图 8 - 11）首先是从上文提到的教学法相关范围出发，通过相应的引导问题、计划辅助手段、直观形式和文献资料形式表达和实现的。这里我们以汉堡第十职业中学为例对教育计划进行具体的说明与阐释。

（一）学校课程的开发

在这个任务范围内主要是在考虑学校相关的目标设定的情况下，涉及教学要求的分析与阐释，以及对这些教学要求的具体说明。这个任务范围的目标是开发学校的课程，并将其作为在课程团队中的所有教育者的计划基础[③]。

1. 明确学校的使命

教育计划团队的开发工作应该从学校使命出发，同时学校使命应该与培训职业的典型的学生学习前提条件、区域框架条件和教育计划框架条件，以及框架教学计划中所包含的教育任务之间相互协调。

---

① Berben，T. *Arbeitsprozessorientierte Lernsituationen Curriculementwicklung in der Berufsschule.* Bielefeld：W. Bertelsmann．2008，S. 198 - 371.

② Ibid.，S. 199.

③ Ibid.，S. 374.

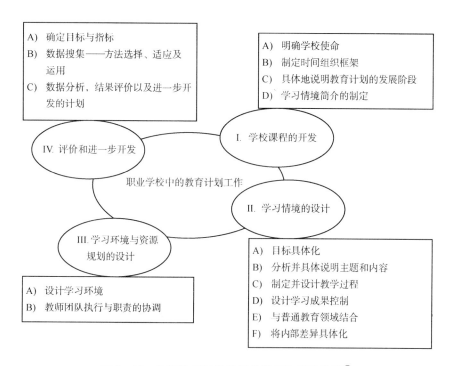

**图 8 - 11 教育计划工作的任务范围和行动步骤①**

2. 制定时间组织框架

就制定时间组织框架而言，首先要分析框架教学计划的方案，然后要从学习地点合作可能性的角度来说明在职业学校中实现教育计划的时间和组织上的框架条件。通过这一行动步骤我们对教育计划的组织范围有了初步的认识，这样就可能实现对内容和时间的分配。

3. 具体说明教育计划发展阶段

这个工作步骤涉及了制定促进学生能力发展的符合发展逻辑的结构化的教育计划。② 这种情况下的"发展阶段"有三个层面，也就是主要目标，

---

① Berben，T. *Arbeitsprozessorientierte Lernsituationen Curriculementwicklung in der Berufsschule*. Bielefeld：W. Bertelsmann. 2008，S. 374.

② Rauner，F. "Entwicklungslogisch strukturierte berufliche Curricula：Vom Neuling zur reflektierten Meisterschaft." In：*Zeitschrift fuer Berufs und Betriebspaedagogik*，Heft 95 1999，S. 424 - 426.

促进的重点和设计教与学过程的原则。

4. 学习情境简介的制定

通过学习情境简介教育者从课程团队探讨工作的角度，完成了对学习情境核心方面的简单概述，并且总结出了所有已有学习情境的概况。简介文献资料与上文提到的"发展阶段"一起被视为教育计划的学校课程。

（1）分析学习领域

应该在考虑到完整行动，或者说工作过程步骤的情况下，对框架教学计划中单独的学习领域进行分析。然后再确定各个学习领域的重点及其教学法的设计。

（2）形象具体地说明职业行动领域

为了再现学习领域情境，课程团队对职业的具体工作过程作出全面的阐释。

（3）核心任务和学习情境描述的表达

任务的选择和安排的目的在于以行动为导向和以工作过程为导向的职业学习。贝尔本（Berben）认为以下的任务形式是比较合理的：

"任务应该建立在对学习领域分析的基础之上，并且要考虑学年目标；

任务应该考虑学生的职业实践和基础行动领域，并要具体地说明该基础行动领域；

任务应该能够全面地展示工作过程；

任务应该为学习者的个人学习过程提供设计空间；

任务要符合于一个职业工作过程，并在复杂程度和范围上与学习者的学习前提条件相符合。"[1]

（4）明确说明学习情境的促进重点

从行动领域的角度明确说明各学习情境的促进重点，这里的促进重点可以被视为各个学习情境的根本目标。

（5）确定学习情境所需要的资源

为了实施学习情境，要把所需资源确定为进一步开发工作的组织基础

---

[1]  Berben，T. *Arbeitsprozessorientierte Lernsituationen Curriculementwicklung in der Berufsschule.* Bielefeld；W. Bertelsmann. 2008，S. 390.

和计划基础，例如空间、技术设备，等等。

（二）学习情境的设计

这个任务范围是以现有的学习情境简介为基础，对学习情境的详细开发与设计。此外，从学习理论方法论出发，还涉及对教学设计的目标、内容、方法和媒介的具体说明。学习情境的设计由以下六个行动步骤组成：

1. 目标具体化

就学习情境目标和内容的具体化而言，我们首先要对在学习情境简介中确定的促进重点和广泛目标加以区分。对此还有以下两点补充：

一是具体地说明全面能力促进。

从人格（专业能力、社会能力、个人能力等）的全面促进和所选的任务方面，明确地说明学习领域目标。同时要考虑学校的使命以及学生的发展水平。

二是具体地说明工作过程关系。

从以职业科学为基础的行动领域出发，借助各种工作过程矩阵（Arbeitsprozessmatrix)① 完善并具体说明各种工作过程关系和职业关系。

2. 分析并具体说明主题和内容

涉及与任务相关的主题和内容在其要求和难易程度方面的教学法分析。为了完成这项分析，要使用到例如工作过程矩阵、内容结构、主题结构以及方法结构等分析结构。

3. 制定并设计教学过程

课程团队要在目标具体化和内容结构分析的转换中设计教学过程。图8-12 主要揭示了学习领域课程的教学法参考点。作为教学过程结构的核心阶段将主要描述：

（1）与工作过程相关的阶段

（2）有目的地促进单个能力领域的阶段

（3）教学过程的计划、控制和评价阶段

（4）系统化、反思和转换阶段

---

① Berben，T. *Arbeitsprozessorientierte Lernsituationenund Curriculumentwicklung in der Berufsschule*. Bielefeld：W. Bertelsmann. 2008，S. 406.

（5）社会影响的支持与反思阶段

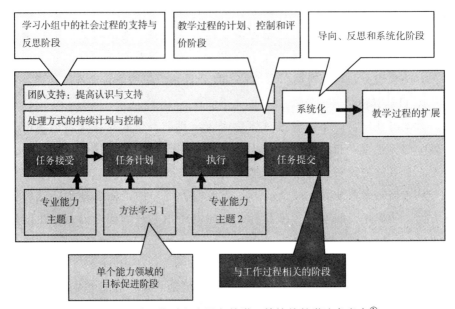

**图 8 - 12　以工作过程为导向的学习情境的教学法参考点①**

4. 设计学习成果控制

学习成果控制的设计主要是指在各学习情境所表达的目标之下，"能够对哪些习得的能力，哪些知识以及哪些行动形式进行评价，拟定的学习过程或者局部步骤能够取得多大程度的成果"②。在考虑过程导向和完整性的情况下，可以遵循的原则有行动导向、适应性、客观性、可操作性以及合理性。以学习情境的核心目标为出发点，以过程为导向的全面的学习成果控制的份额应该逐步扩大。

5. 与普通教育领域结合

职业教育教学和普通教育课程之间存在很多可能的共同点和差异，因此，可以在不同层面上对这些共同目标和内容采取合作，而且如果可能的

① Berben，T. *Arbeitsprozessorientierte Lernsituationenund Curriculumentwicklung in der Berufsschule*. Bielefeld：W. Bertelsmann. 2008，S. 406.

② Ibid. ，S. 429.

话应该使其在课程团队中达成一致。

6. 具体说明内部差异

主要是在可能的情况下，研究教学设计（包括目标、内容、措施、方法和媒介）的内部差异。

（三）学习环境和资源规划的设计

以课程具体化、学习领域具体化以及学习情境设计为基础，设计学习媒介或者说学习环境，并规划资源和人力的投入。

1. 学习环境（在狭义上）的设计

这里的学习环境是指以工作过程为导向的学习情境所必需的教学材料以及空间的布置。对于以行动为导向和以工作过程为导向的教学过程而言，应该建立一个在实践和理论共同影响下能够实现抽象水平较低的直接经验的学习环境。我们可以将贴近实际、真实性、开放性、安全性和综合的学习和工作作为设计学习环境的参考标准。

2. 教师团队执行和职责的协调

教育计划工作的计划、准备和实施之间协作的基础是课程团队制定的校本课程、学习情境和学习环境。在"以团队为导向的学校组织"和"传统的学科结构化学校组织"之间存在很多学校组织形式的可能性。不同的工作组织结构导致对整个教育计划的不同分工。

（四）评估和进一步的开发

教育计划工作内的评估可以理解为对信息的系统采集、分析和评价，它服务于教育计划的进一步开发并为学校教育发展作出贡献。任务范围由以下三个行动步骤组成，在这三个行动步骤中评估的重点在于对共同发展工作的支持。

1. 确定目标与指标

清楚地说明学校和教学过程的目标设定。对于目标设立我们要拟定相应的准则并且确定可观察的指标。

2. 数据采集——方法选择、适应与运用

以已设立的目标和指标为基础，选择运用适合的方法和工具。在这个过程中我们可以使用不同的反馈方法。

　　3. 数据分析，结果评价和进一步开发的计划

　　评估的目标旨在教学设计的进一步发展。在教育计划工作中这个行动步骤是指反思性的审核以及对学习情境和校本课程的补充。

　　由贝尔本（Berben）开发的教育计划工作的教学法方案对于学习领域课程来说是一项以理论为基础的应用研究，它以五个教学法参考点——职业学校的教育任务、行动能力的核心目标、行动导向、工作过程导向和学习过程的个性化——为出发点，总结出了职业领域教学法的理论和原则。与前三个案例相比，这项研究首先包括了学校发展，介绍了学校发展范围内的评估和教育计划工作；其次这项研究深受职业科学的资格研究的影响，其工具的使用贯穿整个教育计划工作。这项研究参考已有的应用研究，并为教育者提供了一个全面实际可行的应用辅助手段。

　　这项研究将学校层面上教育计划工作的转换工作作为其核心内容。特别重视学校层面的教学计划和教学评估。同时还明确了行动周期，也就是说在明确了课程和学习领域、学习情境的设计、学习环境的布置和资源规划之后，在教育计划工作中还要根据学校教育计划进行评估和开展进一步的开发工作。

　　图 8 - 13 中的行动步骤 1 到 3 主要是针对进一步开发工作的框架条件的处理。行动步骤 4 中包括了与学习领域相应的职业行动领域的处理和学习情境的确定。从工作对象的角度来看，对职业行动领域的处理可以被当作一个独立的范畴，并将学习情境的确定与其他行动步骤联系起来。行动步骤 5 到行动步骤 11 涉及学习情境的教学法设计，包括目标、内容、教学过程、学习成果控制和学习环境的设计等，同时考虑到了与普通教育领域的结合以及学生内部的差异。紧接着是对教学法计划应用的资源规划。最后是关于学校的发展，对教育计划工作的评估。据此，我们可以确定以下几个范畴：

　　范畴 1——学校框架条件和预先规定的分析与处理

　　教师要在课程团队中发展并明确学校的使命。要根据框架教学计划分析来弄清楚时间和组织方面的框架条件。要为每一个发展阶段、能力促进的重点制定主要目标，制定教学过程设计的基本原则，并将其作为进一步

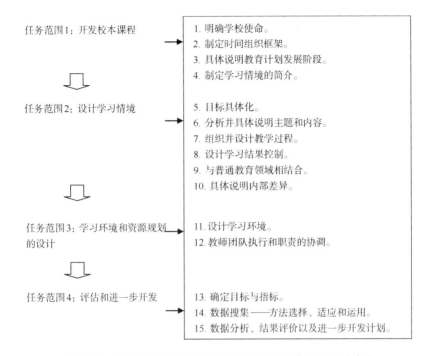

任务范围1：开发校本课程

1. 明确学校使命。
2. 制定时间组织框架。
3. 具体说明教育计划发展阶段。
4. 制定学习情境的简介。

任务范围2：设计学习情境

5. 目标具体化。
6. 分析并具体说明主题和内容。
7. 组织并设计教学过程。
8. 设计学习结果控制。
9. 与普通教育领域相结合。
10. 具体说明内部差异。

任务范围3：学习环境和资源规划的设计

11. 设计学习环境。
12. 教师团队执行和职责的协调。

任务范围4：评估和进一步开发

13. 确定目标与指标。
14. 数据搜集——方法选择、适应和运用。
15. 数据分析、结果评价以及进一步开发计划。

**图 8 - 13　教育计划工作教学法方案中的任务范围和行动步骤**

开发工作的指导方针。

范畴 2——职业行动领域的开发

教师要参考完整的行动和工作过程步骤对各学习领域进行分析，并且要以学习领域表述为基础具体地说明职业行动领域。

范畴 3——学习情境的确定与安排

以职业行动领域为基础，教师要确定关键的任务、学习情境描述、学习情境的促进重点及其所需资源。接下来教师要从教学法方法论的角度研究具体的教学计划，具体包括：要具体地说明学习情境的目标，分析并确定主题和内容，组织并设计教学过程、设计学习成果控制和学习环境。在此过程中，他们要考虑与普通教育领域的结合以及学生的内部差异。

范畴 4——学校资源规划的设计

教师要以校本课程、学习情境和学习环境为基础，在团队中组织教育计划工作的计划、准备和执行。

范畴 5——教育计划工作的评估

教师可以借助合适的方法和工具来评价教育计划工作。同时他们还要以评估结果为基础以学校的发展为目标来总体规划进一步的工作。

## 五　四个案例的比较：以工作过程为导向课程的专业教学法任务

尽管上述四个案例在研究范围、深度和科学基础上都有明显区别，但是它们都为教师对以工作过程为导向的课程应用提供了一个切合实际的辅助手段。同时它们也在教学活动中从不同角度阐释了典型的专业教学法任务。

表 8-4　　　　　　　　　　　四个案例的对比

| | 学校课程计划（中观层面） | | | | | 教学设计（微观层面） |
|---|---|---|---|---|---|---|
| | 范畴 1 | 范畴 2 | 范畴 3 | 范畴 4 | 范畴 5 | |
| 案例 1 | 对职业行动领域的回顾 | 对学习领域的分析与整理 | 对学习领域的安排和排序 | 学校资源的规划 | 教学法学年计划评估 | |
| 案例 2 | | 职业行动过程的重建 | 学习情境的构建和排序 | 学校资源的规划 | 措施的评估和审核 | |
| 案例 3 | | 职业行动领域的分析 | 学习情境的设计 | 学校资源的规划 | 课程和团队工作的评估 | 以行动为导向的教学设计 |
| 案例 4 | 学校框架条件和预先规定的分析和处理 | 职业行动领域的开发 | 学习情境的确定和安排 | 学校资源规划的设计 | 教育计划工作的评估 | |

从表 8-4 我们可以看出，四个案例可以被归入下面相同的范畴中：职业行动领域的分析、学习情境的设计、学校资源的规划、教学法工作的评估；教学的设计与实施。

### （一）职业行动领域的分析

表 8-5 为我们概括地介绍了四个案例"职业行动领域分析"范畴的基本特征。从上述四个案例可以看出，行动领域是学习领域课程转换的出发点和参考点。学习领域分析不仅仅局限在教学计划的文献上，分析的重点更多的是职业行动领域，也就是说，职业工作过程及经营过程与相应的学习领域相关。

表 8 - 5 范畴"职业行动领域分析"的基本特征

| 案例 | 基本特征 |
| --- | --- |
| 案例 1 | 教师要从学习领域出发，回顾职业行动领域或者更确切地说是工作过程和经营过程。教师要将学习领域的核心能力和培训职业的核心技能结合在一起。 |
| 案例 2 | 以预先确定的学习领域为基础，教师应该确定并重建典型的职业工作过程，这个工作过程可以被作为设计学习情境的起始点。 |
| 案例 3 | 教师首先要依据规定的学习领域，确定以完整行动形式出现的职业行动领域。以职业行动领域为出发点，进行行动过程分析，以便确定所属局部行动的行动类型。为了总结职业行动能力，教师还要把行动类型中所有的局部行动归入局部能力中。 |
| 案例 4 | 教师要参考完整的行动和工作过程步骤分析每个学习领域。以学习领域表述为基础，教师要具体直观地说明职业行动领域。 |

从职业行动领域的分析处理方式来看，四个案例使用了不同的工具或者说工作步骤。职业行动领域的分析工作是从以下两个视角来开展的：

1. 能力视角

首先，与学习领域相应的工作过程的分析是以学校教育的职业行动能力范围内的能力确定为导向的。

案例一描述的是以典型的工作过程形式呈现的，与培训职业的核心技能相关的核心能力。

案例二要求一个与重建的职业活动关联的能力阐释，且该活动是以职业行动能力为主要目标的。

案例三为我们介绍了一个全面的工具——行动过程分析，以便于确定职业活动与职业行动能力和局部能力之间的相互关系。在这个案例中还强调，与企业能力相比我们还需要确定学校能力。

案例四在准备阶段就预先规定了每个学年的能力发展的主要目标。在职业行动领域具体化的过程中，注意职业行动能力要素对职业行动领域的重要性。

2. 过程视角

其次，对职业行动领域的分析要以工作过程为导向来进行。分析过程在其完整性上与典型的工作过程有关，比如说它可以意味着工作过程的完整行动。

案例一为与单个学习领域相应的学习情境的设计开发了所谓的"教学法筛选"。在职业行动领域中,工作过程和经营过程是属于"教学法筛选"的主要标准。

案例二同样提出了这个问题:"活动是否在一个完整的行动关系中?"[①]

案例三强调,应该尽可能在完整的行动进程中确定职业行动领域内的行动。

案例四是把相关的具体的工作过程的开发嵌入到职业科学的资格研究及其工具中。

职业行动领域分析对于学习情境的进一步开发作出了很大的贡献,因为通过这种分析通常可以确定学习情境的目标与内容。

总之,教师要确定职业行动能力,并以工作过程为导向来分析与学习领域相符合的职业行动领域,并且要具体地阐释能力要求。

(二)学习情境的设计

表8-6总结了四个案例在范畴"学习情境的设计"中的基本特征。总体上它主要是关于学校学习情境的教学法方法论计划。教师应该从目标、内容、方法或者说教与学过程、媒介和学习成果控制等方面去设计学习情境。表8-6总结了这五个方面的特征。

表8-6                "学习情境的设计"范畴的基本特征

| 案例 | 基本特征 |
| --- | --- |
| 案例1 | 　教师要以行动能力促进、学校框架条件和职业实践为出发点,参考与企业的学习合作和为促进能解决问题的完整学习而建立的真实或者接近现实的学习情境,开发适合于学校学习过程的学习情境。然后在学习情境中将行动逻辑系统和专业体系系统编排在一起。在此基础上进行学习媒介、以行动为导向的方法和学习过程的实施方法的设计。教师要依据学习情景中的专业联系和行动逻辑联系对学习情境排序。与此同时他们还需要考虑与跨专业课程的合作。对于专业教学法任务,教师要为教学设计安排相应的学习情境及其排序。然后教师还要运用不同的方法检验以过程为导向和以行动为导向的学习成果。最后以"宏观结构"和"微观结构"的形式对教学法学年计划进行文献资料汇编。 |

① Sloane,P. F. E Schulnahe Crruculumentwicklung. In:bwp@4/2003 (http://www. bw-pat. de/ausgabe4/sloane _ bwpat4. shtml).

续表

| 案例 | 基本特征 |
|---|---|
| 案例 2 | 教师要联系重建的活动清楚地阐释行动能力，并为掌握确定的行动能力设计学习成果控制。教师要联系学生的生活实际表述合适的学习情境。此外他们还要分析结构化学习情境的专业切入点，并对学习情境排序。接着教师要以行动导向为出发点拟定方法论方案，在这里行动导向被作为推动元认知和元交际学习过程的教学法基本原则。最后他们还要为复杂教学安排的实现研发真实可靠的资料。 |
| 案例 3 | 在比较了企业行动能力与学校职业行动能力后，将学校行动能力作为学习情境的目标设定。教师要以三种分类方法——专业系统、行动系统和学习主体系统——为出发点确定学习情境的类型，并从内容结构、主题结构和方法结构三个方面分析各学习情境，以便确定学习情景中的专业逻辑和行动逻辑的相互关系。教师还要进行学情分析并制定学习成果控制。 |
| 案例 4 | 教师要以职业行动领域为基础确定核心任务、学习情境描述、学习情境的促进重点及其所需要的资源。教师要从教学法方法论角度着手进行具体的教学设计，在这个过程中他们需要具体地说明学习情境的目标，分析并确定主题和内容，组织并拟定教学过程，制定学习成果控制和学习环境。同时还需要考虑与普通教育领域的融合以及学生的内部差异。 |

1. 目标

四个案例清楚地说明：学习情境是以发展职业行动能力为宗旨的，这也符合联邦各州文教部长联席会议的预先规定。学习情境应该既能够促进专业能力的发展，同时还能够促进跨专业能力的发展，例如社会能力、个人能力、交际能力等。需要特别强调的是，学习情境的宗旨是将发展全面的能力作为其教育任务。

另外还值得我们注意的是，在这四个案例中对能力的阐释都与职业行动领域有关联。所以对职业行动领域的以工作过程为导向的描述起到了决定性的作用。因此，在这四个案例中，在职业行动领域的分析上又补充了对学习情境设计的介绍，这为学习情境目标表述奠定了基础。

总之，与职业行动领域相关的能力维度的全面发展被视为学习情境的目标。

2. 内容

从表 8 - 7 对案例的说明中首先可以看出，学习情境在内容上的设计主要源于与职业行动领域相关的适合情境的任务或者说问题。学习情境中的学校学习是以任务和问题为出发点的，通常情况下它们都来源于职业行动领域，并使得在应用关联中的学习成为可能。但是仍然需要关注学生的经验和生活实际。案例一、二和四都清楚地强调了这个观点，而案例三探讨的则是关于"学习主体系统的学习情境"这类问题。

表 8-7　4 个案例在范畴"学习情境的设计"中在内容方面的对比说明

| | 目标 | 内容 | 方法或者教学过程 | 媒介 | 学习成果控制 |
|---|---|---|---|---|---|
| 案例 1 | 职业行动能力的具体化 | 特有的以职业为导向的学习机会；内容上对学生公开。在职业导向的应用联系范围内选择专业内容。把行动结构与专业或者专业系统化结构编排在一起。与尽可能真实的环境相联系，职业日常生活的任务与问题以及特有的生活环境。 | 能够解决问题的以目标为导向的学习和工作。在应用联系中的学习。完整的和尽可能自主的学习过程。深化阶段、练习阶段和转换阶段的实现（行动导向）。 | 为了促进完整的学习过程，通过对材料和专业教室的准备来设计学习环境。 | 加强与过程相关的考试形式，强调行动导向（行动目标导向，主体相关性，对象关系，社会嵌入，独立性，促进自我反思），不同方法的使用 |
| 案例 2 | 与活动相联系的行动能力的具体化 | 情境适应性与目标群体适合性。学生生活的再现。知识在应用案例中的使用，知识和情境行为之间的相互关系。 | 反思关系，为了普遍化和专业特有过程的转换推进元认知和元交际学习过程。考虑个人能力和社会能力。行动导向作为教学法基本原则。 | 选用材料的真实性，促进情境的适应性，过程导向，应用和反思。 | 促进与工作过程和工作结果相关的行动能力考试，表示结果的或者与过程相伴的对象关系，自我评价 |
| 案例 3 | 以行动过程分析为基础的学校行动能力的具体化 | 学习情境的类型（专业系统、行动系统和学习主体系统的学习情境）。对单独学习情境的内容结构、主体结构和方法结构的分析。 | （以行动为导向的习得教学法）准备阶段、实施阶段和评价阶段。 | （以行动为导向的习得教学法）与行动导向的教学相关的学习媒介；学习媒介包括例如教室、材料以及其他学习地点。 | 开发监测表和评价表，包括评价、反思和评估在内的运用阶段。 |
| 案例 4 | 工作过程关联的具体化，全面能力促进的具体化 | 与职业行动领域相关的学习的任务，学生的设计空间。主题结构和内容结构的分析，每个学习情境任务中的相互关系（例如内容结构、主体结构和方法结构），内容对于任务的完成应该是至关重要的。 | 职业学校的教育任务等作为教学法参考点；与工作过程相关的阶段，有针对性的促进各个能力范畴的阶段；教学的计划、控制和评价阶段；系统化阶段，反思和转换；社会影响的反思与支持阶段。 | 媒介是指教学材料以及空间的布置；把以行动为导向和以工作过程为导向的学习作为目标，使直接经验成为可能，贴近实践以及真实性、开放性、可靠性，全面的学习方法与工作方法。 | 行动导向，适合性，客观性，可操作性和意义；促进自我评价；以过程为导向的全面的学习成果控制。 |

其次，这四个案例都清楚地表明，行动系统和专业系统之间的相互关系对于内容的拟定起到了至关重要的作用。尽管在运用相互关联中的职业学习是以工作过程为导向的，但是正如在表8-7中介绍的一样，专业逻辑或者说专业系统无论如何都处在次要位置。因此在设计学习情境时，就需要清楚地了解行动系统和专业系统之间的相互关系。四个案例均说明了这个观点。对专业系统和行动系统之间相互关系的分析是以此为基础的，即：在应用联系中获得的知识是一体的。

3. 方法或者教学过程

根据联邦各州文教部长联席会议的预先规定，在这四个案例中行动导向作为方法设计的指导方针。教学过程将由问题或者任务而启动，并在一个工作过程周期中由任务的完成以及接下来的评价阶段而结束。此外方法设计的焦点在于：一方面教学过程包括了反思阶段和转换阶段；另一方面在四个案例中，都从交际、社会和自主方面促进了完整的学习。

4. 媒介

对于学习媒介的设计是以"行动导向"为出发点。这在以上四个案例中也是一致的。学习媒介设计的有关工作包括学习环境设计、教学材料以及专业教室的安排。学习媒介设计有利于对以行动为导向的教学过程的开展。就此而言，学习媒介应该是真实并且适应于情境的。

5. 学习成果控制

学习成果控制基本上是以促进职业行动能力的考核为目标，它主要是以能力为导向。因此，对于学习成果控制来说，除了普遍的要求以外，行动导向和过程导向是其基本原则。另外这四个案例表明，学习成果控制应该能够促进自我评价与自我反省。

表8-8阐释了四个案例的共性特征。

（三）学校资源规划

以学习情境教学法设计为基础，着手进行学校资源规划。表8-9显示，在以上四个案例中学校资源规划包括师资投入、时间和组织的划分、教室和物质的分配等问题。

表 8-8　　学习情境设计的案例的共性特征

| | 四个案例的共性特征 |
|---|---|
| 目标 | 全面能力的导向，与职业行动领域相关的能力具体化。 |
| 内容 | 与职业行动领域相关的适应于情境的任务和问题，考虑学生的生活实际，确定行动系统与专业系统之间的相互关系。 |
| 方法（教与学的过程） | 行动导向，问题或者任务，反思阶段和转换阶段，在应用联系中的全面学习。 |
| 媒介 | 行动导向，学习环境的设计，教学材料和专业教室，情境真实性以及合适度。 |
| 学习成果控制 | 能力导向、行动导向和过程导向，促进自我评价和自我反省。 |

表 8-9　　范畴"学校资源规划"的基本特征

| 案例 | 基本特征 |
|---|---|
| 案例1 | 教师要为教学法学年计划的应用规划学校资源。教师要以"宏观结构"和"微观结构"的形式对所有的结果进行文献汇编工作。 |
| 案例2 | 教师要参考学校的框架条件，为每个学习情境的教学法计划规划师资投入、时间和组织的划分、物质资源等。 |
| 案例3 | 教师要为学习情境的应用规划课时表、教室、材料、时间和工作机构。 |
| 案例4 | 教师要在团队中以校本课程、学习情境和学习环境为基础，拟定教育计划工作的计划、准备和执行。 |

（四）教学法工作的评估

评估主要是指在中观层面上对已设计的学习情境的应用以及教师在微观层面上后续的教学实施工作进行评估。四个案例表明，评估应该是在课程团队范围内的一个系统的自我评估和自我反省。这个评估过程应该是一个由方法引导的元交际过程。

首先学情被视为教学法工作的前提条件，这一点自然可以由教学法理论来论证。在以上四个案例中，学习情境的设计在这一点上是一致的：案例一把学习小组的情况当作设计学习情境的主要标准。案例二将环境适应性和目标群体适合性与学情联系在一起，例如动机、个人重要性、生活经验、原有知识、个人学习前提条件和基础知识。案例三中有一个与学习小组相关的解释阶段，例如对学习状态和学习氛围的条件分析；对要促进能力的阐释；观察表和评价表的开发。案例四更清楚地说明，学习情境的设计要考虑学生的内部差异，以不同的学习前提条件为背景。

在校本课程的开发过程中，对学习情境的设计除了要考虑学情，还要考虑内部和外部的框架条件。这里所说的内部框架条件通常情况下是指学校内部的机构和条件。而外部框架条件可以被理解为学校外部的框架条件，例如区域环境、合作企业、经济要求、企业管理要求和社会要求。在对校本课程计划进行决策时，应该同时考虑到内部框架条件和外部框架条件这两个方面的因素。案例一表明：在学年计划的具体应用中需要考虑学校组织上的框架条件，例如师资投入规划和教师团队构成以及专业教室的可用性。在开发学习情境这个工作步骤中与企业伙伴的协商和咨询是必须且有益的。在案例二的资源规划阶段中从内部框架条件的角度来研究"组织界限"。在案例四中校本课程的开发是以对学校使命的阐释为出发点的。在这个过程中我们既要考虑内部框架条件同时也要关注外部框架条件，例如区域性框架条件。

总之，在以工作过程为导向的课程范围内作出教学法决策时，我们要以学情、学校内部的和外部的框架条件为出发点。

表 8-10 范畴"教学法工作评估"的基本特征

| 案例 | 基本特征 |
|---|---|
| 案例 1 | 所有参与教育计划工作的教师都要借助一定的方法来评估教学法学年计划。 |
| 案例 2 | 教师要在执行教育计划工作之后，评估并审查学习领域方案应用的总体措施。 |
| 案例 3 | 教师要从未来的学习过程的角度，评价和反思总体团队工作和教学。 |
| 案例 4 | 教师要利用合适的方法和工具评价教育计划工作，并且以评价结果为基础，以学校发展为目标，总体规划下一步的工作。 |

（五）教学的设计与实施

在校本课程中完成了学习情境的设计之后，要着手进行微观层面的教学工作：教学的设计与实施。案例四从以行动为导向的习得教学法出发，详细地描述了教师是如何依据校本课程的预先规定转换为行动导向的教学。尽管案例一、二和三没有对此作出清楚的说明，但显而易见的是教学设计与实施都是以设计好的学习情境为基础的，因为由于学习领域方案的执行，教学设计的教学法工作被部分地转移到了学校层面上。以校本课程的预先规定为基础，教师要组织教学，然后执行包括学习成果控制在内的教学。在教学实施之后要对教学法工作进行评估。

从上述四个案例可以看出，应用学习领域方案的组织框架所涉及的课程团队作为组织上的基础是为学校课程计划服务的。

图 8-14 清楚地概括了四个案例的共性特征。值得我们注意的是，以工作过程为导向的学习领域方案的应用在整体上是一个封闭的行动周期。在中观层面上的"对职业行动领域分析""学习情境的设计"和"学校资源的规划"之后，学习领域方案应用的行动过程开始进入微观层面上的"教学设计与实施"阶段。之后又进入中观层面上的"教学法工作的评估"阶段。我们可以以评估结果为基础，引入一个校本课程开发的新过程。学情、学校的内部和外部框架条件以及课程团队被作为决策每个行动步骤的前提条件。

另外需要强调的是，由于技术革新，企业中的职业行动领域表现为持续地变化过程，所以学校的教学内容也必须不断地更新。

对于根据教学计划、教学实施和教学评估结构化的教学过程来说，专业

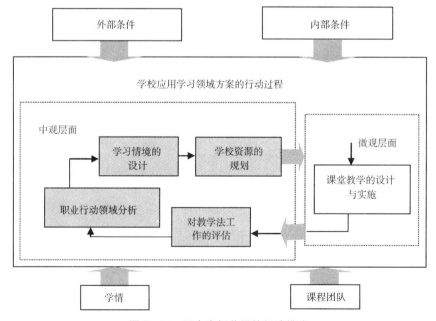

**图 8-14 四个案例共同的行动模式**

教学法任务是独特的，其解决过程是以教学法理论为基础的。"学校资源的规划"主要是组织管理方面的工作，因此不需要更多的关注。因此"对职业行动领域的分析""学习情境的设计""教学的设计与实施"以及"教学法工作的评估"是学习领域课程应用的工作重点，由于其复杂性它们被视为专业教学法的任务。在以工作过程为导向的教学中为教师总结了如下四项教学法任务：

1. 对职业行动领域的分析

教师们要考虑将全面的能力发展作为学校教育的任务，共同分析符合于课程要求的职业行动领域，并且具体地说明与职业行动领域相联系的工作过程的能力要求。

2. 校本课程的计划

从重建的职业行动领域和能力具体化出发，教师要确定校本课程的目标、内容、方法以及教学过程、媒介以及学习成果控制。

3. 教学的设计与实施

教师要以校本课程和"行动导向"的教学法原则为基础，具体地说明课堂教学的设计并实施。

4. 教学法工作的评估

教师们要共同评价并反思他们的教学法工作。并且要以评价结果为基础来规划未来的工作。

学校内部和外部的框架条件以及学情是以对现实情况的把握为基础的，并要求教育计划框架内的团队工作。专业教学法任务 1、2 和 4 与中观层面相适应，而专业教学法任务 3 则与微观层面相符合。

# 第九章　德国中等职业学校课程改革
# 实施现状分析与评价

  1996 年，德国各州文教部长联席会议建议以学习领域课程取代以分科为基础的综合课程，随后各州开展了广泛的学习领域课程试验，2003 年在总结典型试验经验的基础上，学习领域课程在德国全面推开，成为德国"双元制"职业教育学校一元的新的课程范式。为了了解德国职业学校学习领域课程模式的推行情况及其效果，笔者于 2013 年对德国职业学校课程改革的实施情况在柏林、不莱梅和马格德堡进行了第二次调查①，希望通过对第二次调查结果的分析以及前后两次调查结果的对比，评判德国职业学校课程改革的推进情况及其成效，分析其存在的问题及成因，以期为我国的职业教育课程改革提供可资借鉴的经验。

## 第一节　被调查者的基本情况

### 一　教师的基本情况

（一）性别分布

  本次共有 117 名教师参加了问卷调查，在所有参与调查的教师当中（见图 9-1），男性教师占总数的 84.62%，女性教师占总数的 15.38%。

（二）年龄分布

  本次调查的教师年龄（见图 9-2），主要集中在 41—50 岁和 51—60 岁两

---

  ① 第一次调查是 2010 年实施的，研究结果反应在《工作过程为导向的职业教育理论与实证研究》一书中。

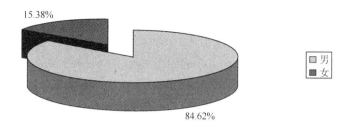

图 9-1 教师的性别分布

个年龄段，所占比例为总数的 66.66%；另外 40 岁以下的教师占总数的 28.21%；60 岁以上教师占总数的 5.13%。

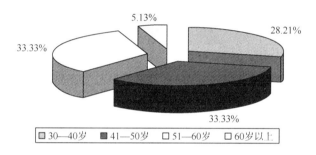

图 9-2 教师的年龄分布

（三）从教时间分布

从工作时间看（见图 9-3），本次调查的教师在职业学校工作的时间在 10 年以下的最多，占总数的 47.37%；工作时间在 11—20 年和 21—30 年的分别占 18.42% 和 26.32%；工作时间在 31 年以上的仅为 7.89%。

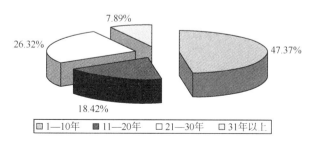

图 9-3 教师在职业学校工作的年限情况

（四）企业工作经历

从教师在企业从事专业技术工作经历的情况来看（见图9-4），有79.49%的教师表示曾有过企业工作的经历；有20.51%的教师表示没有企业工作经历，这调查数据显示：德国职业学校的绝大多数教师拥有企业工作经历。主要原因在于：德国职业学校的教师地位和待遇较高，具有严格的职业教师培养制度，要想成为职业学校教师，在申请进入大学时就被要求拥有不少于一年的工作经历或者接受过"双元制"职业培训。

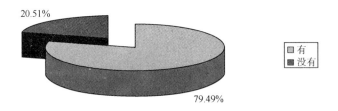

图9-4　教师在企业从事专业技术工作的经历情况

从教师在企业工作时间的分布情况看（见图9-5），有44.83%的教师表示曾在企业工作过5年以上；另外，在企业工作时间为1年以内、1—3年和3—5年的教师比例分别为10.34%、27.59%和17.24%。

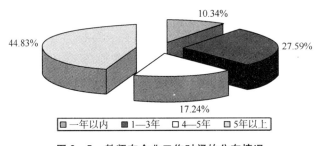

图9-5　教师在企业工作时间的分布情况

## 二　学生的基本情况

（一）性别分布

本次共有744名学生参加了问卷调查，在所有参与调查的学生中（见图9-6），男性占总数的94.90%，女性仅占总数的5.10%。从性别比例上看，男性占了绝大多数，这主要是由于被调查的培训职业（相当于我国的专业）主要是工科类培训职业。

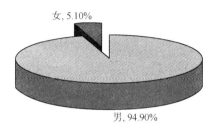

**图 9 - 6　学生的性别分布**

（二）年龄分布

本次调查的学生年龄（见图 9 - 7），主要集中在 15—20 岁，占总数的59.14％；21—25 岁的学生占总数的 31.99％；26 岁以上的学生总计占8.6％。

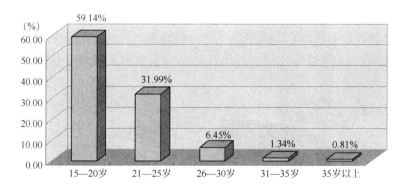

**图 9 - 7　学生的年龄分布**

（三）受教育水平分布

在获得普通教育的毕业水平方面（见图 9 - 8），大部分学生毕业于实科中学，占总人数的 45.70％，20.16％ 的学生毕业于扩展的实科中学，13.71％ 的学生毕业于拓展的主体中学，6.45％ 的学生毕业于主体中学，具备高等学校入学资格包括普通大学和应用科技大学的学生占总数的12.91％。调查数据体现出了德国职业学校以实科中学和扩展的实科中学为主体的生源结构，同时有 12.91% 具有高等学校入学资格的学生选择进入职业学校学习。

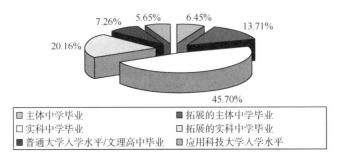

图 9-8  学生获得普通教育的毕业水平情况

（四）培训职业的分布

本次调查的学生来自 13 个培训职业（见图 9-9），其中，植物技工最多，占总数的 16.13%；机电一体工占 15.86%；工业机械工占 11.56%；设备机械工占 11.29%；切削机械工占 7.80%；自动化电工和电气工程师各占 5.91%；二轮机械工占 3.76%；机械制图工占 1.08%；工业电子工和修理机械工各占 0.81%，另外，机械工程师和精密加工机械工分别占 0.27% 和 0.54%。

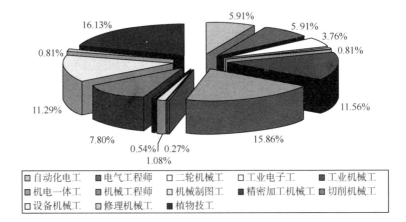

图 9-9  学生接受的培训职业分布情况

（五）年级分布

本次调查的学生来自四个年级（见图 9-10），其中，一年级的学生最多，其人数占总数的 41.67％；其次是二年级和三年级的学生，人数分别占总数的 35.22％和 21.77％；四年级的学生仅占总数的 0.81％。

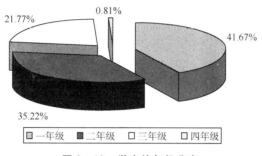

图 9-10　学生的年级分布

# 第二节　德国中等职业学校课程改革实施现状分析

## 一　教师素质

调查数据显示：德国教师对自身素质的评价均值①处于 3.42 至 4.39 之间（见表 9-1），总体评价较高。其中，"能较好地与企业里的师傅和培训者合作""能很好地调动学生的学习积极性"和"关心每一位学生"的均值分别为 3.42、3.69 和 3.77，相比较而言，这三项均值略低。这表明，目前德国教师在加强与企业师傅或培训者的合作，调动学生的积极性和关心每一位学生等方面还需进一步加强。

表 9-1　　　　　　　　　　　教师对自身素质的评价

| | 均值 |
| --- | --- |
| 具有较好的专业知识 | 4.39 |
| 具有较好的教育教学理论知识 | 3.87 |

① 计算出的数值代表德国教师对自身各项素质的认可程度："1"代表"不赞同"；"2"代表"基本不赞同"；"3"代表"部分赞同"；"4"代表"基本赞同"；"5"代表"赞同"。

续表

| | 均值 |
|---|---|
| 具有较好的职业实践能力 | 3.97 |
| 对企业的现状有比较好的了解 | 3.85 |
| 能较好地与企业里的师傅和培训者合作 | 3.42 |
| 在教学设计和实施的过程中能与同事较好地沟通 | 3.87 |
| 在教学中能考虑到学生的兴趣 | 3.85 |
| 设计的教学过程有趣 | 3.87 |
| 能很好地调动学生的学习积极性 | 3.69 |
| 关心每一位学生 | 3.77 |

## 二  学习情境的开发方式

学习情境是实施学习领域课程的主要载体，主要是由教师及其团队承担学习情境的开发任务。开发的学习情境的质量在很大程度上决定着教学质量与水平。从学习情境的开发方式上，可以在很大程度上判断出所开发的学习情境能否反映企业的工作实际及工作过程。

从学习情境的开发方式来看（见表9-2），关于"独立开发学习情境"，有53.84％的教师表示"比较经常或经常"；关于"与专业课教师团队共同开发学习情境"，有43.59％的教师表示"比较经常或经常"；关于"与其他教师、企业培训师傅共同开发学习情境"，有35.89％的教师表示"比较经常或经常"；关于"与企业培训师傅一起开发学习情境"，有20.51％的教师表示"从不"，63.1％的教师表示"偶尔或有时"，仅有10.26％的教师表示"比较经常"。这可以反映出，学习情境的开发具有多种形式，虽然"教师独立开发"的方式最为普遍，但"与专业课教师团队共同开发"和"与其他教师、企业培训师傅共同开发学习情境"也成为最主要的形式之一。这表明，教师在开发学习情境时已经开始注重与教师团队和企业师傅的合作，这在很大程度上确保了所开发的学习情境的质量与水平。当然需要强调的是：企业培训师傅参与开发学习情境的程度仍然较低，需要引导职业学校教师在学习情境开发上要加强与教师团队和企业培训师傅的合作，以确保开发的学习情境的质量。

表 9 - 2 　　　　　　　　　　　学习情境开发的方式

|  | 从不 | 偶尔 | 有时 | 比较经常 | 经常 |
|---|---|---|---|---|---|
| 独立开发学习情境 | 2.56% | 15.38% | 23.08% | 38.46% | 15.38% |
| 与专业课教师团队共同开发学习情境 | 5.13% | 10.26% | 38.46% | 25.64% | 17.95% |
| 与普通文化课教师共同开发学习情境 | 25.64% | 25.64% | 23.08% | 12.82% | 5.13% |
| 与企业培训师傅一起开发学习情境 | 20.51% | 30.77% | 33.33% | 10.26% | 0.00% |
| 与其他教师、企业培训师傅共同开发学习情境 | 12.82% | 10.26% | 38.46% | 20.51% | 15.38% |
| 基本不自己开发学习情境，主要选用他人开发好的学习情境 | 15.38% | 10.26% | 28.21% | 15.38% | 0.00% |

## 三　课程准备和教师团队

关于"与传统的专业系统化课程比较，在准备学习领域课程时，您需要更多的备课时间吗?"这一问题（见图 9 - 11），有 11.12% 的教师表示"比以往少很多"或"比以往少"；有 33.33% 的教师表示"基本差不多"；另有 55.55% 的教师表示"比以往多"或"比以往多很多"。这与 2010 年的调查结果[①]基本一致。这表明，大多数教师在准备学习领域课程时，需要花费比以往更多的备课时间。因为，学习领域课程的实施需要教师花费时间来设计学习情境或工作任务，同时也需要教师花费更多的时间了解企业的生产实际。只有这样，教师设计的学习情境或工作任务才能反映企业真实的工作世界。

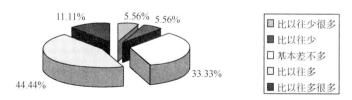

11.11%　　5.56%　5.56%

33.33%

44.44%

☐ 比以往少很多
■ 比以往少
☐ 基本差不多
☐ 比以往多
■ 比以往多很多

图 9 - 11　在准备学习领域课程时您需要更多的备课时间吗?

在教师以团队的方式组织教学方面（见图 9 - 12），有 55.26% 的教师表

---

① 2010 年的调查数据显示：表示"基本差不多"的教师所占比例为 37.5%，表示"比以往多"和"比以往多很多"的教师所占比例为 62.5%。

示"比较经常"或"经常";有 36.84% 的教师表示"有时"或"很少";仅有 7.89% 的教师表示"从不"。将本次调查结果与 2010 年笔者对德国教师所做的调查数据<sup></sup>①相比发现:"比较经常或经常"以教师团队的方式组织教学的比例上涨了 27.96 个百分点。这主要表明两点:一是以教师团队的方式组织教学越来越受到德国教师的欢迎,并逐渐成为德国职业学校实施学习领域课程的主要教学组织形式之一;二是德国教师逐渐重视团队间的沟通与合作,教师的工作方式发生了根本性的变化,由以个体为主转向以团队为主。

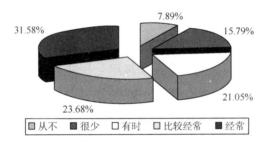

图 9 - 12　您以教师团队的方式组织教学吗?

## 四　教学资料库

当教师被问及"您所在的工作部门有关于学习情境的资料库吗?"(见图 9 - 13),有 89.74% 的教师表示"有";有 7.69% 的教师表示"没有";另有 2.56% 的教师表示"不知道"。可见,绝大多数教师所在的工作部门都已经具备了学习情境资料库,这与 2010 年的调查数据(75.8% 的教师表示"有")相比,增加了 13.94 个百分点。这表明,在近几年的课程实施和推广中,学习情境资料库的重要性逐渐受到了德国教师的重视,并加大了对其建设的力度和覆盖面。

当教师被问及"您在备课时利用现有的这些学习情境的资料库吗?"(见图 9 - 14),有 56.41% 的教师表示"比较经常"或"经常";有 35.9% 的

①　2010 年的调查数据显示:27.3% 的教师表示"比较经常"或"特别经常";30% 的教师表示"有时";34% 的教师表示"很少";9% 的教师表示"从不"。

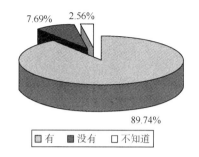

图 9 - 13　您所在的工作部门有关于学习情境的资料库吗？

教师表示"有时"；另有 7.69% 的教师表示"很少"。与 2010 年的调查数据①相比，"比较经常"或"经常"使用资料库的教师的比例增加了 19.41 个百分点，而很少使用资料库的教师的比例下降了 28.31 个百分点。这表明绝大多数教师在教学准备的过程中都主动地利用资料库，资料库的利用率大大提高。

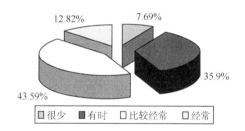

图 9 - 14　您在备课时利用现有的这些学习情境的资料库吗？

## 五　教学方法

在教学方法的使用方面（见图 9 - 15），项目教学法、教学谈话法和实验教学法的使用频率较高，传统的讲授式教学的使用频率略低。其中，关于项目教学法的使用频率，有 66.66% 的教师表示"比较经常"或"经常"运用，另有 30.77% 的教师表示"有时"运用；关于教学谈话法的使用频

---

①　2010 年的调查数据显示："比较经常"或"经常"使用占 37%；"有时"使用占 27%；"从不"或"很少"使用占 36%。

率，有 87.18％的教师表示"比较经常"或"经常"运用；关于实验教学法的使用频率，有 48.71％的教师表示"比较经常"或"经常"运用，有 35.9％的教师表示"有时或偶尔"运用；关于讲授教学法的使用频率，有 71.79％的教师表示"有时"或"偶尔"运用，仅有 20.51％的教师"比较经常"运用。这反映出，"教学谈话法""项目教学法"和"实验教学法"是德国职业学校教师使用最为普遍的教学方法，而传统的讲授式教学所占比重略低，这与 2010 年的调查结果[①]基本一致。这表明，德国教师比较重视实践教学和情境教学。

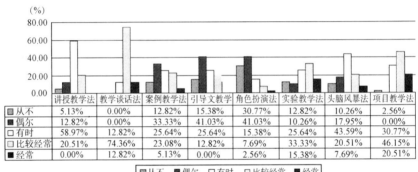

| (%) | 讲授教学法 | 教学谈话法 | 案例教学法 | 引导文教学 | 角色扮演法 | 实验教学法 | 头脑风暴法 | 项目教学法 |
|---|---|---|---|---|---|---|---|---|
| 从不 | 5.13% | 0.00% | 12.82% | 15.38% | 30.77% | 12.82% | 10.26% | 2.56% |
| 偶尔 | 12.82% | 0.00% | 33.33% | 41.03% | 41.03% | 10.26% | 17.95% | 0.00% |
| 有时 | 58.97% | 12.82% | 25.64% | 25.64% | 15.38% | 25.64% | 43.59% | 30.77% |
| 比较经常 | 20.51% | 74.36% | 23.08% | 12.82% | 7.69% | 33.33% | 20.51% | 46.15% |
| 经常 | 0.00% | 12.82% | 5.13% | 0.00% | 2.56% | 15.38% | 7.69% | 20.51% |

图 9-15　德国教师对教学方法的使用情况

## 六　教学内容

（一）学生对职业学校教学内容的看法

当学生被问及"你对职业学校的专业学习内容感兴趣吗？"（见图 9-16），有 63.44％的学生表示"比较感兴趣"或"很感兴趣"；有 32.80％的学生表示"部分感兴趣"；仅有 3.22％的学生表示"很少感兴趣"或"不感兴趣"。这表明，职业学校的专业学习内容具有一定的吸引力，引起了大多数学生的兴趣，这主要是由于学习领域课程围绕典型的职业工作任务来组

---

① 2010 年的调查数据显示：关于讲授式教学法，表示"很少"、"有时"、"从未"和"经常"的教师比例分别为：32％、40％、10％和 11.8％；关于课堂项目教学法，超过 70％的教师表示"经常"运用。

织与建构，工作过程知识作为其核心的教学内容，这些教学内容与职业活动紧密相关。

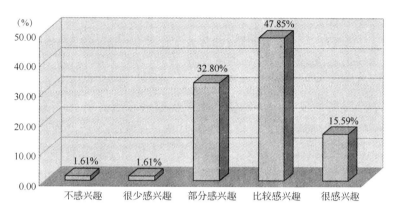

图 9 - 16　学生对职业学校的专业学习内容感兴趣情况

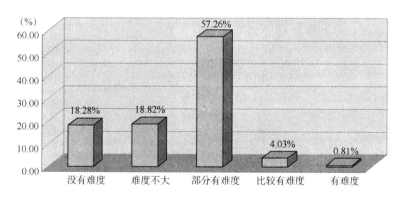

图 9 - 17　职业学校学习领域教学内容的难度情况

当被问及"职业学校学习领域教学内容是否有难度？"时（见图 9 - 17），有 37.10％的学生表示"没有难度"或"难度不大"；有 57.26％的学生表示"部分有难度"；另有 4.84％的学生表示"比较有难度"或"有难度"。数据显示：有 2/3 的学生，在一定程度上认为学习领域课程的教学内容存在一定难度。这主要是因为学习领域课程的教学内容以工作过程知识为核心，需要学生在真实或模拟的工作世界中理解与产品、技术、劳动组织等相关的整体的工作过程，然而职业学校的大多数学生缺乏工作经历，对职业工作世界缺乏应有的认识，致使对教学内容的学习感到有难度。但总体而言，学习领域课程教学内容的难度设置适中。

当学生被问及"职业学校的专业学习内容与企业培训内容的相关性怎样？"时（见图 9-18），有 25.00％和 9.68％的学生认为两者之间相关"比较多"和"很多"；有 31.99％的学生认为"有时"相关；另有 20.43％和 8.87％的学生认为相关"很少"和"几乎没有"，这与 2010 年的调查结果[①]相比有一定程度的改善，认为二者相关比较多或很多的比 2010 年提高了 16.68 个百分点，而认为二者相关性很少或没有的比 2010 年下降了 12.7 个百分点。这表明随着学习领域课程的实施，学校在不断完善专业学习内容，并力求全面真实地反映企业的生产需求，并与企业培训内容相协调。尽管职业学校作出了很大的努力，但还有近三分之一的学生认为学校的专业学习与企业的培训之间的相关度较低。这主要是由于职业学校的学生是在不同的企业进行培训，企业之间的业务范围、生产产品与工作过程存在一定程度的差异，因此学生对职业学校的教学内容与在企业的学习内容的相关性感受程度存在差异。同时也在一定程度上说明，职业学校的学习内容与企业培训内容之间仍然存在一定程度的分离现象，职业学校的学习领域与企业的行动领域之间的关联度仍需要加强。

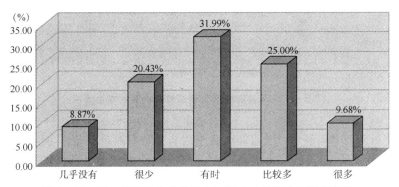

图 9-18 职业学校的专业学习内容与企业培训内容的相关性

---

① 2010 年调查数据显示：有 12％和 6％的学生表示职业学校的专业学习内容与企业培训内容的相关性"比较多"和"很多"；40％左右的学生表示"有时"；29％和 13％的学生表示"很少"和"几乎没有"。

　　当学生和教师被问及"职业学校里的教学内容能够帮助解决企业中的工作任务与问题吗?"（见图9-19），学生与教师的态度有所差别。学生中，有40.83％的学生表示"比较有帮助"或"非常有帮助"，有50.47％的学生表示"部分有帮助"或"很少有帮助"，另有8.70％的学生表示"没有帮助"；教师中，有69.44％的教师表示"比较有帮助"或"非常有帮助"，有27.78％的教师表示"部分有帮助"，另有2.78％的教师表示"很少有帮助"。

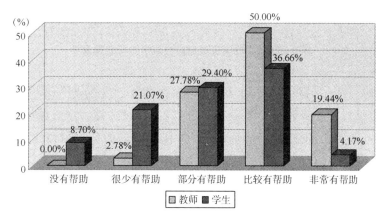

图9-19　职业学校里的教学内容能够帮助学生解决企业中的工作任务与问题

　　总体而言，与学生相比，教师的态度更为乐观，对职业学校里的教学内容帮助解决企业中的工作任务与问题的满意程度更高。

　　当学生对"职业学校学习的内容对我的职业很重要"作评价时（见图9-20），有77.41％的学生持肯定态度，认为对从事的职业而言，职业学校的学习内容具有比较重要的意义；另有17.47％的学生表示"部分赞同"；仅有4.31％的学生持否定态度，认为职业学校的学习内容对从事的职业的重要性较小。这表明：学习领域课程的内容具有较强的职业性，对绝大多数学生的职业生涯发展产生了非常重要的作用。

　　（二）学生对培训企业教学内容的看法

　　当学生对"从培训师傅那里我能学到很多东西"作评价时（见图9-21），有50.54％和33.60％的学生表示"赞同"和"基本赞同"；另有7.53％的

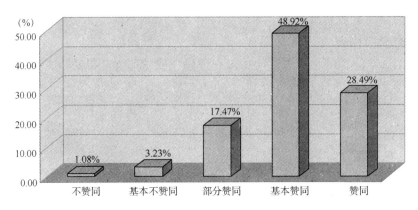

**图 9－20　职业学校学习内容对学生职业很重要**

学生表示"部分赞同";仅有 7.8% 的学生表示"不赞同"或"基本不赞同"。可见,绝大多数学生对这一表述持肯定态度,这表明,德国的培训师傅在"双元制"职业教育中所承担的责任和发挥的作用得到学生的认可,并对学生的学习与成长起到了非常重要的作用。

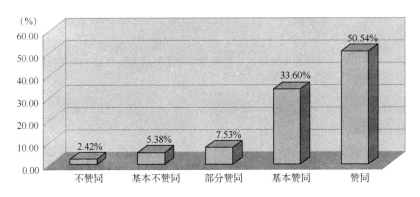

**图 9－21　学生能够从培训师傅那里学到很多东西**

当学生对"我承担的工作任务与我的职业相适应"作评价时(见图 9－22),有 67.74% 的学生表示"基本赞同"或"赞同";有 23.12% 的学生表示"部分赞同";另有 8.87% 的学生表示"不赞同"或"基本不赞同"。这表明,绝大多数学生在企业培训过程中所承担的工作任务与其职业相适应的程度较高,绝大多数企业并没有把学生作为廉价的劳动力来使用。企业一元的职业培训的教育性得到了较好的保证。

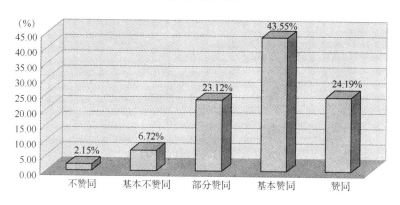

**图 9 - 22　学生在企业承担的工作任务与其职业相适应**

当学生对"企业里的工作压力干扰我的学习"作评价时（见图 9 - 23），有 65.86％的学生表示"不赞同"或"基本不赞同"；有 18.55％的学生表示"部分赞同"；仅有 13.18％的学生表示"基本赞同"或"赞同"。可见，绝大多数学生对这一表述持反对意见。这表明，企业里的工作氛围与压力不仅不会影响学生的学习，而且还可以使学生体验和感受真实的工作世界。

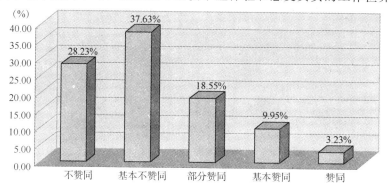

**图 9 - 23　企业里的工作任务干扰学生的学习**

当学生对"在企业里学到的东西比职业学校多"作评价时（见图 9 - 24），有 26.61％和 26.08％的学生表示"赞同"和"基本赞同"；有 34.95％的学生表示"部分赞同"；仅有 11.83％的学生表示"不赞同"或"基本不赞同"。数据表明,超过半数的学生对这一表述持肯定意见,即认为在企业里能够学到更多的东西。这主要是因为学生在企业的培训过程中有更多的机会接触工作世界,参与真实的生产过程,能学到更多的职业知识与技能。

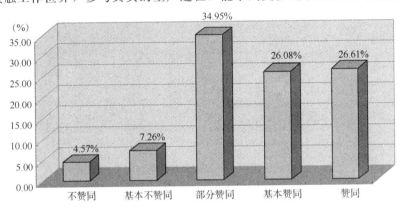

**图 9 - 24　与职业学校相比,学生在企业里能够学到更多东西**

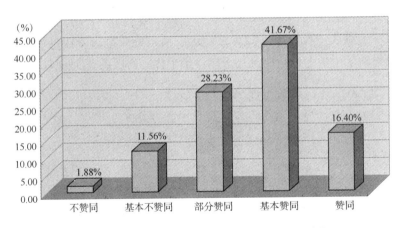

**图 9 - 25　在企业多数情况下学生能够得到详细的指导**

当学生对"在企业里多数情况下能够得到详细的指导"作评价时(见图 9 - 25),有 41.67% 和 16.40% 的学生表示"基本赞同"和"赞同";有28.23% 的学生表示"部分赞同";另有 11.56% 和 1.88% 的学生表示"基本不赞同"和"不赞同"。数据表明,超过半数的学生对这一表述持肯定意见,即认为在企业里能够得到详细的指导。也就是说企业里的培训师傅具有较强的责任意识，能够认真地指导学生实践学习，承担起了培养企业的劳动后备力量的重任。

## 七　课程实施效果及困境

### （一）教学效果

当教师被问及"与传统的专业系统化教学相比，您怎样评价学习领域课程的教学效果？"时（见图9-26），有14.29％的教师表示"差一点"；有37.14％的教师表示"没有明显差别"；有40％的教师表示"好一点"；另有8.57％的教师表示"更好"。总体趋向于肯定性评价。

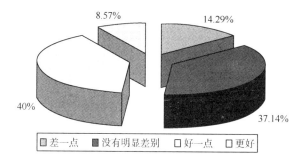

图9-26　教师对学习领域课程的教学效果评价

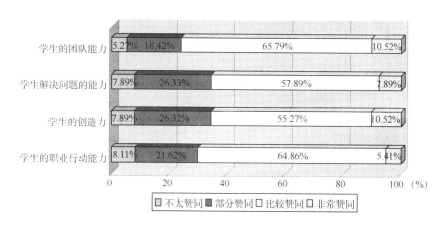

图9-27　学习领域课程有助于促进……

　　具体来说，学习领域课程对于促进学生的团队能力、解决问题能力、创造力和职业行动能力四个方面（见图 9-27），平均分别有 60.00% 和 8.59% 的教师表示"比较赞同"和"非常赞同"，平均有 23.00% 左右的教师表示"部分赞同"，仅有平均为 7.29% 的教师表示"不太赞同"。与 2010 年的调查结果[1]基本一致。这表明，绝大多数德国教师对学习领域课程促进学生这四个方面能力的发展持肯定态度。也就是说，德国教师普遍认为在培养学生这四个能力方面，学习领域课程起着举足轻重的作用。

　　（二）教师在实施学习领域课程时遇到的困难

　　关于教师在实施学习领域课程方案时遇到的困难，教师给出的均值[2]处于 2.24 至 3.49 之间（见表 9-3），其中，"学生的学习基础较差""工作压力加大"和"学校组织和管理不配套"位居前三。这说明，在这三方面教师会遇到些阻碍，而教师在其他方面遇到的困难相对较少。这与 2010 年的调查数据：超过 60% 的教师认为工作压力加大和学生学习基础较差的困境相比，已经有了明显的改善。近些年，德国职业学校通过加强教学资料库的建设和教师团队合作，学习领域课程方案的实施越来越顺利。

表 9-3　　　　　　　　教师在实施学习领域课程时遇到的困难

| | 均值 |
|---|---|
| 学生的学习基础较差 | 3.49 |
| 工作压力加大 | 3.43 |
| 学校组织和管理不配套 | 3.00 |
| 缺少相应的教师培训 | 2.81 |
| 学习领域与企业里的行动领域缺乏协调 | 2.70 |
| 教学资料不充足 | 2.59 |
| 教学课时的分配遇到困难 | 2.50 |

---

　　① 2010 年的调查结果：平均有 80% 左右的教师表示"比较赞同"和"非常赞同"，20% 左右的教师表示"部分赞同"。
　　② 计算出的均值代表德国教师在实施学习领域课程方案时遇到困难的频率："1"代表"从未遇到"；"2"代表"偶尔遇到"；"3"代表"有时遇到"；"4"代表"较常遇到"；"5"代表"经常遇到"。

续表

| | 均值 |
|---|---|
| 自身的素质能力不足 | 2.49 |
| 学校缺少教学设备 | 2.41 |
| 同事之间缺乏交流与合作 | 2.31 |
| 学生成绩难以评价 | 2.24 |

（三）学生在职业学校的专业学习过程中遇到的困境

在职业学校的专业学习过程中，有60%多的学生表示从未或偶尔遇到过"学习资料不充足"的问题（见图9-28），只有14.51%的学生表示"较常遇到"或"经常遇到"。调查数据表明，职业学校"学习资料不充足"的现象并不十分常见，在一定程度上，职业学校的学习资料还是可以满足学生的学习需求。这说明经过十余年的学习领域课程的实施，与学习领域课程方案相配套的教材与学材日益丰富。

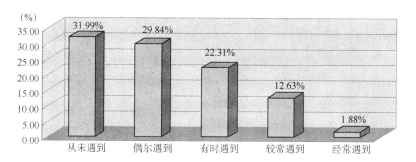

图 9-28　学习资料不充足

关于"职业学校缺少教学设备"的问题（见图9-29），有16.67%的学生表示"较常遇到"或"经常遇到"；有55.92%的学生表示"偶尔遇到"或"有时遇到"；另有26.08%的学生表示"从未遇到"。数据表明，德国的职业学校部分存在着缺少教学设备的现象。出现这种现象的主要原因在于学习领域课程采用行动导向的教学策略，在教学过程中需要创设真实的情景，并运用项目或案例教学等方法，让学生在高度仿真的工作世界中学习知识与技能。显然，这种教学策略对教学设备提出了更高的要求。

但是，半数以上的学生也表示只有偶尔或有时候才会遇到，可见，这种现象并不十分常见。总体而言，德国职业学校的教学设备能够满足基本的教学需求。

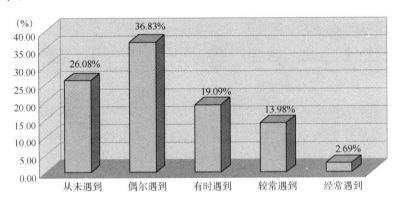

图 9 - 29　职业学校缺少教学设备

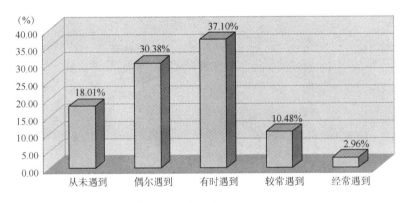

图 9 - 30　专业理论较难理解

关于"专业理论较难理解"的问题（见图 9 - 30），有 13.44％的学生表示"较常遇到"或"经常遇到"；有 67.48％的学生表示"偶尔遇到"或"有时遇到"；另有 18.01％的学生表示"从未遇到"。可见，绝大多数专业理论知识都能够较好地被学生理解与掌握，专业理论知识的难度设置适中。

关于"实践性任务较难完成"的问题（见图 9 - 31），有 29.84％的学生表示"从未遇到"；有 63.71％的学生表示"偶尔遇到"或"有时遇到"；仅有 4.57％的学生表示"较常遇到"或"经常遇到"。数据表明，职业学校的实践性任务较难完成的现象并不常见，一般情况下，学生都能够顺利地完成。可见，德国职业学校实践性任务的设置符合职校生的学习能力，难易程度设计合理。

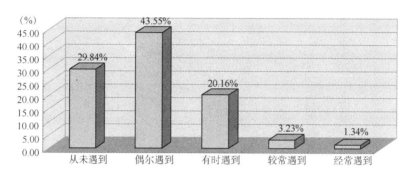

图 9-31　实践性任务较难完成

关于"职业学校的学习有很大压力"的问题（见图 9-32），有 28.76％的学生表示"从未遇到"；有 54.57％的学生表示"偶尔遇到"或"有时遇到"；另有 15.60％的学生表示"较常遇到"或"经常遇到"。这表明，职业学校的学习对将近三成的学生而言并无压力感，另有五成多的学生在少数情况下会感受到学习压力，仅有一成多的学生表示学习压力较大。

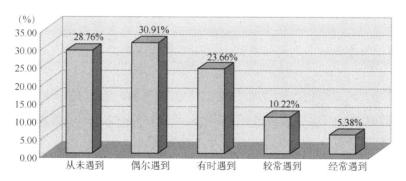

图 9-32　职业学校的学习有很大的压力

关于"学生之间缺乏学习经验的交流"的问题（见图 9-33），有

18.01%的学生表示"从未遇到";有68.55%的学生表示"偶尔遇到"或"有时遇到";另有12.10%的学生表示"较常遇到"或"经常遇到"。这表明,职业学校学生之间会互相交流学习经验,学习氛围良好。进而言之,在实践中,学习领域课程培养学生跨专业能力的目标有所体现,职校生具有较强的人际沟通与交流能力。

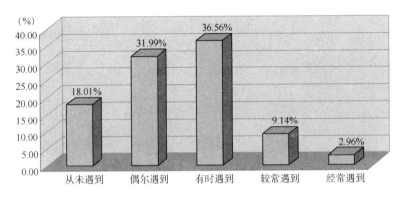

图9-33 学生之间缺乏学习经验的交流

关于"职业学校的教学与企业培训之间缺乏协调"的问题(见图9-34),有11.29%和19.62%的学生表示"从未遇到"和"偶尔遇到";有29.57%的学生表示"有时遇到";另有38.17%的学生表示"较常遇到"或"经常遇到"。这与2010年的调查数据①相比职业学校的教学与企业培训之间的协调度得到改善,提高了12.91个百分点。尽管如此,职业学校的教学与企业培训之间的协调性不足,难以令学生满意,大多数学生认为职业学校的教学与企业培训之间的协调力度还不够,两者之间仍存在着二元分离的现象。

关于"职业学校的专业知识缺乏系统性"的问题(见图9-35),有20.70%的学生表示"从未遇到";有66.93%的学生表示"偶尔遇到"或"有时遇到";仅有9.94%的学生表示"较常遇到"或"经常遇到"。学习领域课程的内容是按照能力发展的规律和行动逻辑进行组织和序列化,教学

———————

① 2010年调查数据显示:18%的学生表示职业学校的孩子与企业培训之间的协调度"较好或好";40%的学生表示"一般";42%的学生表示"较差或差"。

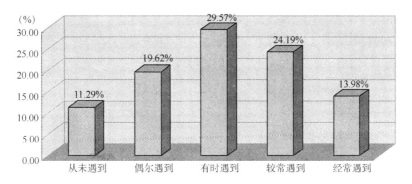

图 9-34 职业学校的教学与企业培训之间缺乏协调

内容的这种建构方式能够使学生接受比较系统的专业知识。

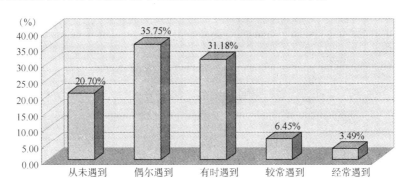

图 9-35 专业知识缺乏系统性

关于"与教师之间缺乏交流"的问题（见图 9-36），有 19.62% 的学生表示"从未遇到"；有 60.22% 的学生表示"偶尔遇到"或"有时遇到"；有 18.81% 的学生表示"较常遇到"或"经常遇到"。这表明，在德国的职业学校，多数学生能够与教师进行良好的沟通与交流。但是，也有近五分之一的学生在与教师进行沟通与交流时遇到困难。

关于"原有的学习基础较差"的问题（见图 9-37），有 23.92% 的学生表示"从未遇到"；有 59.68% 的学生表示"偶尔遇到"或"有时遇到"；另有 15.05% 的学生表示"较常遇到"或"经常遇到"。这表明德国职业学校的生源素质总体较好。

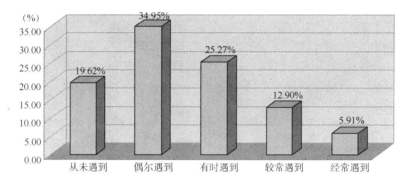

图 9 - 36　与教师之间缺乏交流

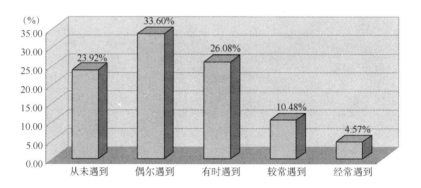

图 9 - 37　原有的学习基础较差

关于"缺乏学习动力"的问题（见图 9 - 38），有 22.31％的学生表示"从未遇到"；有 54.84％的学生表示"偶尔遇到"或"有时遇到"；有 21.50％的学生表示"较常遇到"或"经常遇到"。这表明职业学校学生的学习动力有待于进一步提升。

## 八　校企合作

当学生评价"接受的培训企业经常与职业学校进行协调"时（见图 9 - 39），有 44.36％的学生表示"不赞同"或"基本不赞同"；有 23.92％的学生表示"部分赞同"；另有 31.19％的学生表示"赞同"或"基本赞同"。数据显示，多数学生持否定态度。可见，培训企业与职业学校之间的协调与

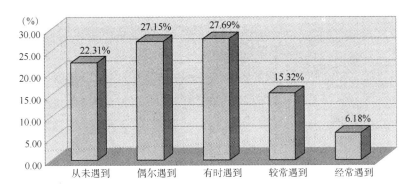

图 9-38　缺乏学习动力

沟通不尽如人意，出现校企分离的现象。

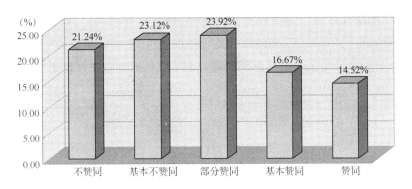

图 9-39　学生接受的培训企业经常与职业学校进行协调

　　当学生评价"职业学校与企业共同合作实施项目教学"时（见图 9-40），有 55.91％的学生表示"不赞同"或"基本不赞同"；有 20.43％的学生表示"部分赞同"；另有 23.12％的学生表示"基本赞同"或"赞同"，这与 2010年的调查数据基本一致[①]。数据显示：超过半数的学生对这一表述持否定态度，这表明职业学校的项目教学在很大程度上是独立进行的，缺乏与企业的沟通与协调。

---

　　① 2010 年的调查数据显示：关于与企业合作实施项目教学，分别有 59.4％和 25.7％的学生表示"从不"和"很少"；有 35.3％和 52.9％的教师表示"从不"和"很少"。

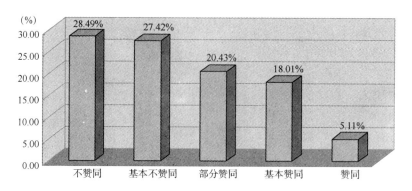

**图 9-40 职业学校与企业共同合作实施项目教学**

当学生评价"培训企业对职业学校的工作满意"时（见图 9-41），有 16.93％的学生表示"不赞同"或"基本不赞同"；有 37.37％的学生表示"部分赞同"；另有 42.74％的学生表示"赞同"或"基本赞同"。这表明培训企业对职业学校工作的满意度较高，基本上认同职业学校的工作。

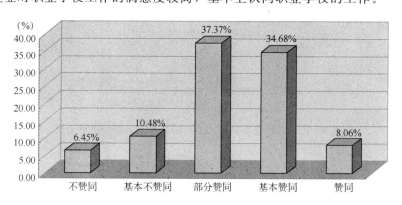

**图 9-41 培训企业对职业学校的工作满意**

当学生评价"职业学校在企业有很好的声誉"时（见图 9-42），有 19.89％的学生表示"不赞同"或"基本不赞同"；有 41.40％的学生表示"部分赞同"；有 35.76％的学生表示"赞同"或"基本赞同"。数据显示，有 1/3 的学生持肯定态度，另有四成学生表示部分肯定。这表明多数职业学校在企业的声誉基本令人满意。

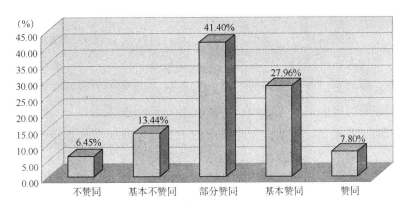

**图 9-42　职业学校在企业有很好的声誉**

# 第三节　德国中等职业学校课程改革实施评价

## 一　从学习情境的开发看

德国职业学校的专业课教师仍是学习情境开发与设计的主体。近些年，虽然随着学习领域课程的实施与推广，企业里的培训师傅也逐渐参与到学习情境的开发与设计，但是问卷调查结果表明：企业培训师傅参与开发与设计学习情境的程度有限。事实上，学习情境是实施学习领域课程的重要载体，其质量的高低直接决定着教学效果的优劣。因此，为了有效地实施和推广学习领域课程，在课程开发层面还需要企业培训师傅的积极参与。

## 二　从课程资源建设看

课程资源库建设力度加大，但利用率有待进一步提高。2010 年和 2013 年的问卷调查显示：德国职业学校课程资源库建设的覆盖面从 75.80％ 上升到了 89.74％，增长了 13.94 个百分点。这可以反映出：近些年学习领域课程在德国职业学校的实施与推广中，课程资源库的建设受到了德国职业学校教师的高度重视，课程资源库的建设力度呈现逐年增长的态势，课程资源逐渐丰富。同时，两次调查数据也表明：尽管目前德国职业学校教师对课程资源库的利用效率大大提高，选择"比较经常"或"经常"使用资料库的教师的比例比 2010 年增加了 19.41 个百分点，但目前仍有 43.59％的教师只是"有时或很少"使用。也就是说，德国职业学校对课程资源库建设的力度较大，教师们对课程资源库建设的意识较强，但是教师对课程资源库的充分利用情况仍然有待提高。目前只有部分学习或教学资料在学习领域课程的实施中得到了应用，课程资源库建设的真正目的还没有得到充分的体现。事实上，课程资源库建设的主要目的在于帮助教师有效地实施学习领域课程，完成教学项目，如果课程资源库没有得到充分的利用，那么课程资源库建设就失去其应有的价值。因此，今后应有针对性地建设课程资源，并提高其利用率。

### 三　从课程实施过程看

学习领域课程以"培训职业"的典型工作任务为核心组织工作过程知识作为课程的主要内容，并按照能力的形成规律对课程内容进行了序列化，使得学习领域课程的教学内容融合了理论知识与实践知识、显性知识与隐性知识，体现出了课程内容与职业实践活动紧密相连的特征，提高了学生的学习兴趣。从学习领域课程的实施过程看：教学逐步情境化、团队化，但校企间的协调性仍显不足。

首先，在教学组织方面，通过对比 2010 年和 2013 年的问卷调查数据发现，德国教师"比较经常或经常"以教师团队的方式组织教学的比例上涨了 27.96％，也就是说，近年来团队教学方式逐渐受到了德国教师的重视，成了教师实施学习领域课程的主要教学组织形式之一。事实上，团队教学方式是反映教师合作精神的重要形式，不仅可以提高教师的工作效率，而且有助于教师了解跨学科的知识与技能，是优化教学效果的重要途径之一。近些年，随着学习领域课程在德国的实施和推广，德国教师正逐渐从个体教学向团队教学转变，教师的合作意识和合作精神逐步提高。这从某种程度上来说，有助于培养学生的团队合作意识。

其次，在教学方法方面，问卷调查数据表明，以学生为主体的教学方式方法被德国教师普遍认同，并在教学中普遍采用。在推进教学方式方法的改革中，大多数的职业学校和教师都倡导以学生为主体的行动导向教学，并在教学过程中广泛采用，如项目教学法等方法受到了德国教师的普遍认同并采用。

但是，两次问卷调查数据也表明，德国职业学校的教学与企业培训之间的协调性不够，也就是说，职业学校的理论教学与培训企业的实践教学没有很好地联系起来，大多数职业学校都是在独立地实施项目教学，缺少与企业的沟通与协作。职业学校的理论教学与企业的实践训练的二元分离的问题仍然是今后致力解决的主要问题。

# 第十章　中德两国中等职业教育课程改革比较分析

## 第一节　中德中等职业教育课程政策比较

中德两国在不同历史时期，出台的中等职业教育课程改革的政策是与中德两国社会大背景紧密联系在一起的。表10-1概要地呈现了20世纪90年代中期以来中德两国职业教育课程政策在课程目标、课程模式、课程内容和课程实施方式等方面的基本特征。

表 10-1　　　　　　中德中等职业教育课程政策的基本特征比较

|  | 中　　国 | 德　　国 |
|---|---|---|
| 课程目标 | 强调立德树人<br>综合的职业能力 | 全面的职业行动能力<br>建构或参与建构工作世界的能力 |
| 课程模式 | 从学科本位转向能力本位 | 从以分科为基础的综合课程模式转向基于工作过程导向的学习领域课程模式 |
| 课程内容 | 由学科知识转向与职业、工作相关的知识，强调与职业标准相衔接 | 来源于行动领域，基于对行动领域的分析设计学习情境 |
| 课程实施方式 | 工学合结、理实一体化教学 | 行动导向教学原则 |

### 一　课程目标

从课程目标看，中国在职业教育课程改革的系列政策上均明确提出：把立德树人放在首位，并落实到具体的课程体系中。国家专业教学标准中规定了在中等职业学校开设"经济政治与社会""哲学与人生""职业道德与法律"等思想政治类课程，旨在运用马克思主义经济和政治学说的基本观点，引导学生正确分析常见的社会经济、政治现象，树立正确的人生观、价值观，提高学生参与社会经济、政治活动的能力。其次，强调培养学生的综合职业能力。在课程政策的引导上支持由知识的传授转向能力的培养，尤其强调实践能力、创新能力、就业能力和创业能力的培养。

德国在职业教育课程改革目标上，一方面强调全面的职业行动能力的培养。全面的职业行动能力不仅指职业生活中所需要的能力，也包含社会生活、私人生活中需要的各种能力，它由专业能力、个人能力和社会能力所组成，强调要促进学生职业行动能力在各个维度上的共同发展；另一方面强调培养学生的建构或参与建构工作世界的能力。随着技术发展和劳动组织形式的变化，不仅需要技术工人具有工作适应能力，而且要具有建构工作世界的能力，能够创造性解决现场工作问题的能力。

## 二　课程模式

从课程模式看，中国在职业教育课程改革政策上，倡导由学科本位转向能力本位。长期以来，深受普通教育的影响，学科本位的课程模式在中国职业学校中一直处于主体地位。20世纪90年代以来，中国出台了一系列职业教育课程改革政策，促进传统的三段式、以学科为中心的课程模式向能力本位课程模式转变。在职业教育课程政策的支持下，许多国际先进的职业教育课程模式被引入中国，如CBE课程模式、学习领域课程模式等，并进行了本土化的改造与探索，在这一过程中也形成了一些颇具影响的本土化模式，如："宽基础，活模块"、项目课程，等等。中国关于职业教育课程模式的改革，在政策上只是提出了方向性的导向，即由学科本位转向能力本位，但并没有限定实施哪一种具体的课程模式，因此在实践中呈现出体现能力本位特征的多种课程模式，其中以来源于德国的学习领域课程模式和本土提出的项目课程在实践中应用的最为广泛，成为中国目前职业教育的主流课程模式。

德国在职业教育课程模式改革上，呈现出从以分科为基础的综合课程模式转向基于工作过程导向的学习领域课程模式的基本特征。德国"双元

制"的一元职业学校的课程模式在 20 世纪 90 年代中期以前采用的是以分科
为基础的综合课程模式，它建立在宽厚的专业训练基础之上，根据职业活
动的需要选择组织教学内容，虽然在很大程度上解决了学科课程自成体系、
相互之间缺乏内在联系的问题，并尽可能地根据企业一元的需要选择教学
内容，增强教学内容的职业针对性，但仍与企业的期望有较大的距离。尤
其是 20 世纪 90 年代以来，随着企业对技术工人要求的提高，企业界越来越
抱怨职业学校的教学与企业的生产实际相差甚远，不能满足企业的需求。
在这一背景下，20 世纪 90 年代中期，德国在职业教育课程政策上建议以学
习领域课程取代传统的以分科为基础的综合课程，在这一政策的引导下，
1996 年以后新颁布或修订的"双元制"培训职业（即相当于我国的专业）
都采取了学习领域课程模式。德国关于职业教育课程模式的改革，在政策
上明确提出了具体的课程模式，即学习领域课程。因此学习领域课程成为
德国"双元制"职业教育学校一元的新的课程范式。职业学校只是在学习
领域课程模式的应用层面探索不同的具体实施方案。正如第八章呈现给大
家的不同案例，尽管学习领域课程的具体实施方案有所不同，但在开发具
体方案时人们关注的核心要素是一致的，即：行动领域的分析、学习情境
的设计和学校资源的规划，各种实施方案均是围绕这三大核心要素进行开
发与设计。

### 三　课程内容

从课程内容看，中国在职业教育课程政策上，倡导由学科知识转向与
职业、工作相关的知识，强调与职业标准相衔接。长期以来，深受普通教
育的影响，职业学校的课程内容是知识本位的，强调学科专业知识本身的
系统性、完整性。为了改变职业教育课程学问化的问题，2000 年以来，中
国在出台的系列促进职业教育发展的政策中，多次明确课程内容要紧密联
系生产劳动实际和社会实践，突出应用性和实践性，将职业资格标准融入
教学内容，推进专业课程内容与职业标准相衔接。在这一政策引导下，职
业学校在进行课程改革的过程中，开始重视职业分析工作，将职业分析作
为课程开发的核心环节，并以职业分析结果作为课程设置和课程内容选择

的基本依据。尽管目前在这一过程中仍然存在一些问题，如：如何将职业分析结果转化成课程体系并没有得到很好解决，但从总的发展趋势看，职业标准已经成为选择课程内容的基本依据。

德国在职业教育课程内容上，充分体现了工作世界的客观要求，这是由学习领域课程本身的基本特征所决定的。学习领域是从各个职业的行动领域发展而来，来源于行动领域，它指向与工作过程和经营过程相关的职业任务。因此，学习领域的具体学习内容是基于对行动领域的分析而设计的学习情境。

### 四　课程实施方式

从课程实施方式看，长期以来，以教师为中心、以课堂为中心的灌输式教学方式一直是中国职业学校主要的课程实施方式。随着职业教育课程目标由知识本位转向能力本位，必然要求课程的实施方式进行变革。因此，20 世纪 90 年代以来，中国在职业教育课程改革的系列政策上均明确提出，推行工学合结、实施理实一体化教学，强调做中学、做中教。在这一政策的指导下，职业学校在课程的实施方式上进行了大量的探索，积极尝试项目教学等理实一体化的教学方式。

1996 年以来，德国各州文教部长联席会议，在历次《关于编制职业学校框架教学计划指南》中始终将行动导向教学作为学习领域课程的教学原则。行动导向教学强调遵循行动系统结构，可以有效地促进相应知识的获得、系统导向的相互联系的思考与行动，以及复杂和典型任务的解决。

## 第二节　中德中等职业教育课程改革的实施比较

职业教育课程改革的政策所倡导的理念与原则在中德两国实施的成效如何？通过对中德两国职业教育课程改革的实证研究，我们发现在课程改革实施过程中的关键环节上，两国既存在共性特征，也呈现出各自的独特的特点。表 10 - 2 为我们概要地呈现了目前两国在课程改革实施过程中表现出的基本特征。

## 一　课程改革的主体

纵观我国职业教育课程改革实践，主要是以职业学校为主体进行的课程改革。国家对课程改革只提出了原则性的要求、建设性指导和愿景性描绘，缺乏系统性的顶层设计，致使我国职业教育课程改革缺乏可遵循的基本范式。职业学校在国家原则性的要求下，进行自主改革与探索，由于职业学校的能力水平有限，加之缺乏科研机构的伴随与指导，很难对课程改革进行科学有效的整体设计，致使课程改革推进缓慢，课改效果不尽如人意。

表 10 - 2　　　　　中德中等职业教育课程改革实施过中的基本特征

| | 中　　国 | 德　　国 |
|---|---|---|
| 课程改革的主体 | 国家只提出了课程改革的原则性要求；职业学校是课程改革的主体。 | 国家明确提出在职业学校实施学习领域课程；各州制定学习领域课程框架教学计划；职业学校开发学习领域课程的具体实施方案。 |
| 课程改革的方式 | 以各级各类项目推进课程改革。 | 试点试验——总结经验——全面推广 |
| 课程开发与课程设计 | 专业教师仍是课程开发的主体，行业企业参与课程开发的程度有限。 | 体现了行业企业的主导原则。但是从学习情境的开发情况看，企业培训师傅参与开发与设计的程度不够。 |
| 教学方式与方法 | 以学生为主体的教学方式方法被教师普遍认同，但在实践中的运用并不广泛。 | 以学生为主体的教学方式方法被德国教师普遍认同，并在教学中普遍采用。 |
| 企业参与人才培养 | 接纳学生实习是企业参与人才培养的主要形式。 | 企业是人才培养的主体，参与人才培养的全过程。 |
| 课程改革中教师遇到的主要问题 | 1. 学生的学习基础较差<br>2. 工作压力加大<br>3. 缺少相应的教师培训<br>4. 学校缺少教学设备 | 1. 学生的学习基础较差<br>2. 工作压力加大<br>3. 学校组织和管理不配套<br>4. 缺少相应的教师培训 |

德国职业教育课程改革体现出多元主体，各司其职的特点。国家对课程改革进行顶层设计，各州文教部长联席会议"关于编制职业学校框架教学计划指南"明确提出在职业学校实施学习领域课程方案，并对学习领域课程的内涵、开发及设计进行了详细的阐释与说明，为各州开发学习领域框架教学计划提供了可操作性的指南，各州在此基础上为职业学校开发学

习领域框架教学计划，职业学校在框架教学计划的基础上开发学习领域的
具体实施方案，包括学习情境的设计与开发、学校教学组织的调整以及教
师和教学资源的配备等。国家是这种课程改革方式的总设计师，学校和教
师是具体课程资源的开发者和建设者，既调动了学校与教师的积极性，同
时又保证了职业学校的教学质量，使职业学校的课程与教学具有基本的可
以遵循的规范。

## 二　课程改革的方式

纵观我国职业教育课程改革方式，主要是依托各级各类项目进行推进，
主要有：一是依托国家示范校建设项目推进课程改革。2011 年国家启动了
中等职业学校的示范校建设项目，重点支持 1000 所中等职业教育改革发展
示范学校的建设，其中课程改革是示范校建设项目的核心内容；二是依托
省级示范校建设项目推进区域内的职业教育课程改革。在国家政策的推动
下，各省先后启动了省级示范校建设项目，而课程改革是其重要的组成部
分；三是以世界银行和亚洲开发银行在中国职业教育贷款项目为依托进行
的课程改革。21 世纪以来，我国利用世界银行、亚洲开发银行贷款或技术
援助发展职业教育的项目逐渐增多，主要有：广东省、辽宁省、山东省、
云南省、新疆维吾尔自治区等省（自治区）利用世界银行贷款发展职业教
育的项目，以及湖南省、陕西省、山西省利用亚洲开发银行贷款及技术支
持发展职业教育的项目。无论是亚洲开发银行还是世界银行均把建立基于
能力本位的课程模式作为其贷款项目重点支持的内容。

以项目推进课程改革纵然取得了一定的成效，但也暴露出"重立项、
轻建设"等诸多问题。许多职业学校为顺利立项，顺利通过项目验收只重
视课程改革文本建设，轻视课程改革的实际推进，课程改革仅停留在文本
设计阶段，真正的课程改革在许多学校并没有实际发生。

德国职业教育课程改革的方式是：在国家对课程改革进行顶层设计后，
采取试点试验、经验总结、全面推广的方式推进课程改革。1996 年德国各
州文教部长联席会提出在职业学校实行学习领域课程后，德国各地开展了
大量的学习领域典型试验，并在不断总结经验的基础上于 2003 年在全德推

广，学习领域课程成为德国职业学校新的课程范式。

### 三　课程开发与课程设计

在我国各职业学校都要根据国家的专业教学标准（或专业教学指导方案），考虑本区域社会经济发展对技术技能型人才的素质要求以及学校的师资及教学条件制定本校人才培养方案、开发课程标准和课程资源。因此课程开发已经成为我国职业学校教师承担的重要工作，也是课程改革过程中最重要的核心环节之一。调查研究表明：在国家课程改革政策的引导下，行业企业开始参与职业教育课程开发与课程设计。主要体现在：一是从国家层面，成立了行业职业教育教学指导委员会，其主要的职能之一就是研究提出本行业中等职业教育的培养目标、教学基本要求和人才培养质量评价方法，对专业设置、教学计划制定、课程开发、教材建设提出建议；参与制定本行业中等职业教育教学基本文件、专业设置标准、实训教学仪器设备配备标准和教学评估标准及方案；受教育部委托，组织开发本行业相关专业的教学指导方案，指导教学改革实践等，这为行业企业参与国家层面的课程开发提供了组织保障。二是从学校层面成立了专业建设指导委员会或课程建设委员会等组织机构，该类组织主要由职业学校领导、专业负责人、骨干教师和企业领导及来自一线的行业企业专家所组成，主要职责是针对专业及课程建设开展专业人才需求调研；开发、修订及论证专业人才培养方案及课程与教学资源等。专业建设指导委员会为行业企业参与院校层面的课程开发与课程设计提供了组织上的保障。但是，在职业教育课程改革的实践中行指委和院校层面的专业建设指导委员会的作用并没有得到充分地发挥，尽管行业企业开始参与职业学校的课程开发，但参与程度仍然有限。

从国家层面看，尽管由行指委承担国家专业教学标准的开发，力图使行业企业参与到课程开发中来。但是，由于目前行指委多数设置在职业学校，由行指委承担的国家专业教学标准的开发工作往往由这一行指委所挂靠的职业学校来承担，职业学校又成了国家专业教学标准开发的主体。使得行业企业参与国家层面的课程开发的程度取决于该职业学校与行业企业合作的深度与广度，很难保证行业企业在课程开发中的充分参与。

从学校层面看，行业企业参与课程开发的情况也不尽如人意。现场调研表明：尽管几乎所有的职业学校都表示，行业企业参与学校的课程开发，但参与程度却大不相同。除了部分国家示范性职业学校外，绝大多数职业学校的课程开发仍然是以专业教师为主体，行业企业人员主要以参加专业建设指导委员会或课程建设委员会的形式，对学校制定的人才培养方案进行论证，提出修改建议；或者以行业企业专家的身份对教师开发的课程标准进行审定，提出修改意见。真正直接参与到具体的课程开发过程中的行业企业还非常有限。

在德国"双元制"职业教育是由企业和学校合作，共同完成技术工人培养的一种教育制度。企业一元的培训按照国家颁布的培训规章进行，培训规章规定了培训职业要求的最低标准，各培训企业可以在培训规章的框架下，根据企业需求进行调整，制定本企业的培训计划；职业学校一元根据各州文教部长联席会议建议的职业学校的框架教学计划，开发学校实施学习领域课程的应用方案（详见第八章的相关内容）。以企业为主体的"双元制"职业教育制度本身决定了行业企业在职业教育课程开发中的主体作用，主要体现在：一是企业一元培训的课程开发充分体现了行业企业的利益，从国家层面的培训规章的制定到企业层面的培训计划的开发均体现了行业企业的需求；二是从职业学校一元的框架教学计划中的学习领域看，均来自职业行动领域，反映了工作世界中的真实的职业行动。因此，我们可以说德国"双元制"职业教育的课程开发体现了行业企业的主导原则。但需要我们注意的是：相关的案例研究（第八章）和问卷调查（第九章）表明：针对职业学校层面的学习领域课程方案的转换，也就是学习领域课程的具体实施方案的设计，包括学年教学计划的制定，针对具体学习领域的学习情境的设计主要是由学校的教师团队来完成的，企业的参与度有限。

总之，由于两国职业教育制度的不同，在本质上就决定了行业企业在职业教育课程开发中所起作用和参与程度的不同。在我国，尽管近年来国家在职业教育政策上极力推行行业企业参与职业教育，但以学校为本位的职业教育制度在本质上决定了行业企业参与程度有限，因此，在课程开发与设计上，尽管行业企业已经通过一些方式参与其中，但目前的参与程度远远不够。在德国，由于其采取的是以企业为主体的"双元制"职业教育制度，本质上决定了行业企业在职业教育课程开发中的主体地位，但在职业学校一元的微观层面的课程开发中，特别是具体的学习情境的设计过程中仍是以职业学校的教师为主体的。

## 四　教学方式与方法

长期以来，以教师为中心，以讲授法为主体的教育教学方式在我国职业学校中一直处于主流地位。近 10 年来随着课程改革的深入，职业学校的教学方式方法也发生了变化，主要体现在：一是在政策层面推行工学结合、理实一体，倡导任务驱动、项目教学等以学生为主体的教学方式与方法，推动了职业学校在教学方式及方法上的探索；二是在实践层面，通过开展的各级各类的职业教育理念方法的培训，转变了广大职业学校教师的思想，树立了能力本位的职业教育观念，以学生为主体的教学方式方法已经被广大教师普遍认同。但问卷调查表明：在实践中，传统的讲授式教学法仍占据主体地位，以学生为主体的教学方式方法在实践中的运用并不广泛。分析其原因主要有两个方面：一是尽管教师认同了以学生为主体的教学方式，但如何在自己的课程教学中加以应用却遇到教学设计上的困难；二是我国的大班型教学组织形式在很大程度上制约了以学生为主体的教学方法的实施。

在德国，行动导向教学是职业学校的教学法原则。调查结果表明，德国教师不仅普遍认同行动导向教学的理念，而且在实践中"教学谈话法""项目教学法"和"实验教学法"等以学生为主体的教学方法已经成为教师们使用最为普遍方法。分析其原因：一是行动导向教学在德国推行已久，20 世纪 80 年代德国就开始倡导行动导向教学，经过近 30 年的推行与发展，行动导向教学已经在实践中广泛应用；二是德国职业学校的小班化教学，在教学组织形式上为行动导向教学的实施提供了条件。

## 五　企业参与人才培养

企业参与人才培养是确保职业教育人才培养质量的关键，无论是课程开发还是课程的实施与评价都离不开企业的参与。

20世纪90年代以来，尽管我国在政策上一直鼓励行业企业参与职业教育，但由于国有大中型企业转制以及随着现代企业制度的建立，原来由行业企业举办的职业教育被剥离，行业企业举办职业教育的传统被削弱。目前多数职业学校都由教育部门举办，与行业企业没有天然的联系，校企合作缺乏体制机制上的保障，企业参与人才培养的程度非常有限。调查结果表明：企业参与人才培养的方式以接纳学生实习为主，其他的参与方式，（如：参与学校的课程开发，参与学校的实训基地建设，派兼职教师到学校上课等）并不普遍。而且企业在接纳学生实习的过程中，也只有部分企业把学生视为学徒，指派专门师傅指导学生，大部分企业在对学生进行简单的岗前培训后，将学生作为熟练劳动力使用或者把学生实习视为负担，仅允许学生做一些简单的体力劳动。

在德国，"双元制"职业教育制度决定企业是职业教育人才培养的核心主体，参与人才培养的全过程。主要体现在：从课程开发看，企业一元的培训计划由企业完成，而且企业一元的培训计划是学校一元的课程开发的依据；从课程实施看，企业参与人才培养的全过程，学生整个学习时间的三分之二在企业完成，企业为学生配备专职的培训师傅负责学生在企业的培训工作。企业并没有把学生作为廉价的劳动力使用，而是把学生作为学徒，为其提供具有不同特征的不同学习地点进行培训，如：培训车间、技术中心、工作岗位等。当然，"双元制"职业教育中也一直存在着学校与企业在人才培养上的协调合作的问题，尽管学习领域课程的实施在一定程度上解决了两个学习地点之间培训内容的协调一致问题，但在具体的实施过程中仍存在着职业学校的教学与企业培训之间协调性不够的问题，如：大多数职业学校都是在独立地实施项目教学，缺少与企业的沟通与协作，职业学校教学与企业训练的二元分离的现象仍未得到彻底解决。

## 六　课程改革中教师遇到的主要问题

尽管中德两国职业教育制度存在明显的差异，但在课程改革中，作为课程改革实施主体的教师在课程改革中遇到的主要问题却存在着高度的一致性。

　　问卷调查表明：中德两国教师在课程改革中遇到的主要问题排在前两位的均是"学生的学习基础较差"和"工作压力加大"，这表明：一方面基于能力培养的课程模式及行动导向的学习方式既需要学生具有积极的学习态度和学习兴趣，同时需要学生善于思考与探索，大胆尝试。但是，在我国基本上是不能升入普通高中的学生进入职业学校学习，在德国虽然有部分文理中学的毕业生（大约15％）选择接受"双元制"职业教育，但多数选择"双元制"职业教育的学生来自主体学校和实科学校的毕业生。因此，我国职业学校的多数学生的学习基础相对薄弱，在学习态度、学习动机以及学习的探索精神上都存在明显的不足，学生的学习基础较差成为我国教师在课程改革中遇到的首要问题。另一方面课程改革需要教师付出巨大的努力，需要教师花费大量的时间进行课程开发与课程设计，选择或开发教学材料，因此，教师们感觉工作压力大。"缺少教师培训"在我国教师课改遇到的问题中排在第三位，在德国排在第四位，这说明：课程改革需要为教师提供相关的培训，如对新的课程模式的理解、新的职业教育理念的确立以及新课程实施的教学设计，等等。但中德两国教师认为目前提供的培训措施还不能满足课程改革的需要，还缺乏支持课程改革实施的相关培训。

　　另外，"学校缺少教学设备"在我国教师课改遇到的问题中排在第四位，这说明：基于职业能力培养的课程的实施需要较高的教学条件，尽管近年来我国政府投入了大量资金改善职业学校的办学条件，但仍不能满足课程改革的需要。在德国教师课改遇到的问题中排在第三位的是"学校组织和管理不配套"，这说明：学习领域的课程实施需要对学校的组织与管理进行相应调整，对学校的资源进行规划（参见第八章），但在学校的具体运行中，仍存在学校组织与管理不配套的问题。

# 第十一章　我国中等职业教育课程改革的基本策略

## 第一节　树立为"顾客服务"的理念

### 一　为经济社会发展服务

职业教育源自于传递人类生产经验和生存技能的需要，是人类社会分工和发展的产物，其主要宗旨在于为区域经济社会的发展服务，可以说，经济社会的发展及其对人才的诉求赋予了职业教育活动的意义；[①] 而课程是职业教育活动的主要途径，因此，职业教育课程应主动适应经济社会发展的需要，树立起为经济社会发展服务的改革理念。具体体现在两个方面：

一是课程开发要与市场需求相结合。职业教育要想实现为经济社会发展服务的宗旨，前提条件是要了解经济社会的需求。职业教育课程作为实现这一宗旨的主要途径，在进行课程开发时必须要先进行市场调研，其目的在于了解市场需求，通过市场调研进行课程定位，解决"教什么"的问题。因此，市场需求调研是职业教育课程开发的依据，也是决定课程或专业生存周期的关键因素之一。正所谓"知己知彼、百战不殆"，只有在充分了解市场需求的基础上进行的课程与教学改革才能做到有的放矢，才能真正服务于经济社会发展。

二是课程设置要满足社会发展需求。这既是 21 世纪以来国家在政策层

---

① 周乐瑞：《改革开放以来我国职业教育课程价值变迁研究》，硕士学位论文，沈阳师范大学，2014 年，第 12 页。

面对职业教育课程所提出的诉求，也是经济全球化背景下社会进步所带来的客观要求。21世纪，随着经济全球化发展，我国社会的经济水平得到了较大的提高，高新技术得到了快速发展，生产方式也开始逐渐精益化，这对职业教育的培养目标提出了新的要求，要求职业教育培养适应经济社会发展的高素质技术技能型人才。因此，职业教育课程作为实现这一培养目标的主要手段，在课程设置时要紧扣区域经济社会发展的需求，围绕经济社会发展对人才培养的规格要求，这样才能使课程改革与经济社会的发展相适应，才能使职业教育课程体现出符合经济社会发展对人才培养规格新要求的价值取向。

## 二　为企业培养合格人才

企业是一种社会经济组织，是社会生产力发展到一定水平的结果，也是社会经济活动的主要参与者。从某种程度上讲，企业是社会市场的代名词，是经济社会的主体，因为诸如生产、销售等社会经济活动的主要过程由企业来承担和完成，企业的生产和发展决定着区域经济社会的发展。因此，从更加具体的角度而言，职业教育服务于经济社会发展，实质上是通过所培养的人才服务于企业界的发展。可以说，企业是职业教育的主要服务对象。在现代职业教育体系的构成要素中，企业对于经济发展和产业结构调整的需求，以及生产和服务一线技术更新的感知最敏感、最准确，对用人要求也有着更为直接和深入的了解。[①] 因此，职业教育在进行课程改革时要围绕企业的需求展开，充分考虑企业生产和服务一线的需求，树立起为企业服务的改革理念，也只有这样，职业教育的人才培养才能更加有针对性和适切性。具体可以体现在两个方面：

一是课程开发要以工作任务为切入点。职业教育所培养的人才之所以不符合企业的要求，其中很重要的一个原因在于课程开发的单向度问题，也就是，在职业教育的课程开发中忽视企业参与的作用，忽视以工作任务为切入点的重要意义。实际上，课程开发是决定课程改革能否成功的关键

---

① 高鸿、赵昕：《论企业举办职业教育的主体作用》，《中国职业技术教育》2014年第12期。

因素之一，因此在职业教育课程改革中要重视双向度的课程开发机制，也就是要重视由企业专家和职业学校教师共同参与完成课程开发工作。在课程开发过程中，要采取专家研讨会的形式，围绕典型的工作任务，共同破译隐含在职业工作任务中的知识、能力和素质。

二是课程内容与职业标准要建立联动机制。在加快发展现代职业教育的关键时期，职业教育课程可以根据各个等级的职业标准来设计课程结构，选取和组织能够满足职业世界中工作任务要求的课程内容，从而形成校企深度对接、职业化特色鲜明和能够动态调整的职业教育课程体系，从而能够更好地培养企业所需的高素质技术技能型人才。

### 三　为学生全面发展服务

在各级各类教育活动中，学生既是学习的主体也是教育的对象，与教师、教学内容共同构成了教育的三个基本要素。可以说，教育活动的主要目的在于将教学内容内化为学生个体的智慧和才能。[①] 而职业教育是一种生成学生的职业能力、职业素养和人文素养的教育活动，是将学生培养成为未来职业生活主体的活动[②]。教育活动或教育目标的实现又必须通过所开设的课程来完成，因此，职业教育课程在进行改革时需要体现出学生主体性的改革理念，将发展学生的职业能力和职业素养、人文素养相结合，使学生成为全面发展的职业人。主要可以体现在两个方面：

一是课程目标要体现出学生综合素质培养的重要性。社会的信息化发展促进了人类社会更加文明，社会生活和生产方式更加精益化，同时对人们的基本素质也提出了更高的要求。因此，职业教育课程在培养目标上要体现出全面实施能力教育与素质教育相结合的理念，将职业素养和人文素养教育贯穿于学生培养的全过程。如果忽视学生素质或内在品质的培养，忽视职业素养和人文素养教育的主体作用，将不适应职业教育服务学生全面发展的宗旨，也会大大减少让学生拥有人生出彩的机会。因此，职业教

---

① 周乐瑞：《改革开放以来我国职业教育课程价值变迁研究》，硕士学位论文，沈阳师范大学，2014年，第12页。

② 顾建军：《试论职业教育课程改革的理念转变》，《教育与职业》2006年第8期。

育课程改革应体现这一培养目标。

　　二是课程设置要体现学生的需求。学生是学习的主体也是教育的对象，因此在进行课程设置时应充分考虑学生素质和能力提升、可持续发展的需要。其实，素质、能力和可持续发展是相辅相成的，如果忽视学生个体的素质发展，那么学生个体的人格也将难以得到完善，更不利于提升其他方面的能力，学生的可持续发展也将无从谈起。因此，在进行职业教育课程改革时，在课程设置方面应结合技术课程与人文课程的内容，实现技术知识体系与人文价值体系的统一。

## 第二节　完善国家专业教学标准

　　专业教学标准是职业教育人才培养的基础性文件，也是职业学校教师开展专业教学的重要依据，但目前高质量的专业教学标准并非触手可及。有调查显示：在我国东、中、西部各地区的职业学校中，有47.68％的教师表示"曾经找过专业教学标准，但未找到"，有26.06％的教师认识到"优质专业教学标准对自身教学的重要性，曾经努力寻找过，但未找到"；另外，有32.51％的教师表示"现有的专业教学标准无指导价值"；这些数据表明，职业学校教师对专业教学标准的需求较高，但目前在我国职业学校的专业教学中缺乏专业教学标准，尤其缺乏高质量的专业教学标准。[①]

　　同时，在现有的专业教学标准中，有53.30％的专业教学标准由职业学校教师自己编写，有23.35％的专业教学标准由地方教育行政部门组织开发。[②] 事实上，专业教学标准的开发是一项科学性和规范性极强的复杂工作，地方教育行政部门和职业学校教师尚不完全具备开发的能力，也做不到非常科学，调查数据也证实了这一点，调查显示：在地方教育行政部门中，有48.37％的人员认为"有能力开发，但做不到非常科学"，另有6.9％的人员认为"完全无开发能力"；在职业学校中，有63.45％的教师认为所

---

　　① 徐国庆、唐正玲、郭月兰：《职业教育国家专业教学标准开发需求调研报告》，《职教论坛》2014年第34期。

　　② 同上。

在学校无能力开发。① 这也是造成目前绝大多数的专业教学标准缺乏完整性和规范性的重要原因，也使得现有专业教学标准的权威性和普适性遭受质疑。从某种程度上来讲，调查数据也反映出地方教育行政部门和职业学校难以承担专业教学标准的开发工作，优质专业教学标准的开发仍需要在国家层面提供支撑平台。尽管教育部于 2010 年和 2012 年先后启动了高等职业学校专业教学标准和中等职业学校专业教学标准的建设工作，委托行业职业教育教学指导委员会（以下简称"行指委"）组织开发国家专业教学标准，并于 2012 年 12 月颁布了首批 18 个专业大类 410 个高等职业学校专业教学标准，2014 年 5 月颁布了 14 个专业大类 95 个中等职业学校专业教学标准。但目前国家专业教学标准尚不完善，主要体现在：一是国家专业教学标准尚不能覆盖所有的专业。我国高等职业教育专业有 709 个，中等职业教育专业有 321 个。目前颁布的国家专业教学标准尚不能覆盖中高等职业教育的所有专业。二是目前我国尚未有统一完备的国家职业标准，为国家专业教学标准的制定带来困难，如专业教学标准中的课程内容及其要求的确定应以国家职业标准为依据，但由于国家职业标准的不完善（有些职业标准已经过时，有些职业还没有国家职业标准），使得国家专业教学标准的制定缺乏依据。三是国家专业教学标准中缺乏具体的基于学习产出的描述，也就是说现有的国家专业教学标准中主要规定了各门课程的学习内容，而对学习这些内容后应该达到什么样的水平（即学习产出）缺乏相应的规定，未能为课程的实施提供具体的指导。四是还没有形成国家专业教学标准的制定与修订的有效机制。一方面由于目前多数行指委是设置在一所职业学校，那么，由该行指委承担的国家专业教学标准的开发工作，很可能就会沦为由这一行指委所挂靠的职业学校来承担，致使开发出来的国家专业教学标准的权威性、科学性、代表性受到质疑；另一方面，由于国家专业教学标准制定工作于 2010 年才刚刚起步，目前还处于标准的制定阶段，对于如何根据形势的发展与变化，对国家专业教学标准进行及时修订，尚未建立相关的工作机制。

---

① 徐国庆、唐正玲、郭月兰：《职业教育国家专业教学标准开发需求调研报告》，《职教论坛》2014 年第 34 期。

职业学校主要是在国家专业教学标准的基础上，结合本区域对人才培养的具体要求，考虑本校实际，制定体现学校特色的专业人才培养方案和课程标准，因此，国家专业教学标准的不完善会导致地方和学校在实际课程改革中难以把握方向，比如，如果没有国家专业教学标准作为基本参考依据，不同学校针对同一专业开发制定的人才培养方案会有很大不同，从而造成各学校在人才培养过程中缺乏统一的基本要求，致使人才培养质量参差不齐，难以很好地满足经济社会发展对技术技能型人才的需求。因此，为了有效地解决上述问题，统一各地区职业教育人才培养的规格，推进职业学校课程改革，提高教学质量，建立并完善国家专业教学标准迫在眉睫。

第一，建立并完善统一的国家职业标准。

目前我国只有部分职业开发了国家职业标准，而且更新缓慢，职业标准的许多内容已经陈旧、过时。因此，建议国家人力资源和社会保障部委托行业部委组织相关力量，开发并更新国家职业标准，为国家专业教学标准的制定与更新提供基本依据。

第二，研制与职业标准相对接的课程标准。

课程标准是教师实施教学的基本依据。要实现职业教育课程内容与职业需求相适应，需要研制与职业标准相对接的课程标准。专业基础课程和核心专业课程属于国家确立的主导性、稳定性课程，应由国家委托行指委组织相关力量统一研制；对于具有行业特色、区域特色和学校特色的专业课程，可以由行业、地方和学校组织相关力量研制具有自身特色的课程标准。课程标准研制的主体应由利益相关方组成。

第三，完善国家专业教学标准的制定与修订的工作机制。

建议成立一个国家层面的专业教学标准开发指导委员会，负责对行指委的专业教学标准开发工作的指导、监督与管理，如制定统一的工作流程与规范，明确行业企业参加专业教学标准开发的具体责任、参与的方式及途径、编制专业教学标准开发的指导手册等，对行指委的开发行为进行引导与约束，以提高国家专业教学标准的权威性和科学性。

同时，建立国家专业教学标准的修订完善机制。一是要根据中高等职业教育新增专业情况，开发新专业的国家专业教学标准；二是要根据技术发展水平以及职业标准的发展变化情况及时更新、修订已有的国家专业教学标准。

## 第三节　加强职业教育课程理论研究

### 一　从学理上明晰职教课程改革的价值取向

自 20 世纪 80 年代中期以来，我国职业教育课程进行了多次改革尝试，主要经历了调整教学计划，加大实践教学比例；加强基础文化课教学，拓宽学生的职业基础；以就业为导向，加强学生的职业能力等过程。[①] 由于我国职业教育课程改革的方向一直摇摆不定，这在实践中造成了职业教育课程改革缺乏明确的目标，究其根源在于人们对职业教育课程改革的价值取向缺乏清晰的认识，而认清职业教育课程改革的价值取向是职业教育课程改革取得成功的重要前提条件。当前，职业教育课程改革存在着社会本位、人本位等多种价值取向，每一种价值取向都体现着一种价值需求。因此从职业教育价值主体需求的角度对职业教育课程改革的价值取向进行取舍，从理论上明晰职业教育课程改革的价值取向，对准确定位职业教育课程改革的目标起着至关重要的作用。

其实，职业教育是社会分工与发展的产物，促进经济社会发展是职业教育的应有之义。然而，经济社会的发展与人类文明的进步主要依靠教育的对象——社会人。因此，仅仅从社会本位或人本位的角度来思考职业教育课程改革的价值取向显然有失偏颇。黄炎培先生曾指出："职业教育的目的在于谋个性之发展，为个人谋生、服务社会之准备。"如今，《基础教育课程改革纲要》已将人文素养纳入课程目标之中，职业教育作为教育的类型之一，在实现其外在价值的同时，也应体现其内在的价值。香港科技大学原校长吴家玮也曾说："作为 21 世纪的人才，除了在自己的专业领域内迈向国际前沿之外，也应广泛理解别人的专业，广泛参与文艺、思想、体育等人文素质方面的活动。"基于这种认识，职业教育课程改革应以形成社会

---

①　周乐瑞、徐涵：《我国职业教育课程价值取向研究的现状与思考》，《教育与职业》2013 年第 29 期。

本位与人本位辩证统一的价值取向。事实上，仅仅拥有技术或技能已经无法满足经济社会发展的需要，只有站在社会的角度去思考学生的全面发展，将能力教育与素质教育，职业能力与人文素养相融合，才能满足 21 世纪对人才的需求。[①]

## 二　从价值学的视角审视职教课程的核心价值

改革开放以来，我国职业教育课程进行了从重视理论知识的学习到强化技能训练和发展职业能力的改革尝试，每一次课程改革都意味着对原有课程价值的一次重新审视。职业教育课程的多次改革尝试可以反映出这些多年来的职教课程改革缺乏明确的方向。这主要是因为人们对职业教育课程的核心价值缺乏应有的认识。多年来，虽然业界人士对职业教育课程也提出了许多价值判断，但这种判断都是以课程存在的问题为基础而提出的经验性判断。其实，要想真正明晰职业教育课程的价值，把握职业教育课程的核心价值，需要从学理层面着手，需要从价值学的视角审视职业教育课程的核心价值，从而反思我国职业教育课程改革的实践。从某种意义上说，职业教育课程改革是对职业教育课程价值的重新认识与科学化管理的过程，是对教育政策尤其是对职业教育政策诸多理论基础、价值取向、制约要素、评价标准等进行全面系统的反思、梳理、矫正与调适的过程，是对各种课程理论进行批判、整合、平衡、优化与结构化的过程。[②] 因此，基于价值学的视角透析我国职业教育课程改革，可以使我们更加清楚地认识到职业教育课程改革与发展的过程中所出现问题的实质和解决这些问题的根本途径，从而可以为进一步指明我国职业教育课程改革与发展的方向提供理论支撑，使我国职业教育课程改革运行在健康的轨道上。

## 三　从学理上阐明技术知识和工作过程知识

目前，我国职业教育的课程内容主要还是学科知识，虽然也包括一部

---

① 周乐瑞、徐涵：《我国职业教育课程价值取向研究的现状与思考》，《教育与职业》2013 年第 29 期。

② 南海、丁怀民：《中国职业教育课程改革需要价值学的审视》，《职教论坛》2010 年第 9 期。

分技术知识，但并没有构成职业教育课程内容的主体，工作过程知识更是很少得以体现。实际上，技术知识在本质上是与学科知识完全不同的。学科知识是以基本概念、基本原理为基础构筑理论体系，是形式化的知识。技术知识的显著特征是与活动紧密联系的，是情景性的，它阐释的是制作物品的方法，离开了职业活动和实施情景大部分技术知识便失去了意义，这就决定了技术知识不可能是形式化的学科知识。

工作过程知识不是从理论知识中引导出来的，它与反映的工作经验相适应，并指导实际的职业劳动。工作过程知识是隐含在实际工作中的知识，不仅包括显现的指导行为的知识，如程序性知识，也包括相联系的隐性知识，那些物化在工作过程中及产品和服务中的诀窍、手艺、技巧和技能等都是最宝贵和最昂贵的工作过程知识。它们不像显性知识那样容易被模仿、复制和传递，但它们对工作过程的进程是非常重要的，不仅是个人在实践和工作中取得成功的重要因素，而且成为现代企业核心竞争力的重要基础和源泉。

因为技术知识、工作过程知识是情境性的，与职业活动紧密相连，所以与普通教育课程开发者不同，专家是参与职业教育课程开发的主要成员。职业教育课程内容应按职业活动的内在逻辑顺序进行序列化，而不是按学科逻辑顺序化。职业能力目标是否实现是职业教育课程评价的主要标准。为了使职业教育更有效地开展，职业教育应创设与真实的职业活动情景相同的职业教育情景。

## 四 加强职业教育课程开发方法的研究

课程开发的方法与技术在很大程度上决定着课程开发的水平与质量。从世界范围看，目前体现职业教育特色的课程开发方法主要有两种：一种是流行于北美地区的以职业功能分析为基础的 DACUM 方法；另一种是以德国为代表的，基于整体的职业分析的典型工作任务分析法。两种分析方法都是以来自生产一线的专家型的实践者作为职业分析的主要成员，以保证职业分析结果的有效性，为课程设计和教学内容的选择提供依据。但两种分析方法在分析对象和分析内容上是各不相同、各有侧重的。

　　职业功能分析主要是针对学生毕业后的工作岗位进行分析，首先明确学生毕业后所从事的工作岗位都有哪些，每个工作岗位都承担什么样的工作职责，需要完成哪些具体工作任务，完成这些具体工作任务都需要什么样的知识、技能和态度。这种分析方法是先把工作体系分解成一个个具体任务，然后通过分析完成这些具体任务所需要的知识、技能和态度来获得课程内容。尽管职业功能分析在很大程度上解决了学习内容与真实的工作世界之间的联系，但其自身的局限性却难以逾越，主要体现在：一是在工作分析过程中，将工作任务逐次划分为若干个具体任务，在这一分析过程中忽视了人类劳动的整体特性和经验成分，而这些对教育却具有非常重要的意义。二是缺乏将通过工作分析所得的知识、技能进行序列化的统一标准，致使通过工作分析所获得的知识和技能在进行课程结构化的过程中缺乏内在的系统的联系性。

　　典型工作任务分析是一种整体化的职业分析方法，它的目的是以典型工作任务的形式描述职业工作，为职业教育的课程体系设计提供基础。典型工作任务分析着眼于技术技能型人才的整个职业生涯，分析的对象并不是具体的工作岗位，而是专家型技术技能型人才在其职业成长历程中的各个"职业发展阶段"的典型工作任务。所谓的典型工作任务是指能够反映某一职业的典型工作内容和工作方式的综合性的任务，它具有结构完整的工作过程，在整个企业的生产（或经营）中具有重要的功能和意义。典型工作任务分析是通过实践专家访谈会的方式确认典型工作任务，并对其进行工作过程分析，也就是要分析该典型工作任务是如何被完成的，并从工作对象、工作方法、工作组织形式以及对完成该典型工作任务的要求（如行业、企业、国家、顾客等对工作的要求）四个方面来回答：典型工作任务的主要内容是什么？完成典型工作任务的工作过程是怎样的？其目的是破译隐含在工作过程中的知识，即工作过程知识作为职业教育课程的核心内容。典型工作任务分析一方面着眼于专家型的技术技能型人才的职业成长；另一方面强调专业工作的整体性。

　　要深化我国职业教育课程的改革，就必须解决课程开发的方法问题。首先，组织有关专家、学者对目前职业教育课程开发的基本方法进行深入、系统的比较研究，分析不同的课程开发方法的优势与不足，适用范围与前提条件，这样有助于选择体现职业教育特点、适合学校框架教学条件的课程开发方法。其次，加强对教师进行职业教育课程开发技术与方法方面的培训，使部分优秀教师能成为课程开发的专家，能够引导专家工人一起进行课程开发。教师是课程改革的主力军，对课程中的各种问题最了解，最有发言权，因此教师的课程开发技术与水平直接关系到课程改革的质量。

## 第四节　加强职业学校基础能力建设

### 一　加大师资培养力度

任何课程改革最终都是通过教师实施的，因此职业学校教师素质的高低在很大程度上决定着课程改革的成效。21 世纪以来，我国高度重视职业学校师资队伍的建设，实施职业学校教师素质提升计划，通过国家级和省级师资培训项目为职业学校教师提供了大量的接受培训的机会，这些培训项目为教师们提供的培训内容主要集中在以下三个领域：一是现代职业教育理论方面的培训，如现代职业教育的基本特征、发达国家职业教育的先进经验、职业教育课程开发方法与技术、能力本位职业教育、行动导向教学技术与方法、课程资源的开发与建设等；二是专业领域的理论与技术方面的培训，主要培训专业领域的新技术、新方法以及专业领域未来的发展趋势；三是企业实践培训，安排教师到企业进行为期 1—2 个月的企业实践，让教师了解企业的生产过程。尽管这些培训项目的实施在很大程度上提高了广大教师的理论素养和实践能力，但总体上职业学校教师的素质仍不能满足课程改革实践的需要，主要体现在以下几个方面：

首先，职业学校教师普遍缺乏行业企业背景，实践经验不足。相关研究表明：职业学校教师的构成主体是高校毕业生，主要从普通高等学校毕业生中直接聘用，从行业企业引进的教师数量非常有限，多数职业学校仅有不到 10％的教师具有行业企业背景。[①] 另有研究表明：70％左右的教师认

---

① 徐涵：《山西省职业能力建设调研报告》，2013 年。

为自身对行业企业实践了解不足，难以满足课程改革的需要。[1]

　　其次，多数职业学校教师没有经过师范教育的训练，缺乏必要的教育学、心理学知识。主要体现在：一是缺乏开展教育实验方面的基本素养。在课程改革中的实验研究阶段，许多教师及基层实践工作者并没有掌握教育实验研究的基本方法、步骤及所需控制的因素，从而影响课程改革的深入实施。这主要是职业学校教师在职前教育阶段没有接受过这方面的训练与教育；二是缺乏课程开发与教学设计能力。多数教师不掌握课程开发的技术与方法，很难根据专业教学的需要，开发具有教育意义的学习情境或教学项目。相关研究也表明：职业学校教师认为自身最应该提升的能力排在前三位的是教学情境设计能力、解决实际问题能力和教学方法的运用能力。[2] 这表明教师最需要提升的能力是教学情境设计能力，也从另一个角度说明了教师的教学情境设计能力不足。而教学情境设计能力是课程开发能力的具体能力之一。因此，提高职业学校教师的素质显得尤为重要，加强对教师的培训有利于课程改革的推进与实施。

　　一是重点加强对专业带头人的培养。专业带头人负责专业的建设与发展，其素质的提高能带动整个团队的提升。专业带头人接受培训后，可以对本专业的教师进行再培训，带领本专业教师共同进行专业建设与课程开发，进而起到事半功倍的作用。

　　二是为教师提供有针对性的培训。在培训内容上，针对不同类型的教师要提供有针对性的培训课程。例如对于有企业实践经验的教师要着重加强教学方法、教学设计以及教学研究方面的培训；针对缺乏职业实践的教师要着重加强职业技能、实践能力方面的培训。在培训方式上，要提供更多的参与式的培训，使教师在参与的过程中提高能力与素质。例如聘请专家用参与式的培训方法进行关于课程开发技术、教学设计、教学研究等方面的培训，让教师在"做"的过程中掌握相关的技术与方法。

　　三是加强教师团队的建设。加强教师之间的沟通、交流与合作，形成学习型教师团队，共同探讨课程改革中存在的具体问题，共同完善课程改

① 徐涵：《工作过程为导向的职业教育理论与实证研究》，商务印书馆2013年版，第226页。
② 同上书，第208页。

革方案，共同开发课程与教学资源，实现教师之间经验共享，从而提高教师的整体水平。

## 二　改善学校办学条件

良好的办学条件是职业学校办学的重要保障，也是课程改革有效进行的物质基础。能力本位课程的实施需要与之相适应的教学条件作为保障。新世纪以来国家和各级地方政府不断加大对职业教育的经费投入，据统计：2010 年全国中职学校教育经费收入总量为 1357.3 亿元，是 2005 年的 2.4 倍[①]，职业学校的办学条件得到很大的改善，但仍然不能满足课程改革的实际需要。相关研究显示：只有近 30％的学生认为学校的实验实训设备和条件能完全满足或较好地满足教学的实际需要[②]。由此可见，目前职业学校仍需进一步加强教学条件和教学资源的建设，为课程改革提供基本的物质保障。

一是要建立理实一体化的专业教室。理实一体化教学已经成为实施能力本位课程的主要教学方式，这就要求学校对传统的教学场所进行改造与完善，建立一体化的专业教室，为理实一体化教学的实施提供物质保障。

二是建立生产性实训基地或模拟仿真实训中心。通过校企合作的方式，引进企业资金，利用企业的先进设备与资源，校企共建实验室、实训基地；或者引企入校，校企共建生产车间以及大师工作室等多种形式的生产性实训基地，为学生提供尽可能真实的工作环境，使学生在学校就能体验到真实的职场氛围。

## 三　加强课程资源建设

资源库是职业学校专业建设、课程改革及教材开发等方面的重要成果的体现形式，主要表现为课件、电子教案、教学案例、视频、动画、试题、学习软件等方面的课程资源，能够起到优化课堂教学模式、提高教学效率、激发学生学习兴趣、提升教学质量等作用。

---

① 马树超：《职业教育经费保障机制研究报告》，2014 年。
② 徐涵：《广东省世界银行职业教育贷款项目受益人评估报告》，2014 年。

近年来许多职业学校在示范校建设中都在积极进行资源库建设，旨在为课程的实施和学生的自主学习提供丰富的课程资源。但是，通过调查我们发现：目前职业学校课程资源库建设尚不普遍，课程教学资源还较为匮乏。这主要体现在三个方面：一是在职业学校中仅有50%左右的教学部门具有课程资源库，而且利用率不高；二是尽管项目化的教材逐渐增多，但这类教材的质量参差不齐，尚不能完全满足教学需要；三是网络资源建设不足，如网络学习平台建设等尚不能满足教学需要。2010年《国家中长期教育改革和发展规划纲要（2010—2020年）》首次从政策层面提出要加强教育资源开发与应用。2014年《国务院关于加快发展现代职业教育的决定》中再次重申："构建利用信息化手段扩大优质教育资源覆盖面的有效机制，推进职业教育资源跨区域、跨行业共建共享，逐步实现所有专业的优质数字教育资源全覆盖。"可见，课程资源库建设是当前教育信息化发展的必然选择，职业学校在深化课程与教学改革的进程中需要进一步加强课程资源库的建设。课程资源库建设可以从三个方面着手：一是加强教学素材资源建设。教学素材是职业教育课程资源库建设的核心内容，也是职业学校实施课程教学的基础；教学素材内容可以包含课程标准、学习指南、教案、教学视频、教学课件、习题库和项目案例等；二是加强教材与学材的建设。一方面注重校本教材的开发，通过校本教材来补充统编教材的不足之处；另一方面加强学习材料的开发，为学生的自主学习提供条件；三是要建构能够令学生进行自主学习且功能强大的网络平台。教师可以将教学资源上传到网络平台，学生可以在线学习或下载网络平台上的资源；同时，师生可以在网络平台上进行在线交流，解惑答疑。

## 第五节    建立合理的课程改革运行机制

目前，我国的职业教育课程改革基本上是职业学校自发的，这虽然有利于调动职业学校自身的积极性，但由于缺乏政府的宏观调控，课程改革的监督、评价机制并没有形成，科研机构参与课程改革的机制也没有形成。在这种既缺乏政府的引导，又缺乏科研机构具体指导的情况下，往往易使课程改革流于形式，忽视实效，有时甚至造成教学质量的下降。分析其原因，主要还是教育行政部门没有把推进课程改革作为自己的工作任务，没有为课程改革创设良好的外部环境和相应的评价机制。① 因此，为了提高我国职业教育课程改革的质量，需要建立合理的职业教育课程改革运行机制。

## 一 建立学术参与机制

长期以来，课程改革是职业教育改革的核心内容，也是提升职业教育发展水平的核心因素。课程改革的最终落脚点在于课程建设，诸如课程开发、课程设置、课堂实施、课程评价等，可见课程改革是一件具有较强专业性质的系统工程，需要课程理论的指导。我国职业教育课程改革已经进行了近30年，并未取得人们期待的高质量课改成果，其关键因素之一在于缺少学术参与，缺乏相应的理论指导。实际上，高水平的课程改革都离不开专家的理论指导和根植于实践的活动。当前，在职业教育课程改革的新进程中，我们应该做到理论先行，尤其要加强地方职业教育研究机构的建设力度。同时，加强研究机构与教育行政部门、职业学校之间的联系，整合职业学校、研究机构与行业企业等多方面的力量，加强对职业教育课程与教学改革的理论与实践研究，为各级各类职业学校的课程与教学改革提供科学、有效的指导。② 从世界范围来看，在许多发达国家都建有类似的职业教育研究机构，尤其如德国的联邦职业教育研究所（BIBB）是具有公法法人资格的职业教育研究机构，其主要任务在于以年度科研计划为基础进行科学研究促进职业教育发展，为联邦政府和职业教育部门提供咨询与指导服务。因此，在推进我国职业教育课程改革的进程中，需要加强建设职业教育研究机构，充分发挥研究机构的指导作用；同时，政府在进行课程改革立项、提供经费支持时，也应该严格把关，将项目审批给职业教育办学机构和职业教育研究机构共同申请立项的单位，促使职教课程改革能在理论的指导下进行。

---

① 徐涵：《关于我国职业教育课程改革的思考》，《职业技术教育》（教科版）2005年第31期。
② 马成荣：《地方职业教育教研机构在课程与教学改革中的作用研究》，《中国职业技术教育》2008年第22期。

## 二　建立新的课程开发机制

通过问卷调查与现场调研我们发现：当前，教师是职业学校课程开发的主要承担者，企业专家和课程专家在职业学校课程开发中所发挥的作用有限。实际上，这种单向度的课程开发机制不符合经济社会发展对劳动者素质所提出的要求。一方面职业学校教师不了解企业工作岗位对劳动者的知识、技能和素质等方面的具体要求；另一方面课程开发是一项专业性较强的系统工程，需要课程开发理论和方法作支撑。职业学校在进行课程开发时应积极吸引企业专家和课程专家参与，因为企业专家具有丰富的企业工作经历，对企业工作岗位的任务及其所需要的知识、技能和素质非常熟悉，在课程开发中能够为职业学校教师提供具体的意见，能够使课程内容更加有针对性和实用价值。课程专家能够在课程开发理论与方法上为职业学校教师提供咨询和指导服务，而开发方法的科学有效是确保课程开发质量的前提条件。因此，当前的职业教育课程改革急需建立多元化的课程开发主体，课程开发要建立在校企合作的基础上，组建一支由职业学校教师、企业专家和课程专家组成的课程开发队伍，分工合作，共同完成课程开发工作。这种课程开发方式一方面能够使课程内容密切关联企业工作岗位对知识、技能和素质的要求，使得职业学校更清楚了解企业对劳动者的素质要求，使得职业学校人才培养更具有针对性；另一方面企业也能够有机会了解职业学校的办学情况，并逐渐意识到企业也是技术技能型人才培养的主体，从而有助于深化校企合作。

## 三　建立科学的管理与监督机制

我国新一轮职业教育课程改革自 2004 以来已有十余年的历程，但对于课程改革是否处于良性的发展状态，课程改革是否达到预期目标等问题一直缺乏客观的评判。主要原因在于长期以来我国职业教育课程改革存在着重视课改本身而轻视对课程改革成效进行评估的现象。大多数职业学校都在进行以工作过程为导向的课程改革，而对课程改革成效缺乏客观、科学的评估，致使在课程改革的进程中缺乏反思的环节。实际上，对课程改革成效进行评估是职业教育课程改革的航向标，一方面通过课程改革成效评估能够有效地了解课程改革是否达到或在多大程度上达到了预期目标，从而促进人们更深入地了解课改的成果和效益；另一方面通过评估可以及时发现课程改革中存在的不足。要想使课程改革的成效达到预期目标，保证课程改革的质量，需要有专门的机构负责课程改革的规划、管理和评估。那么这个责任机构应该由谁来担任？如何评估呢？我们认为：为了保障职业教育课程改革的实效性，可以指派或授权第三方机构建立有效的课程改革评估标准来履行评估的职责，定期对各职业学校课程改革的成果和质量进行评估。评估指标可以从课程改革的目标、内容、实施过程及其效果等方面进行考虑，并遵循客观性、科学性和可测性的原则。第三方机构应深入了解各职业学校课程改革实践，并根据实际情况做出客观、科学的评估，并将评估结果及时进行反馈。通过第三方机构的过程管理和评价标准的导向，引导职业教育课程改革的有效推进。

# 参考文献

[1]《爱因斯坦文集》第 3 卷,商务印书馆 1979 年版。

[2] 国家教委职业技术教育中心研究所:《历史与现状——德国双元制职业教育》,经济出版社 1998 年版。

[3] 陆长元等:《借鉴与创新》,辽宁人民出版社 1996 年版。

[4] 姜大源等:《当代德国职业教育主流教学思想研究——理论、实践与创新》,清华大学出版社 2007 年版。

[5] 蒋乃平:《"宽基础、活模块"的理论与实践》,宁波出版社 1999 年版。

[6] [美] 克伯屈:《教学方法原理:教育漫谈》,王建新译,人民教育出版社 1991 年版。

[7] 李蔺田:《中国职业技术教育史》,高等教育出版社 1994 年版。

[8] 雷正光:《"双元制"职教模式及其实验研究》,中国科学技术出版社 1999 年版。

[9] 孟建伟:《论科学的人文价值》,中国社会科学出版社 2000 年版。

[10] 马庆发:《当代职业教育新论》,上海教育出版社 2002 年版。

[11] 南海:《职业教育的逻辑》,山西人民出版社 2012 年版。

[12] 欧盟 Asia-Link 项目:《职业教育与培训学习领域课程开发手册》,高等教育出版社 2007 年版。

[13] 施良方:《课程理论:课程的基础、原理与问题》,教育科学出版社 1996 年版。

[14] 石伟平:《比较职业技术教育》,华东师范大学出版社 2001 年版。

[15] 石伟平、徐国庆:《职业教育课程开发技术》,上海教育出版社 2006

年版。

[16] 孙祖复、金锵：《德国职业技术教育史》，浙江教育出版社 2000 年版。

[17] 徐国庆：《实践导向职业教育课程研究：技术学范式》，上海教育出版社 2005 年版。

[18] 徐国庆：《职业教育课程论》，华东师范大学出版社 2008 年版。

[19] 徐国庆：《职业教育项目课程开发指南》，华东师范大学出版社 2009 年版。

[20] 夏惠贤：《多元智力理论与个性化教学》，上海科技教育出版社 2003 年版。

[21] 徐涵：《工作过程为导向的职业教育理论与实证研究》，商务印书馆 2013 年版。

[22] 徐涵：《关于我国职业教育课程改革的思考》，《职业技术教育》2005 年第 31 期。

[23] 徐涵：《行为导向教学中教师角色的转换》，《中国职业技术教育》2006 年第 4 期。

[24] 徐涵：《论职业教育的本质属性》，《职业技术教育（理论版）》2007 年第 1 期。

[25] 徐涵：《德国学习领域课程方案的基本特征》，《教育发展研究》2008 年第 1 期。

[26] 徐涵：《我国职业教育课程改革发展历程与典型模式评价》，《中国职业技术教育》2008 年第 33 期。

[27] 徐涵：《现代职业教育发展与反思》，高等教育出版社 2014 年版。

[28] 赵志群：《职业教育工学结合一体化课程开发指南》，清华大学出版社 2009 年版。

[29] 赵志群：《职业教育与培训学习新概念》，科学出版社 2003 年版。

[30] 张华等：《课程流派研究》，山东教育出版社 2000 年版。

[31] 张传义等：《职业教育教学实验的探索》，东北大学出版社 2001 年版。

[32] 中国 CBE 专家考察组编：《CBE 理论与实践》，国家教委职教中心研究所制 1993 年版。

[33] 张健：《职业教育的追问与视界》，安徽师范大学出版社 2010 年版。

[34] 陈霞：《德国"双元制"课程模式》，《职业技术教育》2000 年第 19 期。

[35] 邓泽民、陈庆合、郭化林：《借鉴 CBE 理论，构建适合中国国情的职教模式》，《河北职业技术师范学院学报》（社会科学版）2002 年第 1 期。

[36] 高鸿、赵昕：《论企业举办职业教育的主体作用》，《中国职业技术教育》2014 年第 12 期。

[37] 顾建军：《试论职业教育课程改革的理念转变》，《教育与职业》2006 年第 8 期。

[38] 刘邦祥、吴全全：《德国职业教育行动导向的教学组织研究》，《中国职业技术教育》2007 年第 2 期。

[39] 雷正光、郭扬：《我国借鉴"双元制"模式的实践与思考》，《职教通讯》1997 年第 2 期。

[40] 雷正光：《德国双元制模式对我国职教改革发展的借鉴意义》，《职教通讯》2002 年第 12 期。

[41] 姜大源：《"学习领域"课程：概念、特征与问题》，《外国教育研究》2003 年第 1 期。

[42] 姜大源：《"学习领域"——工作过程导向的课程模式》，《职教论坛》2004 年第 8 期。

[43] 姜大源：《学科体系的解构与行动体系的重构》，《教育研究》2005 年第 8 期。

[44] 姜宏德：《关于借鉴 CBE 职教模式的思考》，《新职教》2000 年第 1 期。

[45] 马成荣：《就业导向下职业教育专业课程体系的构建——兼析〈江苏省职业教育课程改革行动计划〉》，《职教通讯》2006 年第 4 期。

[46] 马成荣：《地方职业教育教研机构在课程与教学改革中的作用研究》，《中国职业技术教育》2008 年第 22 期

[47] 孟建伟：《论科学文化》，《中国科学基金》2009 年第 2 期。

[48] 南海、丁怀民:《中国职业教育课程改革需要价值学的审视》,《职教论坛》2010 年第 9 期。

[49] 申家龙:《20 世纪 90 年代以来我国中等职业教育发展实证研究》,《河南职业技术师范学院学报》(职业教育版)2006 年第 5 期。

[50] 舒底清:《湖南省中等职业教育专业教学标准开发的初步研究》,《湖南生态科学学报》2014 年第 12 期。

[51] 实验研究组:《借鉴"双元制"模式的试点试验综合报告》,《教育研究》1997 年第 11 期。

[52] 吴志华等:《实践能力含义及辨析》,《上海教育科研》2006 年第 9 期。

[53] 肖伟才:《理论教学与实践教学一体化教学模式的探索与实验》,《实验室研究与探索》2011 年第 4 期。

[54] 徐国庆:《基于工作任务的职业教育项目课程研究》,《职业技术教育》2005 年第 22 期。

[55] 徐国庆:《项目课程的基本理论》,《职教论坛》2006 年第 8 期。

[56] 徐国庆:《上海中等职业教育课程改革的理论框架》,《教育发展研究》2007 年第 4 期。

[57] 徐国庆、唐正玲、郭月兰:《职业教育国家专业教学标准开发需求调研报告》,《职教论坛》2014 年第 34 期。

[58] 徐涵:《德国关于职业基础教育的教育理论与教育政策的讨论》,《职教论坛》2004 年第 4 期。

[59] 杨延:《国家专业教学标准:工学结合深层次改革的关键》,《职业技术教育》2007 年第 22 期。

[60] 余祖光:《中德职业教育合作成果与展望》,《中国职业技术教育》1996 年第 12 期。

[61] 赵志群:《对职业学校技能型紧缺人才培养培训指导方案的解读》,《中国职业技术教育》2004 年第 4 期。

[62] 赵志群:《论职业教育工作过程导向的综合性课程开发》,《职教论坛》2004 年第 2 期。

[63] 赵志群、赵丹丹、饵晓英:《我国职业教育课程改革理论与实践回

顾》,《教育发展研究》2005 年第 8 期。

［64］赵志群、王炜波:《德国职业教育设计导向的教育思想研究》,《中国
　　　职业技术教育》2006 年第 11 期。

［65］赵志群:《从技能紧缺人才培养工程谈项目课程开发中的两个基本认
　　　识问题》,《职教通讯》2007 年第 1 期。

［66］赵志群:《职业教育工学结合课程的两个基本特征》,《教育与职业》
　　　2007 年第 10 期。

［67］郑忆石:《论文化素质与人格塑造》,《中国人民大学学报》1998 年第
　　　2 期。

［68］周乐瑞:《改革开放以来我国职业教育课程价值变迁研究》,硕士学位
　　　论文,沈阳师范大学,2014 年。

［69］Arbeitsgruppe in Rahmen des Modellversuches SELUBA—NRW. Didak-
　　　tische Jahresplanung. Entwicklung der Areitsschritte mit exemplarischer
　　　konkretisierung, Dokument, Evaluation. In: Bader, R.; Mueller, M.
　　　(Hrsg.): Unterrichtsgestaltung nach dem lernfeldkonzept. Bielefeld: W.
　　　Bertelsmann.

［70］Arnold, R.; Lipsmeier, A. Handbuch der Berufsbildung. 2. ueberarbeitete
　　　und aktualisierte Auflage. Wiesbaden: VS Verlag fuer Sozialwissenschaften,
　　　2006.

［71］Bader, R.; Schaefer, B. Lernfelder gestalten. Vom komplexen Hand-
　　　lungsfeld zur didaktisch strukturierten Lernsituation. In: Die berufs-
　　　bildende Schule, Heft 50, 1998.

［72］Bader, R.; Mueller, M.: Unterrichtgestaltung nach dem Lernfeld-
　　　konzept. Bielefeld: W. Bertelsmann, 2004.

［73］Berben, T. Arbeitsprozessorientierte Lernsituationen Curriculementwicklung
　　　in der Berufsschule. Bielefeld: W. Bertelsmann. 2008.

［74］BIBB. Aus der Neuordnungsarbeit des BIBB 2003, industrielle Elek-
　　　troberufezum Ausbildungsstart 2003. Bonn (http://www.bibb.de/
　　　dokumente/pdf/a43 _ elektroberufe _ info- industrielle-elektobeur-

fe. pdf, stand: 11. 05. 2011).

[75] Bonz, B. Methoden der Berufsbildung. Ein Lehrbuch. 2. neubearbeitete und ergaenzte Auflage. Stuttgart: Hirzel, 2009.

[76] Burke J. (Ed.), Competency-Based Education and Training, London: The Falmer Press, 1989.

[77] Dehnbostel, Peter. Grundbildung zwischen Schule und Beruf, 1988.

[78] Deutscher Bildungsrat. Empfehlungen der Bildungskommission, Strukturplan für das Bildungswesen. 4. Auflage 1972.

[79] Fischer, M. Von der Arbeitserfahrung zum Arbeitsprozesswissen. Leske+Budrich, Opladen, 2000.

[80] Fischer, M.; Rauner, F. Lernfeld: Arbeitsprozess. Ein Studienbuch zur Kompentenzentwicklung von Fachkraeften in gewerbliche-technischen Aufgabenbereichen. Baden-Baden: Nomos, 2002.

[81] Gruener, G. Die didaktische Reduktion als Kernstueck der Didaktik. In: Die Deutsche Schule, Heft 59, 1967.

[82] H. -J. Röhrs. Die Diskussion über das Problemeiner Berufsgrundbildung nach dem zweiten Weltkrieg im Spiel der berufspädagogischen Zeitschriften, in Die Deutsche Berufs und Fachschule 67, 1971.

[83] Heidegger, G.; Gerds, P.; Weisenbach, K. Gestaltung von Arbeits und Technik——ein Ziel beruflicher Bildung. Frankfurt/Main, New York, 2004.

[84] KMK. Handreichung für die Erarbeitung von Rahmenlehrplänen der Kultusministerkonferenz für den berufsbezogenen Unterricht in der Berufsschule und ihre Abstimmung mit Ausbildungsordnungen des Bundes für anerkannte Ausbildungsberufe, 2011.

[85] KMK. Beschluss der Kultusministerkonferenz vom 12. 05. 1995 i. d. F. vom 20. 09. 2007: Rahmenvereinbarung ueber die Ausbildung und Pruefung fuer ein Lehramt der Sekundarstufe II (berufliche Faecher) oder fuer die berufliche Schulen (Lehramtstyp 5), 2007.

［86］ KMK. Veroeffentlichenung der Kultusminsterkonferenz vom 23. 09. 2011：Handreichung fuer die Erarbeitung von Rahmenlehrplaenen der Kultusminsterkonferenz fuer den berufsbezogenen Unterricht in der Berufsschule und ihre Abstimmung mit Ausbildungsordnungen des Bundes fuer anerkannte Ausbildungsberufe，2011.

［87］ Knoll，M. "The Project Method：Its Vocational Education Origin and International Development" Journal of Industrial Teacher Education，Vol. 34，No. 3，June 1997.

［88］ Kruse，W. Neue Technologien，Arbeitsprozesswissen und soziotechnichesche Grundbildung. In：Gewerkschaftliche Bildungspolitik，Nr. 5，1985.

［89］ Lipsmeier，A；Paetzold，G. Lernfeldorientierung in Theorie und Praxis. Zeitschrift fuer Berufs und Wirtschsaftspaedagogik，Beiheft 15，2000.

［90］ Mertens，D. Schluesselqualifikationen：Thesen zur Schulung fuer eine moderne Gesellschaft. In：Mitteilungen aus der Arbeitsmark und Berufsforschung. Heft 1，1974.

［91］ Muster-Wäbs，H.；/Schneider，K. Vom Lernfeld zur Lernsituation：Strukturierunghilfe zur Analsye，Planung und Evaluation von Unterricht. Troisdorf：Bildungsverlag Eins，1999.

［92］ Muster-Wäbs，H；Schneider，K. "Umsetzung des lernfeldkonzeptes am Beispiel der handlungstheoretischen Aneigungsdidaktik. " In：Berufsbildung in Wissenschaft und Praxis，Heft 1，2001.

［93］ Nie，L. Fachadidaktishe Ausbildung fuer einen arbeitsprozessorientierten Elektrotechnik Unterricht in der chinesischen Lehrerausbildung fuer Berufsschulen. Verlag Dr. Kovac，Hamburg，2013

［94］ Norton Robert E. DACUM Handbook，Ohio University：1997.

［95］ Pahl，J.-P.；Herkner，V. Handbuch Berufliche Fachlichtung. Bielefeld：W. Bertelsmann，2010.

［96］ Pahl，J.-P. Ausbildung und Unterrichtsverfahren：ein Kompendium fuer den

Lernbreich Arbeit und Technik. Bielefeld: W. Bertelsmann, 2005.

[97] Pahl, J.-P.; Rauner, F. Berufliche Arbeitsprozesswissen. 2000.

[98] Pahl, J.-P.; Rauner, F. Lernfeld: Arbeitsprozess, Nomos Verlags-gesellschaft, Baden-Baden, 2000.

[99] Pangalos, J./Knutzen, S. "Möglichkeiten und Grenzen der Orientierung am Arbeitsprozess für die berufliche Bildung." In: Pahl, J.-P./Rauner, F. (Hrsg.): Berufliches Arbeitsprozesswissen. 2000.

[100] Prandini, M. Persoenlichkeitserziehung und Persoenlichkeitsbildung von Jugendlichen: ein Rahmenmodell zur Foerderung von Selbst-, Sozial und Fachkompetenz. Paderbom: Eusl, 2001.

[101] Rauner, F. Entwicklungslogisch strukturierte berufliche Curricula: Vom Neuling zur reflektierten Meisterschaft. In: Zeitschrift fuer Berufs und Betriebspaedagogik, Heft 95 1999.

[102] Rauner, F. Handbuch Berufsbildungsforschung. 2. aktualisierte Auflage. Bielefeld: W. Bertelsmann, 2006.

[103] Rauner, Felix. u. a. Messen beruflicher Kompetenzen, Band I, Grundlagen und Konzeption des KOMET-Projektes. LIT, 2009.

[104] Rauner, Felix. u. a. Messen beruflicher Kompetenzen, Band II, Ergebnisse KOMET 2009. LIT, 2009.

[105] Rauner, Felix. u. a. Messen beruflicher Kompetenzen, Band III, Ergebnisse KOMET 2010. LIT, 2010.

[106] Roth, H. Paedagogische Anthropologie, Band II: Entwicklung und Erziehung—Grundlage einer Entwicklungspaedagogik. Hannover: Schroedel, 1971.

[107] Schelten, A. Einfuerung in die Berufspaedagogik. 4. Ueberarbeitete und aktualisierte Auflage. Stuttgart: Franz Steiner. 2010.

[108] Sloane, P. F. E Bildungsmanagment im Lernfeldkonzept. Curriculare und organisatorische Gestaltung. Paderborn: Eusl, 2002.

[109] Tenberg, R. Lernfelddidaktik—immer noch eine Herausforderung. In: Be-

rufsbildung，Heft 124，2010.

[110] Xu Han. Berufliche Grundbildung im Spannungsverhaeltniss zwischen Wissenschafts und Arbeitsorientierung in Deutschland und China，Bremen：Shaker Verlag，2003.

# 附件　调查问卷

## 中等职业学校课程改革调查问卷
### （教师问卷）

尊敬的老师：您好！

为了全面了解我国中等职业学校课程改革有关情况，我们特进行此次抽样调查。本问卷实行不记名填写，结果不反馈给您所在的单位，只作理论研究之用。请您按真实情况和实际想法填写，以使我们获得准确的统计分析结果。

衷心感谢您的支持与合作！

《20世纪90年代以来中德中等职业教育课程改革比较研究》课题组

请在符合您情况的选项前的□内打"√"，无特殊说明，均为单项选择；如勾选"其他"选项，请在后面的横线上写明你的观点。

Ⅰ．基本情况

1. 性别：□男　□女

2. 您所在学校是一所_____学校

□普通中专　□职业高中　□技工学校　□职教中心　□其他_____

3. 您在职业学校从事教学工作的时间为

□不到1年　□1—3年　□4—5年　□6—10年　□10年以上

4. 您在哪个专业授课？_____

5. 您有过在企业从事专业技术工作的经历吗？□有　□没有

如果有，您在企业工作过多长时间？□1年以内　□1—3年　□4—5

年 □5年以上

Ⅱ．教师素质与培训

6. 请您对教师的素质作出判断

| | 不赞同 | 基本<br>不赞同 | 部分<br>赞同 | 基本<br>赞同 | 赞同 |
|---|---|---|---|---|---|
| 具有丰富的专业理论知识 | | | | | |
| 具有较好的职业实践能力 | | | | | |
| 具有较好的教育科学知识 | | | | | |
| 对企业的现状有比较好的了解 | | | | | |
| 能较好地与企业里的师傅沟通合作 | | | | | |
| 在教学设计和实施的过程中能与同事<br>很好地沟通 | | | | | |
| 在教学中能考虑到学生的兴趣 | | | | | |
| 设计的教学过程有趣 | | | | | |
| 能很好地调动学生的学习积极性 | | | | | |
| 关心每一个学生 | | | | | |

7. 您是否参与过教师培训？

□是 　□否

如果"是"，其级别为：（可多选）

□校级 　□市级 　□省级 　□国家级 　□其他_____

其类型为：（可多选）

□培训 　□座谈或研讨会 　□科研课题 　□其他_____

其次数为：近3年来

□只有1次 　□2—4次 　□5—7次 　□8次以上 　□其他_____

其内容为：（可多选）

□职业教育理论 　□课程开发技术 　□教学方式方法 　□专业理论

□专业技能

□教育科研 　□企业实践 　□其他_____

其效果为：（培训对您有帮助吗？）

□非常小 　□比较小 　□有一定帮助 　□帮助比较大 　□帮助非常大

8. 为了提高教学质量，您在哪些方面有接受进修的需求？（可多选）

□职业教育理论　□课程开发技术　□教学方式方法　□专业理论

□专业技能　□教育科研　□企业实践　□教学设计　□其他_____

Ⅲ. 校本课程开发和教学组织管理

9. 您所教授专业的人才培养方案的制订或修订由

□专业教师完成　□专业教师、校外职业教育专家共同完成

□专业教师、企业师傅共同完成　□专业教师、企业师傅、校外职业教育专家共同完成　□其他_____

10. 您参加过校本课程的开发吗？

□参加过　□没有

如果参加过，在开发校本课程时，您

| | 从不 | 偶尔 | 有时 | 经常 | 几乎总是 |
|---|---|---|---|---|---|
| 独立开发 | | | | | |
| 基本不自己开发校本课程，主要选用他人开发好的校本课程 | | | | | |
| 与其他教师共同开发 | | | | | |
| 与行业、企业专家共同开发 | | | | | |
| 与其他教师、行业企业专家共同开发 | | | | | |

11. 您在设计学习任务或教学项目时

| | 从不 | 偶尔 | 有时 | 经常 | 几乎总是 |
|---|---|---|---|---|---|
| 独立设计 | | | | | |
| 基本不自己设计，主要选用他人设计好的任务或项目 | | | | | |
| 与其他教师一起设计 | | | | | |
| 与企业师傅一起设计 | | | | | |
| 与其他教师、企业师傅共同设计 | | | | | |

12. 在您的工作部门有关于学习任务或教学项目的资料库吗？

□有　□没有　□不知道

如果有，您在备课时利用现有的这些任务或项目的资料库吗？

☐从不　☐很少　☐有时　☐经常　☐几乎总是

13. 授课时，您尝试过"两名或以上教师共同完成教学"的方式吗？

☐从不　☐很少　☐有时　☐经常　☐几乎总是

14. 下列教学方法，您在教学中使用的频率怎样？

|  | 从不 | 偶尔 | 有时 | 经常 | 几乎总是 |
|---|---|---|---|---|---|
| 项目教学法 |  |  |  |  |  |
| 讲授式教学 |  |  |  |  |  |
| 案例教学法 |  |  |  |  |  |
| 讨论式教学方法 |  |  |  |  |  |
| 演示法 |  |  |  |  |  |
|  |  |  |  |  |  |
|  |  |  |  |  |  |

15. 课堂上的学习任务能够帮助学生解决企业中的工作任务与问题吗？

☐一点帮助都没有　☐很少有帮助　☐部分有帮助　☐比较有帮助
☐非常有帮助

16. 与传统的专业系统化教学相比，您怎样评价"项目课程"或"学习领域课程"的教学效果？

☐较差　☐稍差　☐没有明显差别　☐稍好　☐较好

17. 在您所教授的专业中，合作企业

|  | 从不 | 偶尔 | 有时 | 经常 | 几乎总是 |
|---|---|---|---|---|---|
| 参与制定人才培养方案 |  |  |  |  |  |
| 参与开发课程 |  |  |  |  |  |
| 提供生产设备，共建实训基地 |  |  |  |  |  |
| 参与实践教学 |  |  |  |  |  |
| 参与学生评价考核 |  |  |  |  |  |
| 为学生提供实习岗位 |  |  |  |  |  |
| 为学校提供兼职教师 |  |  |  |  |  |

18. 您在课程改革过程中遇到下列困难的频率怎样？

| | 从未遇到 | 偶尔遇到 | 有时遇到 | 较常遇到 | 经常遇到 |
|---|---|---|---|---|---|
| 教学和学习资料不充足 | | | | | |
| 学校缺少教学设备 | | | | | |
| 缺少相应的教师培训 | | | | | |
| 工作压力加大（比如：需要更多的时间备课） | | | | | |
| 学生的学习基础较差 | | | | | |
| 教师的素质和能力不足 | | | | | |
| 教师之间缺乏交流与合作 | | | | | |
| 教学内容很难与企业的实际工作相联系 | | | | | |
| 难以评价学生的学习成绩 | | | | | |
| 教学课时的分配遇到困难 | | | | | |
| 学校的教学管理不配套 | | | | | |

19. 您所在的学校是否有鼓励教师参与课程改革的政策或措施？

□有　□没有　□不清楚

20. 您所在的学校主要采取哪些措施鼓励教师参与课程改革？

_____

_____

_____

21. 您对课程改革（如项目课程或学习领域课程）持何种态度？

□非常支持，积极参与　□比较支持，尽可能参与　□无所谓

□比较反对，不愿参与　□强烈反对，绝不参与

Ⅳ．评价

22. 您怎样评价您所教授专业的课程改革情况？

□课程改革尚未纳入学校的工作日程

□教师对课程改革的理念已普遍认同，但未体现在课程改革方案之中

□课程体系与结构没有根本性的改变，只是在原有课程体系框架下对教学内容的增减

□打破了原有的学科课程体系，尝试建构项目课程、学习领域课程等新的课程模式，但仍在探索中，尚不成熟。

□打破了原有的学科课程体系，但新的课程体系尚未建立，造成了教学活动的随意与混乱

□其他＿＿＿＿＿＿＿＿＿＿＿＿＿＿＿＿＿＿＿＿＿＿＿

23. 您所教授专业的合作企业对顶岗实习学生的使用情况是

|  | 从不 | 偶尔 | 有时 | 经常 | 几乎总是 |
|---|---|---|---|---|---|
| 对顶岗实习的学生进行简单的岗前培训后，作为熟练工人使用 |  |  |  |  |  |
| 把顶岗实习的学生视为学徒，指派专门的师傅带实习生，在师傅的指导下学生参与生产活动 |  |  |  |  |  |
| 把顶岗实习的学生视为负担，出于安全、经济等方面的原因，不允许学生参与生产活动，只允许学生做一些简单的体力劳动 |  |  |  |  |  |

24. 您对中等职业学校课程改革有哪些方面的建议？

＿＿＿＿＿＿＿＿＿＿＿＿＿＿＿＿＿＿＿＿＿＿＿＿＿＿＿＿＿

＿＿＿＿＿＿＿＿＿＿＿＿＿＿＿＿＿＿＿＿＿＿＿＿＿＿＿＿＿

＿＿＿＿＿＿＿＿＿＿＿＿＿＿＿＿＿＿＿＿＿＿＿＿＿＿＿＿＿

# 中等职业学校课程改革调查问卷
## （学生问卷）

亲爱的同学：

为了全面了解目前中等职业学校课程改革方面的有关情况，我们特进行此次抽样调查。本问卷实行不记名填写，结果不反馈给你的学校，只作理论研究之用。请你按真实情况和实际想法填写，以使我们获得准确的统计分析结果。

衷心感谢你的支持与合作！

《20世纪90年代以来中德中等职业教育课程改革比较研究》课题组

请在符合你情况的选项前的□内打"√",无特殊说明,均为单项选择;如勾选"其他"选项,请在后面的横线上写明你的观点。

Ⅰ. 基本情况

1. 性别:□男 □女

2. 你所在学校是一所_____学校

□普通中专 □职业高中 □技工学校 □职教中心 □其他_____

3. 入校前,你的学历为_____

□小学 □初中 □高中 □其他_____

4. 你所学习的专业是_____

5. 你现在上几年级?

□一年级 □二年级 □三年级 □其他_____

Ⅱ. 教师的素质

6. 你怎样评价你们的专业教师?

| | 不赞同 | 基本不赞同 | 部分赞同 | 基本赞同 | 赞同 |
|---|---|---|---|---|---|
| 具有丰富的专业理论知识 | | | | | |
| 具有较好的职业实践能力 | | | | | |
| 能较好地组织课堂教学 | | | | | |
| 对企业的现状有比较好的了解 | | | | | |
| 能较好地与企业里的师傅和培训者合作 | | | | | |
| 在教学设计和实施的过程中能与其他教师较好地沟通 | | | | | |
| 在教学中能考虑到学生的兴趣 | | | | | |
| 设计的教学过程有趣 | | | | | |
| 能很好地调动学生的学习积极性 | | | | | |
| 关心每一个学生 | | | | | |

Ⅲ. 对课程内容的看法

7. 你对职业学校的专业学习的内容感兴趣吗?

□不感兴趣    □很少感兴趣    □部分感兴趣    □比较感兴趣
□很感兴趣

8. 职业学校专业学习的内容，对你而言有难度吗？

□难度很小    □难度较小    □难度一般    □难度较大    □难度很大

9. 职业学校的教学内容能够帮助你解决企业中的工作任务与问题吗？

□几乎没有帮助    □很少有帮助    □部分有帮助    □比较有帮助
□非常有帮助

Ⅳ. 教学的组织与实施

10. 下列教学方法，教师在教学中使用的频率怎样？

|  | 从不 | 偶尔 | 有时 | 比较经常 | 经常 |
|---|---|---|---|---|---|
| 项目教学法 |  |  |  |  |  |
| 讲授教学法 |  |  |  |  |  |
| 案例教学法 |  |  |  |  |  |
| 讨论教学法 |  |  |  |  |  |
| 演示教学法 |  |  |  |  |  |

11. 你对通过完成项目的方式来学习持怎样的态度？

□很感兴趣，参与积极    □比较感兴趣，参与较积极    □不感兴趣，偶尔参与    □比较厌烦，基本不参与    □非常厌烦、排斥

12. 你在职业学校的专业学习过程中，通过下列方式训练职业技能、了解职业实践的频率怎样？

|  | 从不 | 偶尔 | 有时 | 经常 | 频繁 |
|---|---|---|---|---|---|
| 校内基本技能训练基地（如实验室、基本操作技能训练室） |  |  |  |  |  |
| 校内模拟仿真实训基地 |  |  |  |  |  |
| 校内生产性实训基地（如校办企业、合作企业建在校内的生产车间） |  |  |  |  |  |
| 企业认知学习（到企业参观） |  |  |  |  |  |
| 企业教学实习（根据教学内容需要，到企业进行相关内容实习） |  |  |  |  |  |
| 企业顶岗实习（在企业的工作岗位上进行生产） |  |  |  |  |  |

13. 你到企业进行过实习吗？（如果没有请转到第 16 题）

□有　　□没有

14. 你在企业顶岗实习期间在几个不同的工作岗位上实习过？

□1 个　□2 个　□3 个　□4 个　□5 个　□5 个以上

15. 你对下列关于企业顶岗实习情况的表述赞同吗？

| | 不赞同 | 基本不赞同 | 部分赞同 | 基本赞同 | 赞同 |
|---|---|---|---|---|---|
| 企业的实习岗位与我学的专业有直接联系 | | | | | |
| 有专门的企业师傅负责我们的顶岗实习，并对实习的内容给予及时指导 | | | | | |
| 企业的顶岗实习对我的职业技能及职业能力的形成帮助很大 | | | | | |
| 企业只是把我们作为廉价的劳动力使用，实习的内容主要是简单的重复性的劳动 | | | | | |
| 顶岗实习期间，职业学校指派专门教师负责我们的实习 | | | | | |

16. 你在职业学校的专业学习过程中遇到下列困难的频率怎样？

| | 从未遇到 | 偶尔遇到 | 有时遇到 | 较常遇到 | 经常遇到 |
|---|---|---|---|---|---|
| 学习资料不充足 | | | | | |
| 学校缺少相应的教学设备 | | | | | |
| 专业理论较难理解 | | | | | |
| 实践操作较难完成 | | | | | |
| 学习任务过重 | | | | | |
| 原有的学习基础较差 | | | | | |
| 学习任务与专业知识缺乏明确联系 | | | | | |
| 专业知识缺乏系统性 | | | | | |
| 学习内容很难与企业的实际工作相联系 | | | | | |
| 与同学沟通合作困难 | | | | | |
| 与教师沟通交流困难 | | | | | |
| 主动学习动力不足 | | | | | |

# 中等职业学校课程改革调查问卷
## （企业问卷）

尊敬的朋友：

企业对职业学校课程与教学改革的建议与意见，对于职业学校人才培养质量的提高起着至关重要的作用。为了全面了解我国中等职业学校课程改革有关情况，我们特进行此次抽样调查。本问卷实行不记名填写，结果不反馈给您所在的单位，只作理论研究之用。请您按真实情况和实际想法填写，以使我们获得准确的统计分析结果。

衷心感谢您的支持与合作！

《20 世纪 90 年代以来中德中等职业教育课程改革比较研究》课题组

请在符合您情况的选项前的□内打"√"，无特殊说明，均为单项选择；如勾选"其他"选项，请在后面的横线上写明你的观点。

Ⅰ. 基本情况

1. 性别：□男　□女

2. 您的文化程度

□初中及以下　□高中（含中专、中技、职高）　□大专
□大学本科　□硕士　□博士

3. 您在企业的职位

□企业领导　□企业中层管理人员　□工程技术人员　□一线技术工人
□其他＿＿＿＿＿＿

4. 您的工作年限

□1—5 年　□6—10 年　□11—15 年　□16—20 年　□21—25 年
□26—30 年　□30 年以上

5. 您工作的单位属于下列哪一类

□国有企业 □合资企业 □外国独资企业 □私营企业
□其他_____

Ⅱ．企业对生产一线技术工人的素质要求

6．企业对生产一线的技术工人的下列素质要求是怎样的？

| | 很高 | 较高 | 一般 | 较少 | 很少 |
|---|---|---|---|---|---|
| 工作态度 | | | | | |
| 敬业精神 | | | | | |
| 安全生产意识 | | | | | |
| 质量、效益意识 | | | | | |
| 环保意识 | | | | | |
| 责任感 | | | | | |
| 积极好学 | | | | | |
| 法纪观念 | | | | | |
| 文化知识与人文素养 | | | | | |
| 处理合同任务的能力 | | | | | |
| 对技术资料的记录、归档、评估和技术表达的能力 | | | | | |
| 对设备的操作和器具的使用能力 | | | | | |
| 相关专业知识 | | | | | |
| 独立工作的能力 | | | | | |
| 协调、合作能力 | | | | | |
| 创造性地解决问题的能力 | | | | | |

Ⅲ．企业对中等职业学校毕业生的评价

7．您怎样评价贵单位接受的中等职业学校毕业生的素质？

| | 很高 | 较高 | 一般 | 较差 | 很差 |
|---|---|---|---|---|---|
| 工作态度 | | | | | |
| 敬业精神 | | | | | |
| 安全生产意识 | | | | | |
| 质量、效益意识 | | | | | |
| 环保意识 | | | | | |

续表

| | 很高 | 较高 | 一般 | 较差 | 很差 |
|---|---|---|---|---|---|
| 责任感 | | | | | |
| 积极好学 | | | | | |
| 法纪观念 | | | | | |
| 文化知识与人文素养 | | | | | |
| 处理合同任务的能力 | | | | | |
| 对技术资料的记录、归档、评估和技术表达的能力 | | | | | |
| 对设备的操作和器具的使用能力 | | | | | |
| 相关专业知识 | | | | | |
| 独立工作的能力 | | | | | |
| 协调、合作能力 | | | | | |
| 创造性地解决问题的能力 | | | | | |

Ⅳ. 关于校企合作

8. 贵企业参与职业学校的人才培养吗？

□从不参与　□很少参与　□有时参与　□较常参与　□经常参与

9. 贵企业以下列方式参与职业院校人才培养工作的频度怎样？

| | 从不 | 偶尔 | 有时 | 较常 | 经常 |
|---|---|---|---|---|---|
| 参与制定人才培养方案 | | | | | |
| 参与开发课程 | | | | | |
| 参与校内实训基地建设 | | | | | |
| 参与实践教学 | | | | | |
| 接纳学生顶岗实习 | | | | | |
| 为学校提供兼职教师 | | | | | |

10. 您认为目前企业在参与职业学校人才培养方面所发挥的作用如何？

□没有发挥作用　□发挥的作用较小　□发挥的作用一般

□发挥的作用比较大　□发挥的作用很大

11. 贵企业对顶岗实习学生的使用情况是

| | 从不 | 偶尔 | 有时 | 较常 | 经常 |
|---|---|---|---|---|---|
| 对顶岗实习的学生进行简单的岗前培训后，作为熟练工人使用 | | | | | |
| 把顶岗实习的学生视为学徒，指派专门的师傅带实习生，在师傅的指导下参与生产活动 | | | | | |
| 把顶岗实习的学生视为负担，出于安全、经济等方面的原因，不允许学生参与生产活动，只允许学生做一些简单的体力劳动 | | | | | |

# Befragung "Berufsbezogener Unterrichtan der Berufsschule"

Liebe Berufsschuelerinnen und Berufschueler，

In Rahmen des chinesische nationalen Forschungsprojektes "Vergleich-forschung zwischen China und Deutschland im Bereich des Curriculumreform in den Berufsschulen" unter der wissenschaflichen Begleitung des Instituts fuer Berufsbildung an der Shenyang Normal University werden schrieftliche Befragungen in Deutschland durchgefuehrt.

In diesem Zusammenhang interessieren wir uns，wie Sie als Berufss-chuelerinnen und Berufschueler vor allem im Projektunterricht die Ihnen ges-tellten Aufgaben loesen und welche Aspekte Sie dabei beachten. Natuerlich ist es uns auch von Interesse，wie Sie Ihre Ausbildung in der Berufschule einschaetzen.

Falls Sie Fragen zu unserer Befragung haben order Sie uns zusaetzlich ueber Ihre Ausbildung berichten moechten，erreichen Sie uns per E-mail Frau Prof. Dr. Han Xu，xuhansy@163. com.

Aus Gruenden der Uebersichtlichkeit haben wir im Fragebogen darauf verzichtet，auch immer die weiblichen Bezeichnungen anzufuehren. Dafuer bitten wir Sie um Ihr Verstaendnis. Der in der Befragung erwaehnte Lehrer bzw. Unterricht bezieht sich ausschliesslich auf den Lernfeldunterricht.

I Allgemeine Angaben

1. Geschlecht      ☐männlich  ☐weiblich

2. Alter _____ Jahre

3. Welchen allgemeinen Schulabschuss haben Sie?

☐Hauptschulabschluss  ☐Erweiterter Hauptschulabschluss

☐Realschulabschluss  ☐Erweiterter Realschulabschluss

☐Fachhochschulreife

☐Allgemeine Hochschulreife/Abitur

4. In welchem Beruf werden Sie ausgebildet? _____

5. In welchem Ausbildungsjahr sind Sie derzeit?

☐erstes  ☐zweites  ☐drittes  ☐viertes

II Meinung ueber die Lerninhalte in der Berufsschule und im Betrieb

6. Interesieren Sie sich an die Lerninhalten des Lernfeld in der Berufsschule?

☐ueberhaupt nicht interesiert  ☐wenig interesiert  ☐teil/teils

☐interesiert  ☐sehr interesiert

7. Sind die Lerninhalten des Lernfeld in der Berufsschule schwer fuer Sie?

☐nicht schwer  ☐einbissen schwer  ☐teil/teils

☐relativ schwer  ☐schwer

8. Die Abstimmung zwischen den Unterrichtsinhalten und den Arbeitsaufgaben im Betrieb ist

☐gut  ☐eher gut  ☐teil/teils  ☐eher schlecht  ☐schlecht

9. Wie schätzen Sie folgende Aussage ein?

| | stimme überhaupt nicht zu | stimme eher nicht zu | unentschieden | stimme eher zu | stimme voll und ganz zu |
|---|---|---|---|---|---|
| Der Unterricht hilft mir, die Aufgaben und Probleme in der betrieblichen Arbeit zu lösen. | | | | | |

|  | stimme überhaupt nicht zu | stimme eher nicht zu | unent- schieden | stimme eher zu | stimme voll und ganz zu |
|---|---|---|---|---|---|
| Was ich in der Berufsschule lerne, ist fuer meinen Beruf wichtig. |  |  |  |  |  |
| Von meinem Ausbilder kann ich viel lernen. |  |  |  |  |  |
| Die Arbeitsauftraege, die ich ueber- tragen bekommen, passen zu meinem Beruf. |  |  |  |  |  |
| Die Arbeitsbelastung im Betrieb bee- intraechtigt meine Ausbildung. |  |  |  |  |  |
| Im Betrieb lerne ich viel mehr als in der Berufsschule. |  |  |  |  |  |
| Ich bekomme im Betieb meist detail- lierte Anweisungen. |  |  |  |  |  |

III Organisation und Durchfuehrung des Unterricht

10. Welchen Schwierigkeiten sind Ihnen bei dem Lernen in der Berufss- chulen begegnet?

|  | trifft nicht zu | trifft eher nicht zu | teil/ teils | trifft eher zu | trifft zu |
|---|---|---|---|---|---|
| unzureichende Lehr-und Lernmittel |  |  |  |  |  |
| unzureichende Ausstattung der Beruf- sschule |  |  |  |  |  |
| Fachtheorie schwer zu verstanden |  |  |  |  |  |
| Praxisfertigkeit schwer zu erledigen |  |  |  |  |  |
| Berufschulisches Lernen ist ein groesse Belastung fuer mich |  |  |  |  |  |
| mangelnder Austausch ueber Lernener- fahrung zwischen den Schueler |  |  |  |  |  |
| fehlende Abstimmung zwischen dem Beufschulunterricht und der betrieblichen Audbildung |  |  |  |  |  |

续表

|  | trifft nicht zu | trifft eher nicht zu | teil/ teils | trifft eher zu | trifft zu |
|---|---|---|---|---|---|
| mangelnde Systematik des Fachwissens |  |  |  |  |  |
| mangelnder Austausch mit den Lehrern |  |  |  |  |  |
| mangelnde Vorkenntnisse |  |  |  |  |  |
| mangelnde Lernenmotivieren |  |  |  |  |  |

IV Zusammenarbeit zwischen Schule und Betribe

11. Wie schätzen Sie folgende Aussagen ein:

|  | trifft nicht zu | trifft eher nicht zu | teil/ teils | trifft eher zu | trifft zu |
|---|---|---|---|---|---|
| Mein Ausbildungsbetrieb kommuniziert regelmaessig mit der Berufsschule. |  |  |  |  |  |
| Die Berufsschule arbeitet mit Ausbildungsbetrieb zusammen hinsichtlich des projektorientierten Lernens. |  |  |  |  |  |
| Mein Ausbildungsbetrieb ist mit der Arbeit der Schule zufrieden. |  |  |  |  |  |
| Unsere Berufsschule geniesst bei den Betrieben einen sehr guten Ruf. |  |  |  |  |  |

Für Ihre Unterstützung, diesen Fragebogen auszufüllen, bedanken wir uns herzlich bei Ihnen!

Mit freundlichen Grüßen von Forschungsteam!

# Befragung "schulische Umsetzung des Lernfeldkonzepts"

Sehr geehrte Berufsschullehrerinnen und Berufsschullehrer,

In Rahmen des chinesisch nationalen Forschungsprojektes "Vergleichsstudien zwischen China und Deutschland im Bereich der Curriculumreform in den Berufsschulen" unter der wissenschaftlichen Begleitung des Instituts fuer Berufsbildung an der Shenyang Normal University werden schriftliche Befragungen in Deutschland durchgeführt.

In diesem Zusammenhang interessieren wir uns dafür, wie Sie das Lernfeldkonzept an beruflichen Schulen umgesetzt haben und welche Schwierigkeiten Ihnen dabei begegnet sind.

Falls Sie Fragen zu unserer Befragung haben, erreichen Sie uns per Email Frau Prof. Dr. Han Xu, xuhansy@163. com.

Aus Gruenden der Uebersichtlichkeit haben wir im Fragebogen darauf verzichtet, auch immer die weiblichen Bezeichnungen anzufuehren. Dafuer bitten wir Sie um Ihr Verstaendnis.

Ⅰ. Allgemeine Angaben

1. Geschlecht 　　☐männlich ☐weiblich

2. Alter 　＿＿＿＿＿Jahre

3. In welchem Berufsfeld unterrichten Sie? ＿＿＿＿＿＿＿＿＿＿＿

4. Wie lange arbeiten Sie schon als Berufsschullehrer? ＿＿＿＿Jahre

5. Haben Sie im Betrieb als Fachkraft gearbeitet?
☐Ja ☐Nein
Wenn ja, wie lang haben Sie im Betrieb gearbeitet?
☐ein Jahr ☐ein bis drei Jahre ☐drei bis fünf Jahre
☐mehr als fünf Jahre

Ⅱ. Qualifikation und Fortbildung des Lehrpersonals

6. Wie schätzen Sie folgende Aussagen ein: "Ich"

|  | trifft nicht zu | trifft eher nicht zu | teil/ teils | trifft eher zu | trifft voll zu |
|---|---|---|---|---|---|
| habe gutes Fachwissen |  |  |  |  |  |
| habe gutes Wissen über Berufspädagogik |  |  |  |  |  |
| habe gute berufspraktische Fähigkeiten |  |  |  |  |  |

|  | trifft nicht zu | trifft eher nicht zu | teil/ teils | trifft eher zu | trifft voll zu |
|---|---|---|---|---|---|
| habe einen guten überblick über die betriebliche Realität. |  |  |  |  |  |
| kooperiere mit Ausbildern und Meistern aus dem Betrieb. |  |  |  |  |  |
| spreche mich bei der Unterrichtsplanung und-durchführung miteinander ab. |  |  |  |  |  |
| berücksichtige die Interessen der Schüler im Unterricht. |  |  |  |  |  |
| gestalte den Unterricht interessant |  |  |  |  |  |
| kann die Schüler gut motivieren |  |  |  |  |  |
| kümmere sich auch um einzelne Schüler. |  |  |  |  |  |

7. Haben Sie schon an Fortbildungen zur Umsetzung des Lernfeldkonzepts teilgenommen?

☐Ja　☐Nein

Wenn Ja，die Fortbildungen wurden von

☐der Berufschule　☐der Stadt　☐dem Land　☐anderen ＿＿＿＿＿＿

organisiert. (Mehrfachnennung möglich)

Die Fortbildungsinhalten waren über

☐Fachtheorie　☐Fachdidaktik　☐Berufpraxis　☐Curriculumentwicklung

☐Fachtechnik　☐andere ＿＿＿＿＿　(s. o. )

Wie oft haben Sie in den letzten drei Jahren an Fortbildung über die Umsetzungen des Lernfeldkonzepts teilgenommen?

☐nur einmal　☐2 bis 4 mal　☐5 bis 7 mal　☐mehr als 7 mal

Die Fortbildung für Sie ein Gewinn?

☐sehr wenig　☐wenig　☐teil/teils　☐viel　☐sehr viel

8. Um die Qualität des Unterrichts weiter zu erhöhen，in welchen Bereichen sehen Sie Weiterbildungsbedarf?

Ⅲ. Lernsituationsgestaltung und Unterrichtsorganisation

9. Bei der Gestaltung der Lernsituation, ich

|  | sehr selten | selten | manchmal | häufig | sehr häufig |
|---|---|---|---|---|---|
| arbeite allein |  |  |  |  |  |
| arbeite mit Bildungsgangteam zusammen |  |  |  |  |  |
| arbeite mit den Lehrer den allgemein bildenden Fächer zusammen |  |  |  |  |  |
| arbeite mit den Ausbildern im Betrieb zusammen |  |  |  |  |  |
| arbeite mit anderen Berufsschullehrer und Ausbildern zusammen |  |  |  |  |  |
| gestalte nicht selbst, sondern benutze ich Lernsituationen, die von andere gestaltet wurden. |  |  |  |  |  |

10. Liegt in Ihrem Arbeitsbereich eine Sammlung von Projektentwürfen oder Lernsituationen vor?

☐ja ☐nein ☐weiß nicht

11. Greifen Sie bei der Vorbereitung Ihres Unterrichts auf eine vorhandene Sammlung von Projektentwürfen und Lernsituationen zurück?

☐nie ☐selten ☐hin und wieder ☐oft ☐sehr oft

12. Brauchen Sie mehr Vorbereitungszeit für den Lernfeldunterricht im Vergleich zum fachsystematischen Unterricht?

☐viel weniger ☐weniger ☐etwa gleich ☐mehr ☐viel mehr

13. Unterrichten Sie im Lehrerteam?

☐nie ☐selten ☐teil/teils ☐häufig ☐sehr häufig

14. Ihrer Meinung nach, welche Maßnahmen, die von der zuständigen Bildungsbehörde ergriffen wurden, waren sehr viel hilfreich für Sie?

☐Fortbildungsangebote ☐Lehr-und Lernmittels ☐Beratung und Begleitung von Experten ☐Reform der Schul-und Bildungsverwaltung

☐andere

15. Wie häufig wenden Sie die folgenden Unterrichtsmethoden an? Sie dürfen neue Unterrichtsmethoden in die Tabelle eintragen.

|  | sehr selten | selten | manchmal | häufig | sehr häufig |
|---|---|---|---|---|---|
| Lehrervortrag |  |  |  |  |  |
| Unterrichtsgespräch |  |  |  |  |  |
| Fallstudien |  |  |  |  |  |
| Leittext |  |  |  |  |  |
| Rollenspiel |  |  |  |  |  |
| Experiment |  |  |  |  |  |
| Brainstorming |  |  |  |  |  |
| Projektarbeit |  |  |  |  |  |
|  |  |  |  |  |  |

16. Wie schätzen Sie folgende Aussage ein?

"Die zu bearbeitenden Lern-und Arbeitsaufgaben im Unterricht helfen den Schülern, die Aufgaben und Probleme in der betrieblichen Arbeit zu lösen."

☐stimme überhaupt nicht zu ☐stimme eher nicht zu

☐unentschieden ☐stimme eher zu ☐stimme voll und ganz zu

17. Welchen Schwierigkeiten sind Ihnen bei der Umsetzung des Lernfeldkonzepts begegnet?

|  | trifft nicht zu | trifft eher nicht zu | teil/ teils | trifft eher zu | trifft voll zu |
|---|---|---|---|---|---|
| unzureichende Lehr-und Lernmittel |  |  |  |  |  |
| unzureichende Ausstattung der Berufsschule |  |  |  |  |  |
| mangelnde Begleitung und Fortbildungsangebote für die Lehrer |  |  |  |  |  |
| Mehrbelastung in der Arbeit (z. B. durch zu viel Vorbereitung) |  |  |  |  |  |

| | trifft nicht zu | trifft eher nicht zu | teil/ teils | trifft eher zu | trifft voll zu |
|---|---|---|---|---|---|
| mangelnde schulische Vorbildung der Schüler | | | | | |
| unzureichende Qualifikationen der Lehrer | | | | | |
| mangelnder Erfahrungsaustausch zwischen den Lehrern | | | | | |
| fehlende Abstimmung zwischen den schulischen Lernfeldern und den betrieblichen Handlungsfeldern | | | | | |
| mangelnde Methoden zur Lernerfolgskontrolle der Schüler | | | | | |
| Stundenplanung | | | | | |
| schulische Organisation und Verwaltung | | | | | |

Ⅳ. Bewerten

18. Wie schätzen Sie die Lernwirksamkeit des lernfeldstrukturierten Unterrichts gegenüber dem fachsystematischen Unterrichts ein?

☐schlechter  ☐eher schlechter  ☐unentschieden  ☐eher besser
☐besser

19. Wie schätzen Sie folgende Aussage ein?

Das Lernfeldkonzept ist hilfreich zur Förderung

| | trifft nicht zu | trifft eher nicht zu | teil/teils | trifft eher zu | trifft voll zu |
|---|---|---|---|---|---|
| der beruflichen Handlungskompetenz der Schüler. | | | | | |
| der Kreativität der Schüler. | | | | | |
| der Problemlösungsfähigkeit der Schüler. | | | | | |
| der Teamfähigkeit der Schüler. | | | | | |

20. Welche Vorteile hat das Lernfeldkonzept Ihrer Meinung nach im Vergleich zum fachsystematischen Unterricht?

1 _____

2 _____

21. Welche Nachteile hat das Lernfeldkonzept Ihrer Meinung nach im Vergleich zum fachsystematischen Unterricht?

1 _____

2 _____

Für Ihre Unterstützung, diesen Fragebogen auszufüllen, bedanken wir uns herzlich bei Ihnen!

Mit freundlichen Grüßen von Forschungsteam!

# 后　记

本书是全国教育科学规划 2010 年度国家一般课题"20 世纪 90 年代中期以来中德中等职业教育课程改革比较研究"的最终成果。经过近 5 年的研究，该成果终于可以呈现给读者。

本书由徐涵教授整体设计与统稿。各章撰写人分别是：绪论（徐涵）；第一章（张英杰、徐涵）；第二章（徐涵、周乐瑞）；第三章（周乐瑞、丛圆圆、王琳、田英玲、徐涵）；第四章（徐涵）；第五章（周乐瑞、徐涵）；第六章（徐涵）；第七章（徐涵、聂磊）；第八章（聂磊、徐涵）；第九章（徐涵、周乐瑞）、第十章（徐涵）；第十一章（徐涵、周乐瑞）。

在本书的撰写过程中，得到了许多师长、同事、朋友和学生们的关心与支持。首先，我要感谢我的学生们，尤其是周乐瑞同学，他们在本研究的过程中做了大量的基础上工作，包括资料的收集、调查数据的统计与初步分析、部分章节的撰写以及书稿的校对工作，为本研究的完成做出了重要贡献；其次，我要感谢接待我和我的团队开展调查研究的职业学校，没有他们的支持，本研究工作难以展开；第三，我要感谢为我在德国职业学校实施问卷调查的聂磊博士以及德国职业教育领域的老朋友克劳斯·基尔（Kiel, K.）先生，没有他们的帮助，不可能有对德国职业教育课程改革现状的调查研究；最后，我要感谢我的家人，是他们的支持与理解，使我有时间从事自己喜爱的职业教育研究工作。

特别指出的是，本书的出版得到了沈阳师范大学教育学部的大力支持，在此表示忠心地感谢。

徐　涵

2015 年 8 月 26 日于沈阳